Peter Andreas/Rose Lloyd Davies
Das verheimlichte Wissen

Peter Andreas / Rose Lloyd Davies

Das verheimlichte Wissen

Tempelgeheimnisse, verschollene Evangelien und das unbekannte Leben Jesu

Ansata-Verlag
Paul A. Zemp
Rosenstraße 24
Ch-3800 Interlaken
Schweiz
1984

Das Bild auf dem Schutzumschlag ist von Robert Wicki

Erstveröffentlichung 1984
Copyright © 1984 by Ansata-Verlag, Interlaken
Sämtliche Rechte der Verbreitung in allen Sprachen,
auch durch Funk, Film und Fernsehen,
fotomechanische Wiedergabe, Tonträger jeder Art,
und auszugsweisen Nachdruck sind vorbehalten.
Gesamtherstellung: Zobrist & Hof AG, Liestal

ISBN 3-7157-0069-6

Inhalt

Einleitung.   7

1. Am Anfang war das Universum   9

2. Seelenflug des Tempelschülers 16

3. Wasser bis zum Hals der Sphinx 22

4. Tempel in Menschengestalt 31

5. Echnaton, Ketzer oder Eingeweihter? 38

6. Evangelien aus dem Nilsand 46

7. Die Wüstenväter 53

8. Alexandria, Perle des Altertums 57

9. Schrecken des Osiris-Tempels 61

10. Die Suche nach dem Urtext 68

11. Was die Gnostiker wirklich glaubten 74

12. Qumran und die Essener 85

13. Die Mysterien des Jesus Christus 94

14. Tanz der Apostel 104

15. Kam Jesus bis Tibet? 109

16. ... und starb er am Kreuze? 121

17. Die Jakobsleiter 131

18. Die Engel-Hierarchie 138

19. Tischendorfs Fund am Sinai 147

20. Im Tempel von Eleusis 154

21. Hermes, der dreimal Größte 158

22. Hermes' Spuren zur Gegenwart 165

23. Die Suche nach dem Gralsgeheimnis 171

24. Carl Gustav Jung: Psychologe, Gnostiker, Alchimist . 179

25. Kosmos der Information 187

26. Moderne Mysterienschulen 200

27. Die neue Wissenschaft vom Göttlichen 209

28. Der Ring schließt sich 216

Bibliographie 221

Bildnachweis und Dank 223

Personen- und Stichwortverzeichnis 224

Einleitung

Jesus sagte zu seinen Jüngern:

> «Euch ist es gegeben, das Geheimnis des Reiches Gottes zu wissen;
> jenen aber, die draußen stehen, werden alle diese Dinge in Gleich-
> nissen zuteil» (Markus 4, 11).

Dieser Hinweis auf ein «Geheimnis» ist ein klarer Beweis dafür,
daß es neben der äußeren eine innere, esoterische Lehre gab.
Noch eine ganze Reihe anderer Stellen im Neuen Testament
weisen dasselbe aus.

Ein Geheimnis? Jesus nennt es ausdrücklich so, aber es
begann nicht mit ihm. Bei den ältesten uns bekannten Kulturen,
den Indern, Sumerern, Persern, Ägyptern, Griechen und Hebräern war es ähnlich wie bei den frühen Christen: einem äußeren,
exoterischen Wissen stand ein verborgenes gegenüber, wohlbe-
wahrt, weil es vom Volk nicht verstanden worden wäre.

So entwickelte jede Religion ihre öffentlichen, dogmatischen,
zeremoniellen Formen, und in der Stille die esoterische Weisheit der Eingeweihten.

Was Jesus nur seine Jünger und Freunde lehrte und nicht die
Masse, können wir mit etwas Scharfsinn aus Indizien ableiten.
Besäßen wir noch, was auf Geheiß einer um die Festigung ihrer
Autorität bemühten Kirche im dritten und vierten Jahrhundert
ins Feuer geworfen wurde, so wüßten wir vielleicht mehr.
Immerhin: Einiges hat in Verstecken im Wüstensand alle Gefah-
ren überdauert. Wir wollen es in diesem Buche kennenlernen.

Das Geheimnis war mehr als das zentrale Gebot der Gottes-
und Nächstenliebe; *dieses* konnte von jedermann verstanden
werden. Es muß etwas gewesen sein, das den Blick dafür öffnete, warum die Materiewelt geschaffen wurde, was sie «im
Innersten zusammenhält», welchen Weg Gott der Menschen-

seele bestimmt hat. Das Geheimnis mußte zur Erhöhung des Menschen durch Wissen führen und ihn so zum Eingeweihten machen.

Dieses Urgeheimnis hat seinen Ursprung in fernster Vergangenheit. Von den Eingeweihten des Neolithikums ging es über auf die Weisen der ältesten Kulturen, fand seinen Niederschlag in den heiligen Schriften des alten Indien und China, wurde sichtbar in Persien, Babylonien und Ägypten. Aus zahllosen Palmblättern, Tontafeln und Papyri wissen wir von den Mythen der Völker und den immer wieder in ihnen auftauchenden Symbolen für das verborgene Wissen.

Wissen kann geheimgehalten werden, weil eine Minderheit ihre Macht bewahren will. Es kann aber auch geheim bleiben, weil seine Hüter es nicht profanieren, weil sie «keine Perlen vor die Säue werfen» und weil sie Mißbrauch verhindern wollen. Zuletzt kann es ganz einfach versickern, weil zu wenige bereit sind, die den Zeitgeist ausmachenden Dogmen und Konventionen zu hinterfragen.

So gingen die meisten Wissensschätze des Altertums verloren. Es war, als ob ein großer Strom im Sand versickert, um nur noch unterirdisch in kleinen Rinnsalen weiterzufließen – gehütet von geheimen Orden, Rosenkreuzern und Alchimisten, aber nicht mehr bemerkt von der Masse.

Unsere Suche nach dem Urgeheimnis wäre lückenhaft ohne einen prüfenden Blick auf die Anfänge des Christentums. Als im 19. Jahrhundert die wissenschaftliche Textkritik des Neuen Testaments Gestalt annahm, wurde schnell offenbar, mit welcher Ungeduld man auf die Chance gewartet hatte, die Urgründe der Evangelien zu erforschen. Hatte Christus seine Jünger Dinge gelehrt, hatte er selbst an anderen Stätten gelernt, von denen die vier Evangelisten nichts wußten oder die gar von Kopisten und Übersetzern verfälscht worden waren? Mit wahrem Feuereifer wurde jeder neue Handschriftenfund, jedes brüchige Stück Pergament nach diesen Fragen erforscht. Jesus Christus und die Umstände seines Kreuzestodes bilden für jeden Christen noch immer so sehr den Mittelgrund seines religiösen Denkens, daß unsere Suche nach der Urweisheit nicht an ihnen vorbeigehen kann.

Kapitel 1

Am Anfang war das Universum

Wann wurde aus dem *Homo erectus*, unserem Urvorfahren, der denkende, fühlende *Homo sapiens*? Die Anthropologie gibt unserer Spezies etwa 40.000 Jahre. Etwa seit dieser Zeit, so nehmen wir an, denkt der Mensch reflektiv. Er kann über etwas *nach*denken. Möglicherweise gab es Rassen, die dazu schon viel früher in der Lage waren. Es kommt hier nicht auf ein paar Tausend Jahre an.

Der denkende Mensch folgte nicht nur seinen Instinkten, er beobachtete. Und von Urbeginn an hatte er etwas, an dem er diese Fähigkeit testen konnte, nämlich den Sternenhimmel, einen Himmel von solcher Reinheit und Klarheit, wie wir ihn heute nur noch über Meeren, Wüsten und Gebirgen finden. Die Sonne, der Mond und die Sterne verkörperten für ihn sichtbar die Höhere Macht, senkten sich tief in seine Seele. Er begann, sein Leben nach dem Sternenrhythmus einzurichten und betete die Sonne als höchstes und mächtigstes Wesen an.

Der neolithische Astronom kannte keine «Zeit», wie wir sie in unserer schnellebigen Welt kennen. Er beobachtete den Sternenhimmel geduldig, Jahrzehnt für Jahrzehnt. Was er sah und lernte, gab er an seine Nachfolger weiter. Es war eine durchaus praktische Tätigkeit. Der Frühlingspunkt am Himmel zeigte ihm an, wann mit der Frühjahrssaat begonnen werden konnte. Eines Tages muß es ihm aufgefallen sein, daß ein bestimmter Stern nicht mehr genau an dem Markierungspunkt der Landschaft aufging, an dem er und sein Vorgänger ihn zu sehen gewohnt waren. Und genauso war es mit allen anderen Sternen – der gesamte Sternenhimmel hatte sich sehr langsam, aber einheitlich in dieselbe Richtung bewegt. Das festzustellen, muß für die Menschen jener Zeiten eine gewaltige Erkenntnis gewesen sein.

Irgendwann vor Tausenden von Jahren begriffen prähistorische Sternkundige, daß der Punkt, an dem die Sonne zur Tag- und Nachtgleiche den Himmelsäquator scheinbar überschreitet, *sich bewegt*. Durch Beobachtung über viele Generationen fanden sie heraus, daß diese Bewegung im Laufe von rund 26.000 Jahren einen elliptischen «Kreis» bildet. Diesen wiederum teilten sie in zwölf Abschnitte und benannten diese nach zwölf bekannten Sternbildern. Das Tierkreis-System war geboren.

Der Tierkreis wurde damit zum höchsten Symbol für die Kräfte der Sonne und des Universums, von denen das Leben des Naturmenschen jener Jahrtausende abhing.

Aus diesem Wissen entwickelte sich einerseits die «praktische» Geometrie, andererseits die «philosophische», aber für den Menschen jener Zeit nicht weniger wichtige Astronomie und Astrologie. Die geometrischen Kenntnisse waren zur Jungsteinzeit schon erstaunlich weit fortgeschritten, wie allein schon die Steinkreise auf den britischen Inseln mit Stonehenge als ihrer alles überragenden Spitzenleistung beweisen. Aus der Geometrie entwickelten sich Techniken, die es ermöglichten, tonnenschwere Steine für den Bau der Stonehenge-«Tore» über Entfernungen von mehr als 300 Kilometer zu transportieren.

Die Astrologen teilten die unvorstellbar langen 26.000 Jahre nach den zwölf Tierkreisen in zwölf «Zeitalter» von je 2166 Jahren ein. Die Philosophen begannen nach Entsprechungen zwischen diesen Zeitaltern und der geistigen Entwicklung des Menschen zu suchen. Längst hatten die Himmelsbeobachter auch die Planeten entdeckt. Da der Sternenhimmel ja doch ein Ausdruck kosmischer Mächte war, lag es nahe, auch nach Entsprechungen zwischen dem psychischen Bild des Menschen und dem sich bewegenden Räderwerk der Planetenkräfte zu suchen.

So entstand die Astrologie. Völlig umgeworfen wird die Vorstellung von mit Fellen bekleideten Halbwilden, die kultische Tänze um Steinmonumente aufführen, durch die unlängst gemachte Entdeckung, daß neolithische Steinkreise auf mysteriöse Weise «aufgeladen» sind.

Es begann damit, daß zwei Dutzend junger Amateur-Paläontologen unter der Leitung des Chemikers Don Robins in einer

Kneipe im Londoner Stadtteil Paddington beschlossen, den Steinzeit-Zeugen mit Geigerzählern und Ultraschall-Detektoren zu Leibe zu rücken. Einer von ihnen, ein Naturfreund, der nächtens dem Hobby des «Bat-watching» (Beobachten von Fledermäusen) nachging, hatte durch puren Zufall festgestellt, daß sein Gerät beim Passieren eines 4000 Jahre alten Steindenkmals auf unerwartete Weise ausschlug. Das mußte etwas bedeuten.

Aus dem Einfall der Paddingtoner *freak scientists*, wie sie sich mit englischem Selbsthumor nannten, wurde das *«Dragon Projekt»*: die systematische Messung von Steinkreisen wie den *Rollright Stones* und den walisischen *Moel ty Uchaf* auf Radioaktivität, magnetische Bodenstrahlung und Ultraschall-Effekte.

Die Alternativ-Wissenschaftler machten erstaunliche Entdeckungen, die inzwischen von kompetenter Seite erhärtet sind: Zur Zeit des Sonnenaufgangs, ganz besonders in der Periode der Tag- und Nachtgleiche, gehen von diesen Steinen auffallend starke Ultraschallwellen aus. Auch die Radioaktivität ist höher. Die Äquinoktien scheinen eine Art *booster effect* auszulösen. Im Inneren der Steinkreise dagegen herrschte vollständige ultrasonische Ruhe: Wo normalerweise zumindest «Hintergrundgeräusch» zu erwarten gewesen wäre, war absolute Stille.

Die Steinkreise erzeugen einen Ultraschall-Sperr-Ring, und nicht nur das: auch die magnetische Erdstrahlung innerhalb eines Kreises verringert sich spiralförmig nach innen (es wurden 7 Ringe gemessen); in der Mitte herrscht magnetische Stille. Anders ausgedrückt, die Steinkreise haben die Wirkung eines Faraday-Käfigs. Sie schirmen das Innere gegen Strahlenwirkungen ab. Infrarot-Fotos von einem Hauptstein zeigten einen himmelwärts zeigenden «Lichtstrahl». Hier wird man unwillkürlich an Raumfahrtfilme wie *Star War* erinnert.

Die Geomantik, die Wissenschaft von den Kraftfeldern und -linien auf der Erdoberfläche – hat in jüngster Zeit noch andere erstaunliche Daten hervorgebracht. So fanden die beiden Schweizer Architekten M. Mettler und H.H. Staehelin nach langen und gründlichen Messungen in der ehemaligen römischen Siedlung Augusta Raurica (das heutige Kaiseraugst bei Basel), daß alle dortigen Kultstätten nach zwei mit der Rute deutlich meßbaren «Netzgittern» ausgerichtet waren.

Abb. 1. Stonehenge gilt als das bedeutendste Kultdenkmal des Neolithikums. Die Anlage setzt ein erhebliches astronomisches Wissen und technische Kenntnisse voraus, die den Transport der riesigen Steine über Entfernungen von mehreren hundert Kilometern möglich machten. (Etwa 2000 bis 1800 v. Chr.)

Es scheint, daß die Römer die Kreuzungspunkte dieser Strahlengitter als Orte mit besonderer Kraft ansahen und ihre Städte danach anlegten. Es liegt nahe anzunehmen, daß diese geomantischen Kräfte auch schon in vor-römischer, ja vorgeschichtlicher Zeit bekannt waren, ja daß praktisch alle Städte und Tempelanlagen der Antike nach ihnen ausgerichtet waren. Zugleich aber zeigen die genannten Messungen an britischen Steinkreisen, daß man auch um den Wert besonders abgeschirmter Orte *ohne* Strahlungs-Interferenz wußte. Schon im Neolithikum besaßen die Menschen also offenbar ein genaues Unterscheidungsvermögen für Strahlen und Strahlenfreiheit.

Aus alledem ergibt sich ein Gesamtbild, das uns erstaunt: Die vorgeschichtlichen Völker, sei es im Mittelmeerraum, sei es in

12

Abb. 2. Avebury (Grafschaft Wiltshire, England) besitzt einen neolithischen Ringwall mit Resten einer Tempelanlage in der Mitte. Hier wie bei den Rollright Stones und anderen Kultstätten der Jungsteinzeit lassen sich Ultraschall-Effekte messen, die darauf deuten, daß die Erbauer im Innern ihres Heiligtums einen abgeschirmten Raum besaßen.

Nordeuropa, besaßen ein sehr beachtliches Wissen über Geomantik, Geometrie und Astrologie. Selbst medizinisch leisteten sie mit primitiven Werkzeugen Erstaunliches, wie die häufigen Trepanationen an Schädelfunden beweisen. Die sogenannten *Chakren*, ätherische (halbmaterielle) Energiezentren des Körpers, waren in Indien schon vor Jahrtausenden bekannt.

Es liegt nahe zu fragen, ob die Menschen jener Zeit nicht über natürliche Gaben der Psychodynamik (Hellsehen und Psychokinese) verfügten, die sie zur Kommunikation miteinander einzusetzen wußten und mit deren Hilfe sie mit der Natur in Verbindung standen – so wie es heute nur noch die Schamanen der wenigen verbliebenen Naturvölker können. Die Trepanationen

13

Abb. 3. Keswick-Castlerigg. Einer der zahlreichen, heute noch erhaltenen neolithischen «Steinkreise», hier bei Keswick in der Grafschaft Cumberland.

mögen Versuche gewesen sein, bereits bekannte psychische Kräfte noch wirksamer freizulegen und zu erschließen.

Der Mensch war aus dem Paradiese vertrieben. Aber, so lehren uns die alten Mythen, er konnte immerhin noch direkt mit «den Göttern» sprechen und von ihnen belehrt werden. In den Stunden des Schlafs holte sich der vorgeschichtliche Mensch den Rat überweltlicher Lehr- und Schöpferkräfte. Zwischen Mensch und Gott, ja auch zwischen Mensch und Mensch, lag eine (para)psychische Ebene der telepathischen Kommunikation, der sich zumindest eine Elite von Priestern und Weisen zu bedienen wußte.

Wir wissen heute nur noch sehr wenig über diese Dinge; eigentlich können wir sie nur noch umrißhaft aus geomantischen Messungen und aus der Beobachtung des Schamanentums abstrahieren. Nicht einmal über die städtebaulichen

Orientierungen der Römer gibt es zuverlässige Literatur. Es ist nicht auszuschließen, daß das Wissen um diese Dinge bewußt auf kleine Gruppen beschränkt blieb und nur mündlich an auserwählte Schüler weitergegeben wurde. Das wären dann die Ursprünge der Mysterienschulen.

Nehmen wir einmal an, daß es in allen Kulturvölkern der vorchristlichen Zeit Zentren der geheimen Weisheit und Gelehrsamkeit gab. Da vor allem die seefahrenden Völker schon damals lange Reisen unternahmen und Handel miteinander trieben, besteht kaum ein Zweifel daran, daß die Eingeweihten der Völker voneinander wußten. So ergibt sich spätestens im 6. Jahrtausend vor der Zeitrechnung ein Bild der Menschheit mit einer gemeinsamen Bewußtseinsschwelle, die in den damals entstehenden Kulturen eine gemeinsame Ur-Offenbarung möglich machte.

Aus ihr wären die astrologisch-philosophischen Systeme, die Religionen und die Weisheitsschulen auch dann entstanden, wenn es keine großen Wanderungen von vom Untergang bedrohten Völkern gegeben hätte.

Dort liegen die Wurzeln der Mythen, die Urgründe des Rama und Krishna der Inder, des Thoth-Hermes der Ägypter und des großen Weisheitslehrers Henoch der Hebräer, der noch vor Noah und Methusalem gelebt haben soll.

KAPITEL 2

Seelenflug des Tempelschülers

Die Sonne taucht unter, jenseits der Tempelsäulen, in den Sand der ägyptischen Wüste.

Eine weiße Robe um die Schultern, steht der Novize am Eingang zur Krypta.

Er weiß, daß heute die größte und schwerste einer langen Reihe von Prüfungen seiner wartet; besteht er sie, wird er ein Meister sein.

Um in den Tempel aufgenommen zu werden, war er von weit hergereist, war als Proband aufgenommen, hatte in unterirdischen Gewölben Mut und Charakterstärke bewiesen. Drei Jahre lang hatte er unter der weisen Anleitung des Hierophanten und seiner Priester die Weisheit der Urväter studieren können.

Er hatte vieles erfahren, von dem die hastende Welt außerhalb des Tempels sich nichts würde träumen lassen, ja selbst der Lauf der Erde um die Sonne und die Planeten waren ihm kein Geheimnis mehr.

Heute aber war die schwerste Probe zu bestehen. Angelerntes Wissen würde ihm wenig nützen: Er mußte sich selbst kennenlernen, klar und ohne Trübung, als sei er ein mit reinem Quellwasser gefülltes Gefäß. War er aber nicht rein, so würde es ihm übel bekommen.

Ein Priester tritt hinzu, nimmt ihn bei der Hand und leitet ihn die steinerne Treppe hinunter in einen runden Raum. Auf einem Tisch in der Mitte steht ein Krug; sein Begleiter gießt einen Trunk daraus in einen Becher, reicht ihn wortlos hinüber.

Der Neophyt ahnt, daß der Trunk etwas mit der bevorstehenden Probe zu tun hat; er weiß jedoch nicht, daß das seine Kehle hinunterrinnende Gemisch von Pflanzensäften eine ganz spezifische Wirkung auf seine Leib-Seele-Funktionen haben wird. Es

16

berauscht weniger als daß ihm seltsam leicht zumute wird. Willenlos folgt er dem Bruder Priester, der ihn durch dunkle Gänge treppauf und treppab geleitet, bis beide in eine geräumige Kammer gelangen. In der Mitte steht ein marmorner Sarkophag. Er wird für die nächsten Stunden – in manchen Tempeln waren es dreieinhalb Tage und drei Nächte – unseren Novizen aufnehmen.

Was nun geschieht, ist eines der strikt gehüteten Geheimnisse der Mysterientempel geblieben. Mit Sicherheit wissen wir nur eines: Der Körper des im Sarkophag ruhenden Schülers erstarrt. Der Adept «verläßt seinen Körper», um eine Seelenreise anzutreten. Mag sein, daß der Zaubertrunk die Loslösung des Astralkörpers aus dem in Katalepsie erstarrten Körper bewirkt; mag sein auch, daß die überwachenden Priester zusätzliche Hilfsmittel, Suggestion, Atem- und Massagetechniken und akustische Effekte, einsetzten, um die Befreiung des Bewußtseins vom Körper zu erreichen.

Die meisten Kenner der Materie sind sich darin einig, daß die in ägyptischen Pyramiden und Tempelkammern gefundenen Sarkophage nur symbolisch die Form steinerner Särge hatten. In ihnen wurden niemals Tote zur Ruhe bestattet; vielmehr dienten sie dazu, die werdenden Meister des Tempels den Tod überwinden zu lassen. Wer hier lag, während die Lämpchen der Kammer erloschen, ging durch die äußere Erfahrung des Todes – seine Glieder erstarrten, während sein Astralkörper sich langsam aus der Physis löste und nach oben stieg.

Der Adept ist auf der Reise zum «anderen Ufer», durchschwebt das astrale Reich, sein höheres Ichbewußtsein voll mitnehmend, wobei sich Augenblicke wonniger Freiheit und Gelöstheit ablösen mit einem kaleidoskopartigen Wechsel von Bildern vor dem inneren Auge, die *ihn selbst* zeigen in einer Abfolge von Situationen seines Lebens. Alles ist ohne Maske: er sieht sich so, wie er «in seinem Herzen denkt», und gute wie böse Motive werden ihm schmerzhaft klar. Ist er gestorben oder lebt er noch? Nein, er lebt, aber er weiß nun, wie der Tod sein wird. So würde es einstmals beim Eintritt ins Jenseits sein; der Adept erfährt, erlebt diesen Eintritt als das Ablegen einer Hülle.

Noch vor 20 Jahren hätte man in westlichen Ländern diese

Überlieferung ins Reich der Legende verwiesen. Inzwischen aber haben sich die Anzeichen dafür gehäuft, daß es solche Seelenreisen tatsächlich gibt. Sie sind sogar viel häufiger, als angenommen wird; nur daß jene, die sie haben, nicht gern darüber sprechen! Das junge Forschungsgebiet der sogenannten Schwellenerlebnisse oder Nahtodzustände könnte eine viel größere Breitenwirkung haben, müßte es nicht an «zwei Fronten» kämpfen – einmal gegen die Angst reanimierter Patienten, das Erlebte zu erzählen und womöglich als geistesgestört eingestuft zu werden, zweitens die Isolierung gegenüber den meisten seiner Kollegen, in die sich ein Arzt begibt, der Nahtoderlebnisse erforscht. In den Hochburgen der westlichen Apparatemedizin gelten jene, die sich für dieses Gebiet interessieren, noch immer als Außenseiter und Illusionisten.

Aus diesen Gründen sind diese Erlebnisse an der Schwelle des Todes bisher noch sehr unzureichend erforscht. Wir sollten mehr darüber erfahren – was beispielsweise mit Hirnstrommessungen möglich wäre –, in welchen Gehirnteilen in solchen Fällen Aktionsströme fließen, welche innersekretorischen Substanzen («Endorphine») vom Körper freigesetzt werden, um mit der Extremsituation fertig zu werden. Hier ist noch sehr viel zu tun. Sicher ist nur, daß die Nahtoderlebnisse fast immer «ichbezogen» sind; sie können, weil sie dramatisch die wirklichen ethischen Werte unseres Tuns und Lassens aufzeigen, die gesamte Lebenseinstellung eines Menschen von Grund auf ändern.

Halluzinationen, wie sie etwa von Rauschdrogen erzeugt werden, haben diese Wirkung nicht.

Nehmen wir einen typischen reanimierten Patienten. Er wird, etwa bei einem Herzstillstand, «klinisch tot» ins Krankenhaus eingeliefert. Sein Körper liegt auf dem Operationstisch, während Ärzte und Schwestern sich um ihn bemühen. «Er» selbst aber, das heißt sein Bewußtsein, schwebt sozusagen unter der Decke des Raumes und schaut auf alles herunter.

Wir können auch vermuten, der Patient schwebe mit seinem Feinstoffkörper oder Astralkörper über dem bewußtlosen physischen Körper. Er kann beobachten, denken, obwohl doch sein Gehirn dort unten im physischen Schädel steckt. Er kann sich sogar bewegen; nicht aber durch umständliches Laufen, sondern indem er sich einfach an einen anderen Ort oder zu einer anderen Person *denkt*; blitzschnell ist er am Ort seiner Gedanken.

Ist das für unsere sachorientierte Wissenschaft schon unvorstellbar, so wird es noch kurioser, wenn sich in diese extrazerebralen (außergehirnlichen) Sinneswahrnehmungen noch filmähnliche Bildabläufe mischen, die das eigene vergangene Leben zeigen und bewerten. Wichtige, manchmal auch scheinbar belanglose oder «vergessene» Szenen aus seinem Leben ziehen film- oder kaleidoskopartig vor dem inneren Auge (dem einzigen, das jetzt noch wahrnimmt!) des Patienten vorbei.

Das Wichtige und Einmalige an diesem Phänomen ist etwas, das sich nur noch als transzendental bezeichnen läßt: Die Bilder haben fast immer einen wertenden oder Urteilscharakter: Der sie Erlebende weiß ganz genau, ob er bei der betreffenden Szene recht gehandelt hat oder nicht. Es kann sein, daß er von tiefer Reue erfaßt wird und beschließt, sein Leben künftig zu ändern. In jedem Falle ist das Erlebnis so tiefgreifend und aufwühlend, daß er es für den Rest seines Lebens nicht mehr vergißt. Oft ändert sich seine ganze Lebenseinstellung.

Man hat sich daran gewöhnt, diese Erfahrungen mit dem aus der Parapsychologie geläufigen Begriff *«Out of the Body»* (außerkörperlich) zu bezeichnen. Ein OOB-Erlebnis kann den Erfahrenden bis unmittelbar an die Schwelle zum Jenseitigen führen; ein einziger Schritt würde genügen, ihn nicht mehr zurückkehren zu lassen.

Es ist deshalb kaum sinnvoll zu erklären, die Menschen mit OOB-Erlebnissen seien «ja alle zurückgekommen»; keiner von ihnen könne deshalb sagen, was nach dem Tode geschehe. Die Betreffenden selber sehen es meist ganz anders: Wer an der Schwelle zu einem neuen Raum gestanden hat, nimmt gewöhnlich die Atmosphäre dieses Raumes in sich auf; ganz besonders dann, wenn sie – wie in diesem Falle – so ganz neuartig und überraschend ist. Der Blick hinein ist nicht viel weniger, als wenn man ganz hineintritt und die Tür hinter sich schließt. Wesentliches bleibt auch nach der Rückkehr in der Erinnerung haften.

Abb. 4. Während des Tiefschlafs findet wahrscheinlich eine Lockerung des
Astral- oder Ätherkörpers vom ruhenden physischen Körper statt.

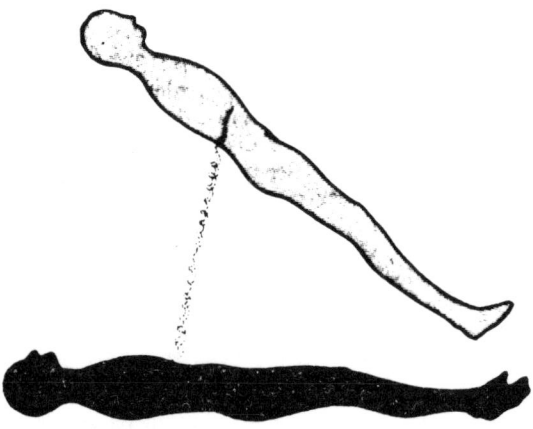

Abb. 5. In bestimmten Fällen kann sich der Astralkörper über größere Distan-
zen fortbewegen; er bleibt dann nur noch durch den ätherischen Lebensfaden
mit der Physis verbunden. Der Tradition zufolge wurden die Probanden in
ägyptischen Mysterientempeln (wahrscheinlich mit Hilfe von Pflanzendrogen
und eingeübten Techniken) drei Tage und drei Nächte lang auf solche «Astralreisen» geschickt.

Manchmal werden die aus dem eigenen Körper Ausgetrete-
nen von einer weißgekleideten Figur erwartet. Sie kennt jede,
auch die kleinste Begebenheit in unserem Leben. Diese Figur ist
wahrscheinlich kein Engel oder Schutzengel, wie manche meinen, sondern ein Symbol unseres eigenen geistigen Ichs oder
Überselbst. Die Erscheinung tritt übrigens bei Schwellenerleb-
nissen in *allen* Kulturbereichen auf; sie kann deshalb nicht als
Produkt einer religiösen Erwartung interpretiert werden.

20

Unser Überselbst ist identisch mit unserem Gewissen; es ist unbestechlich und weiß alles über uns.

Woher diese Lebensfilme kommen und warum sie einen Urteilscharakter haben, ist noch nicht bekannt. Wie man aus zahlreichen Experimenten weiß, bei denen Gedächtnisinhalte in den Schläfenlappen der Großhirnrinde durch feine elektrische Stromstöße stimuliert werden, speichern unsere Gehirnzellen *jeden* Eindruck, der im Laufe eines langen Lebens von ihnen aufgenommen wird. Die Stimulation durch Elektrosonden oder bestimmte Drogen läßt jedoch nicht nur jeden «vergessenen» Sinneseindruck wiederaufleben, sondern auch das, was wir dabei empfinden. Wir müssen, wohlgemerkt, nicht etwa erst nachdenken, was wir damals wohl empfunden haben mögen; das Gefühl ist einfach «da».

Mit anderen Worten, Sinneseindruck und Empfindung sind im Gehirn in einer biologisch nicht erklärbaren Form unauflösbar miteinander verbunden. Sie sind nicht linear gekoppelt – erst das eine, dann das andere –, sie sind eine Ganzheit.

Beim Nahtoderlebnis bleibt nun der Sinneseindruck des «Lebensfilms» ebenso erhalten, aber er geht durch eine Art Filter, der in erster Linie die Empfindung bestehen läßt und sie dann durch eine moralische Bewertung – um das Gut oder Böse wissend – verstärkt an das Bewußtsein weitergibt.

Zurück zu unserem Tempelschüler. Die Astralreise war für ihn, den gründlich Vorbereiteten, keine Prüfung mehr, eher eine Belohnung für bestandene Prüfungen und entbehrungsreiche Lehrjahre. Jetzt darf er erfahren, was es bedeutet, wenn man sein eigenes Ego ohne Trübung bis auf den tiefsten Grund durchschaut; wenn man jenes unerhörte Gefühl der Freiheit und des Losgelöstseins von den Banden des Körpers erlebt.

Wer die Astralreise im Tempel mitgemacht hatte, kannte das Geheimnis der Geheimnisse. Er hatte den Tod überwunden. Er wußte, daß keine Tat, kein Gedanke verlorengeht. Und er hatte eine vierte Dimension betreten, in der es keine Raum- und Zeitgrenze gibt und in der man sich mit Gedankenschnelle fortbewegt.

Wasser bis zum Hals der Sphinx

Was für die prähistorischen Bewohner Nordeuropas gilt, trifft selbstverständlich ebenso auf die Völker des Nahen und Mittleren Ostens zu. Sie waren in mancher Beziehung höher entwickelt, sonst hätten unter ihnen nicht die Hochkulturen der Chaldäer, Sumerer und Ägypter entstehen können. Dazu waren Jahrtausende erforderlich.

Jede Generation von Ägyptologen sammelt mehr Indizien darüber, daß die hervorragendsten Merkmale der altägyptischen Zivilisation zur Zeit der 1. Dynastie (ca. 3000 v.Chr.) entweder bereits bestanden oder sich von der 1. bis zur 3. Dynastie vervollkommneten. Es ist ganz unmöglich, daß die hieroglyphische Schrift, ein ausgeklügeltes Kalendersystem, das auf exakten astronomischen Messungen beruhte, oder daß der schon in den frühen Dynastien erreichte mathematische, medizinische und bautechnische Wissensstand – um vom künstlerischen Niveau ganz zu schweigen – innerhalb weniger Jahrhunderte auf dem Boden einer groben neolithischen Siedlerkultur entstand.

Diese offenkundige Tatsache führte schon im 19. Jahrhundert zu mancherlei Spekulationen über die vermeintlichen Ureinwohner Ägyptens, darunter die Vermutung, es könne sich um Überlebende oder «Aussiedler» einer kataklysmischen Katastrophe gehandelt haben, die die Spuren einer Hochkultur und -zivilisation wie Atlantis von der Erdoberfläche fegte.

Doch lassen wir die Spekulationen; beschränken wir uns auf das, was tatsächlich vorhanden ist. Dazu gehören mathematische, literarische und medizinische Papyri, die zweifelsfrei beweisen, daß diese Disziplinen in der 1. Dynastie schon weit entwickelt waren. Der britische Ägyptologe W. Emery weist

22

aufgrund der schon damals vorhandenen Stylisierung von Hieroglyphen und der kursiven Schrift nach, daß «die Schriftsprache bereits eine beträchtliche Periode der Entwicklung» hinter sich gehabt haben muß. Es fehlt leider nur an Funden, die den Gang dieser Entwicklung belegen.

Nun wäre ein einigermaßen sicher datierbares Bauwerk zweifellos besser als jeder noch so scharfsinnige Analogieschluß aus den ältesten Papyri. Bisher glaubte man, daß es ein solches Bauwerk nicht gäbe. Auf keinen Fall die drei großen Pyramiden bei Gizeh. Deren Erbauer, die Pharaonen Khufu (Cheops)*, Khafre (Chephren) und Mykerinos (Mykerinos), glaubte man zu kennen.

Aber ganz in der Nähe der Pyramiden steht ein anderes uraltes Bauwerk, das bei der Erforschung der Urperiode bisher eigentlich übersehen wurde – die tagtäglich von zahllosen Touristen angestaunte und fotografierte Sphinx! Ihre Wiederentdeckung als Zeuge der Urperiode ist das Verdienst eines Mannes, der in erster Linie Philosoph und erst danach Archäologe war, des Elsässers René Schwaller de Lubicz. Wir werden noch mehr von ihm hören.

De Lubicz lebte mit seiner Familie in Ägypten. Während er seine Forschungen betrieb, in Luxor oder Gizeh und Memphis, wollte er den Zeugen des ägyptischen Altertums physisch und geistig nahe sein. Jahrelang beobachtete er die Sphinx, studierte alte Quellen, stellte Messungen und Berechnungen an.

Im folgenden stützen wir uns auf John Anthony West, der in *«Serpent in the Sky»* das Lebenswerk von Schwaller de Lubicz beschreibt.

Wie jedem anderen Betrachter auch, war dem Elsässer Gelehrten aufgefallen, daß die Sphinx, vor allem an Kopf und Nacken, beträchtliche Spuren von Erosion aufweist. Die vorherrschende Meinung war bisher, daß es sich um die Wirkung des Wüstenwindes *(Khamsin)* handeln müsse, der wie ein Gebläse den feinen Sand aufwirbelt und so über die Jahrtausende Millimeter um Millimeter «Sphinx-Substanz» abgetragen habe.

---

* Wir geben der ägyptischen Schreibweise den Vorzug vor der griechischen; schließlich waren die Pharaonen Ägypter.

Natürlich hat die Sphinx auch noch andere Schäden davongetragen. Die «Pockennarben» auf ihrem Gesicht und die abgeschlagene Nasenspitze rühren jedoch davon her, daß Mamelukken im 18. Jahrhundert die riesige Skulptur als Zielscheibe für ihre Artillerie benutzten.

De Lubicz studierte alte Papyrustexte, las alte Reisebeschreibungen. Sehr schnell fiel ihm auf, daß andere Monumente aus der frühdynastischen Periode weit weniger Erosionsschäden aufwiesen als die Sphinx. Ganz in ihrer Nähe übrigens fand man in den dreißiger Jahren eine von Pharao Thutmosis IV (1448–1420 v. Chr.) errichtete Stele so tief im Sand steckend, daß nur die gerundete Oberkante den Elementen ausgesetzt war. Sie hatte in fast 3400 Jahren so wenig durch Wind und Sonne gelitten, daß die eingemeißelte Darstellung – den Pharao zeigend, wie er der Sphinx Opfer anbietet – noch einwandfrei zu erkennen war. Hinzu kam, wie Schwaller de Lubicz feststellte, daß die Sphinx einen beträchtlichen Teil ihres langen Lebens nicht etwa «nackt», sondern in einem schützenden Ruhebett großer Massen von Sand zugebracht hat. Wind und Treibsand konnten ihr schon deshalb wenig anhaben.

Als Napoleon mit seinen Truppen in Ägypten landete und nichts Eiligeres zu tun hatte, als sich die Altertümer des Landes zeigen zu lassen, steckte die Sphinx bis zum Hals im Sand. Der neben ihr stehende Tempel war praktisch unsichtbar. Erst 1813 konnte die Figur freigeschaufelt werden.

1888 mußte sie von Maspero erneut freigelegt werden.

1916 notierte Baedecker, daß sie erneut vom Sande verdeckt sei. Mit anderen Worten, die schüsselförmige Bucht, in der die Sphinx liegt, füllt sich alle dreißig bis neunzig Jahre mit Sand.

Der unbekannte Erbauer der Sphinx oder die Baumeister der Pyramiden ließen diese Bucht aus dem ursprünglichen Fels herausschlagen; vermutlich benutzten sie das Gestein für andere Bauten.

Ein Wissenschaftlerteam der Stanford Universität (USA) bestätigte übrigens erst 1977 aufgrund gründlicher elektronischer Messungen, daß die Sphinx aus Kalkstein von normaler Härte besteht, also nicht etwa aus besonders «weichem» Gestein, das sich entsprechend eher abnutzt.

Abb. 6. Sphinx. Die Erosionserscheinungen am Hinterkopf der Sphinx sind auf diesem Foto klar erkennbar.

Der 30- oder 40-Jahre-Turnus machte de Lubicz das Rechnen leicht: Wenn die Sphinx, wie gewöhnlich angenommen wird, tatsächlich etwa um 2700 v. Chr. unter Pharao Khafre erbaut wurde, dann hat sie den größten Teil, etwa 3300 Jahre, der inzwischen vergangenen knapp fünf Jahrtausende bis zum Kopf im Sand gesteckt! Denn die auf Khafre folgenden Dynastien der 1. Zwischenperiode, des mittleren Königreichs, der 2. Zwischenperiode wie auch die blühende 18. Dynastie – mit der möglichen Ausnahme von Thutmosis IV – waren viel zu gleichgültig gegenüber der Vergangenheit, als daß sie ihre Arbeiter zum Sandschaufeln nach Gizeh beordert hätten.

Allein in den 1300 Jahren zwischen Khafre und Thutmosis IV dürfte die Sphinx rund 1000 Jahre im Sande verschüttet gewesen sein; vergessen und unbeachtet wie so vieles andere aus den Anfängen des Nilreiches.

Man kann die alten Ägypter für diesen Mangel an Pietät noch nicht einmal tadeln, denn wer die große Pyramide besucht und von dort nilwärts blickt, kann einen aus dem Sande ragenden Kopf leicht übersehen. Auch Herodot im 5. Jh. vor Christus passierte das; sein Bericht, in dem er die Pyramiden in aller geziemenden Länge beschreibt, erwähnt die Sphinx mit keinem Wort. Der Körper mit den Löwenfüßen, 240 Fuß lang und 60 Fuß hoch, war zweifellos auch damals schon mit Sand bedeckt, oder er wäre aufgefallen!

Das Christentum zeigte überhaupt kein Interesse. Der römische Kaiser Konstantin ließ es 333 A.D. zur einzigen und offiziellen Religion erklären. Der Patriarch von Alexandrien hatte darauf zu achten, daß die alten Götter Ägyptens nicht etwa noch von der Bevölkerung angebetet wurden (hier und dort geschah das dennoch), und steinerne Zeugen der alten Kultur waren erst recht unerwünscht. Während des Großteils der seit der Christianisierung verstrichenen 1700 Jahre blieb die Sphinx, wo sie um die Zeitenwende war: im Sand.

Das aber, folgert Schwaller de Lubicz, genügt als Beweis dafür, daß die Erosionsschäden an der Sphinx *nicht* durch den von Süden wehenden *Khamsin* und Sand verursacht sein können, denn dessen abrasive Wirkung über kürzere Zeiträume ist nachweislich minimal.

Hinzu kommt, daß wirbelnder Sand sehr typische Erosionen verursacht, wie sie vor allem auf den Mesas Nordamerikas beobachtet werden können. Die abrasive Wirkung setzt starken Wind voraus und reicht dann nur bis zu etwa 1,80 m über dem Erdboden. Das traf für den relativ harmlosen *Khamsin* nicht zu; auch würden die Tempelmauern neben der Sphinx eine viel stärkere Winderosion aufweisen, was nicht der Fall ist. Auch andere ebenso alte ägyptische Bauwerke und Monumente zeigen nichts Vergleichbares. Die riesigen Säulen der Tempel von Luxor und Karnak, *nach* der Sphinx gebaut, aber viel länger, nämlich seit 3000 Jahren Wind, Sand und Sonne ausgesetzt, sind fast ohne Erosionsschäden. Hier und dort sind die scharfen Kanten der Steinquader etwas abgestumpft; das ist alles!

Aufsteigendes, durch Kapillarwirkung hochgesaugtes Niltal-Grundwasser, das mit den Salzen im Gestein reagierte und so den beiden Memnon-Kolossalfiguren nahe des Tals der Könige übel mitspielte, kommt bei der Sphinx nicht in Frage.

26

Was bleibt übrig? De Lubicz und Anthony West folgern, daß nur noch *Oberflächenwasser* als Verursacher in Frage kommt. Es ist eine frappierende, ja sensationelle Vorstellung, denn *so* hoch hat auch die höchste bekannte Nil-Überschwemmung niemals gereicht. Man muß also schon Überflutungen von katastrophalen Ausmaßen annehmen. Und diese sind sehr, sehr lange her.

Bis vor etwa 15 000 Jahren war das gesamte Gebiet des heutigen Nildeltas vom Meer bedeckt; die Küstenlinie mag etwa beim heutigen Kairo gelegen haben. Für spätere Überflutungen gibt es keine Beweise; man nimmt aber an, daß die letzte Katastrophenflut ungefähr um 10 000 v. Chr. stattgefunden haben muß. Dabei dürfen wir natürlich nicht die heutigen geographischen Verhältnisse vor Augen haben.

Die legendäre Sintflut, das weiß man schon aufgrund von Bodenablagerungen in Mesopotamien, *hat* stattgefunden, aber die Schätzungen über ihren Zeitpunkt liegen weit auseinander (zwischen 10 500 und 6000 v. Chr.).

Wenn die Erosion an der Sphinx wirklich auf Wasser zurückzuführen ist, dann muß die Figur demnach um *10 000* v. Chr. schon bestanden haben, also vor der endgültigen Vernichtung von Atlantis, das nach der Überlieferung bis etwa 8000 oder 9000 bestanden haben soll.

Menschen aus einer ganz anderen Zivilisation müssen die Sphinx entworfen und gebaut haben. Auch können wir uns vorstellen, welche Geheimnisse und Legenden die Ägypter der frühen Dynastien um die Figur gewoben haben, die im 3. Jahrtausend v. Chr. noch lange aus dem Wasser geragt haben mag, bis mit der zunehmenden Austrocknung des Landes die Wüste ihre Ausläufer auch nach hierhin vorstreckte.

Pharao Khufu ließ den Stein für seine große Pyramide aus der unmittelbaren Umgebung der Sphinx brechen, weil seine Baumeister ihm versichern konnten, das Material aus diesem Felsrücken werde «ewig» halten. Moderne Forschungen haben übrigens bestätigt, daß die Steinblöcke der großen Pyramide tatsächlich aus dem «Becken» um die Sphinx gewonnen wurden.

Auch verstehen wir besser, warum die Ägypter der Sphinx magisch-mystische Eigenschaften zuschrieben und glaubten, ihr

Standort sei mit besonderen erdmagnetischen Kräften ausgestattet. Es muß einen ganz bestimmten Grund gegeben haben, warum die Erbauer der Sphinx gerade diesen Ort aussuchten.

Pharao Thutmosis IV, so heißt es, fiel zu Füßen der Sphinx in einen tiefen Schlaf und hatte einen seltsamen Traum:

> «Eine große magische Kraft hatte seit dem Anfang aller Zeiten hier existiert und sich über das ganze Gebiet erstreckt. Und zu dieser Zeit kam die Sphinx-Form des allmächtigen Gottes Khephera an diesen Ort; und in ihr ruhte die größte der Seelen, das Heiligste des Heiligen.»
> (übersetzt von E. Wallis Budge, *History of Egypt,* Vol. 4, p. 80)

Geschichte, Legende und Geographie fügen sich ineinander, ergeben das Bild einer Sphinx, die nicht nur den größten Teil von 5000 Jahren unter dem Sand geruht hat, sondern viel länger. Auch wenn man die beiden dazugehörenden Tempelanlagen mit einbezieht, wird nach Schwaller de Lubicz Erosion durch *Wasser* als Hauptursache ihrer «Alterserscheinungen» deutlich.

Es bleibt die Frage, warum die meisten Ägyptologen den Pharao Khafre als Bauherrn der Sphinx betrachten.

1. Einmal ist da die schon erwähnte Stele des Thutmosis IV. In ihrer untersten Schriftzeile erscheinen die Buchstaben KHAF, brechen dann aber ab. Daß es ursprünglich KHAFRE hieß, ist möglich, aber nicht zu beweisen.
2. In zwei Vertiefungen im Tempel wurden Statuen des Khafre gefunden, die eine in der Form einer Sphinx, aber ohne Inschriften. Nun wurden aber ägyptische Tempel meist von Pharaonen «in Beschlag genommen», die auch oft Änderungen und Umbauten vornehmen ließen. Das beweist jedoch nicht, daß Khafre auch der Erbauer war!
3. Die beiden Statuen, so sagt man, ähneln dem Gesichtsausdruck der Sphinx. Das ist unbestreitbar, kann jedoch Absicht gewesen sein. Vielleicht hatte Khafre die Bildhauer gar beauftragt, eine Ähnlichkeit zur Sphinx herzustellen, um auf diese Weise Anteil an ihren vermeintlichen magischen Kräften zu gewinnen.

4. Fund einer Inventar-Stele aus der 26. Dynastie, die auf Handlungen des Pharao Khufu (Khafres Vorgänger) Bezug nimmt, als in der Nähe der Sphinx ein alter Horustempel entdeckt worden war. Dann aber muß die Sphinx damals, in Khufus Tagen, schon bestanden haben.

Alles in allem sind die «Beweise» für den Bau der Sphinx unter Khafre sehr dürftig. Andererseits müssen wir natürlich auch fragen, welches die Beweise oder Indizien dafür sind, daß die Sphinx schon Jahrtausende alt war, als die dynastische Periode Ägyptens begann. Es ist eine kühne Frage, die in die Tiefen dessen reicht, was man im Englischen als *race memory* bezeichnet, die halbbewußte Erinnerung der Menschenrasse an die Morgendämmerung früher Zeitalter, an den Ursprung von Göttern und Dämonen, an jene Archetypus-Symbole Jungscher Tiefenpsychologie, die nur noch in unseren Träumen fortleben.

Zu diesen Archetypen gehörten drei mächtige Tiere, der Löwe, der Stier und der Adler, die symbolisch in der Figur der Sphinx zum Ausdruck gebracht werden. Sollten sie das Geheimnis verkünden, daß die Menschenseele evolutionär aus dem Tier emporgetaucht ist?

Wurden uralte Überlieferungen von Priestern gehegt und weitergegeben, ist man eher bereit, an ihre Unversehrtheit zu glauben. Der griechische Geschichtsschreiber Herodot berichtet von seiner Ägyptenreise, daß die Tempelpriester von Heliopolis ihm ihr Wissen über vergangene Kulturen, über den Untergang von Atlantis, anvertrauten. *Damals* war dieses Wissen noch vorhanden, und sicher wußte man ebensogut Bescheid über die Kulturen und Religionen der Altinder und Altperser.

Das «race memory» enthielt noch Spuren der Erinnerung an längst vergangene Epochen, in denen die Menschen in einer Art direktem Verkehr mit den «Göttern» standen. Nicht mit dem Vatergott des Christentums oder dem Urgott der Gnostiker, sondern mit überirdischen Wesen auf einer sozusagen halbmateriellen ätherischen Ebene. Wesen, die neben göttlichen auch durchaus «menschliche» Züge hatten, die sich bekämpfen und bekriegen konnten, die eifersüchtig waren und darauf erpicht, ganzen Völkern und Perioden ihren Stempel aufzudrücken.

Die Menschen «verkehrten» mit diesen niederen Göttern und Demiurgen während des Schlafs. Während der Nachtstunden verliessen sie mit ihrem astralen (Seelen-)körper den ruhenden physischen Körper und bewegten sich frei auf der Astralebene in einem Schwingungszustand, der ihnen erlaubte, mit den Göttern und anderen höheren Wesen zu kommunizieren. Vor allem, sie beherrschten die Technik, sich nach dem Aufwachen, d. h. nach der Rückkehr in den leiblichen Körper, an das Erlebte zu erinnern.

Zur Zeit der ägyptischen Mysterienschulen war diese Fähigkeit nur noch der winzigen Minderheit von Eingeweihten bekannt. Das Wissen darum war so geheim, daß es unter dem Siegel der Verschwiegenheit und Androhung der Todesstrafe an den Initianten weitergegeben wurde. Die Technik, die es damals dem Tempelschüler ermöglichte, dreieinhalb Tage lang seinen eigenen Körper zu verlassen und das Astralreich zu erleben, ist bis heute geheim geblieben.

Die Sphinx – auch dieses wußte man später noch – war eine «Hüterin der Schwelle». Ihr Geheimnis mußte verstanden werden, bevor sie den schmalen Pfad freigab, der dem Wißbegierigen den Zugang zu jenem Astralreich öffnete, das die Urväter noch als ihr menschliches Erbteil kannten.

Die Sphinx muß demnach zu einer Zeit konzipiert und gebaut worden sein, in der das Urerbe der Menschheit zwar nicht mehr Allgemeingut, aber noch nicht vergessen war.

Nur, jetzt wurde dieses Wissen nicht mehr verschenkt. Es mußte verdient und erworben werden.

Es klingt keck, die Frage zu stellen, aber wenn die ägyptischen Tempelmagier verstanden – wie wir später im Hermes gewidmeten Kapitel hören werden – bestimmte Bauwerke und Statuen «aufzuladen», mögen sie es nicht umgekehrt auch verstanden haben, die in der Sphinx gefangenen, von Thutmosis IV als magisch empfundenen Kräfte abzuzapfen und für sich nutzbar zu machen?

KAPITEL 4

Tempel in Menschengestalt

Unsere Bibliotheken, unsere Museen sind voll von Büchern und
Dingen, die uns über das alte Ägypten Auskunft geben. Kaum
ein anderes Land hat ähnliche Anziehungskraft auf Touristen,
ähnliche Faszination auf Archäologen und Sprachwissenschaft-
ler ausgeübt; nirgendwo anders haben die Ausgräber und Papy-
rologen so viel zutage gefördert.

Aber, wenn wir ehrlich sein wollen: Bei allem Detailwissen
bleibt uns verborgen, was die Ägypter wirklich glaubten. Anekdoten über Machtintrigen und Hof-Verhältnisse lassen sich zu
Hunderten aus den Wandreliefs und Papyri herauslesen. Aber
in der Interpretation dessen, was die führenden Persönlichkei-
ten der Pharaonenreiche wirklich erfüllte und motivierte, gibt
auch unter den Ägyptologen sehr oft nur Auslegung statt
Wissen.

Mit anderen Worten: Die Sphinx ist noch immer das treffend-
ste Symbol des alten Nilreiches. Es ist uns ein Rätsel geblieben,
bis heute.

René Schwaller de Lubicz war fasziniert von diesem Rätsel.
Nach dem Studium der Chemie und Physik hatte er sich den
mittelalterlichen und später den antiken Geheimwissenschaften
zugewandt. Er war schon ein Mystiker, als er sich mit Ägypten
zu befassen begann. Sehr bald erkannte er, daß in unserem
Ägyptenbild etwas Entscheidendes fehlt. Dieses «Etwas» war
dazu von der Art, daß man sich ihm auf den Wegen der akademischen Ägyptologie kaum nähern konnte.

Schwaller machte die Lösung des ägyptischen Rätsels zu
seiner Lebensaufgabe. Mit Frau und Pflegetochter siedelte er
nach Luxor über und nahm dort Wohnung. Fünfzehn Jahre
später hatte er sein Ziel erreicht.

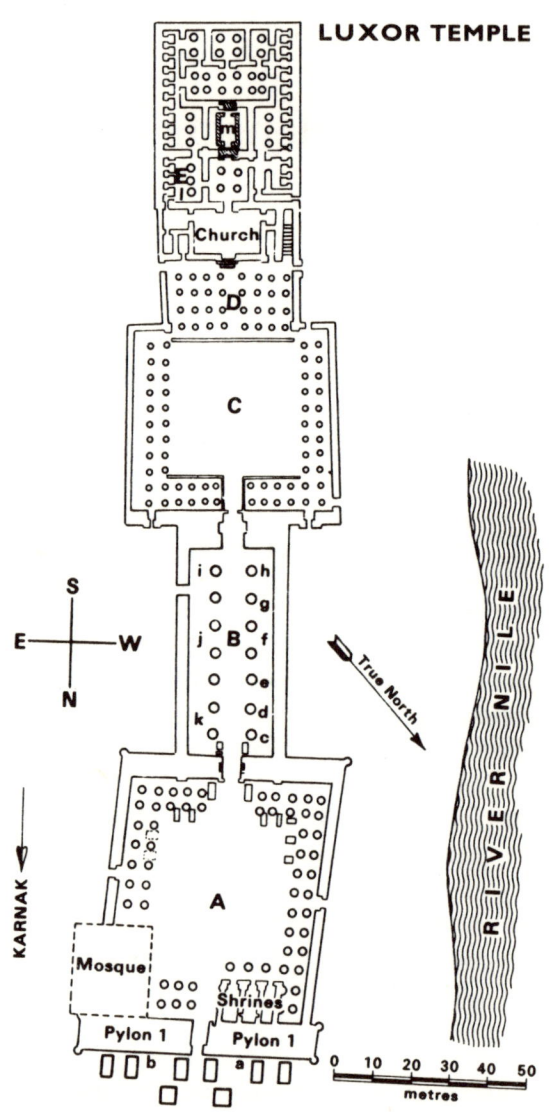

LUXOR TEMPLE

Church

River Nile

True North

S
E — W
N

KARNAK

Mosque

Shrines

Pylon 1   Pylon 1

0 10 20 30 40 50
metres

Abb. 7. Grundriß des Tempels von Luxor

32

Der Mensch als Gottes Schöpfung fand für die Ägypter in *einem* Menschen seinen vollkommenen Ausdruck: dem Pharao. Dieser wiederum, das wußte Schwaller, war versinnbildlicht im Tempel.

Der Pharao, wenn als König auftretend, war eine göttliche Inkarnation. Dementsprechend mußte auch der Tempel diese Inkarnation zum Ausdruck bringen. Die Anlage des Tempels mußte von solcher Art sein, daß sie zumindest für die Eingeweihten das Geheimnis Gottes zum Ausdruck brachte. Schwaller nahm sich vor, das zu beweisen; mit anderen Worten, er hatte ein ausgesprochen «esoterisches» Forschungsziel. Er wollte in die Tiefe gehen, wo alle anderen bisher nur die Oberfläche abgesucht hatten, wie gründlich auch immer.

René Schwaller sah sich den Grundriß des Luxor-Tempels an. Nicht die riesigen Abmessungen, die Zahl und die türmende Höhe der Säulen interessierten ihn; das ließ sich in jedem guten Ägypten-Führer nachlesen.

Was ihn bewegte, war vielmehr: Was drückte dieses gigantische Bauwerk aus? Was motivierte die Pharaonen, die Priester und Baumeister, so daß sie gleich den Erbauern der Pyramiden «für die Ewigkeit» bauten, mit gleicher Würde und Erhabenheit, aber in einer verfeinerten Ausdrucksform, mit der sie sehr viel mehr «sagen» konnten?

Schwaller maß, verglich, grübelte. Erst nach geraumer Zeit kam er darauf, daß es weniger auf den imposanten *Aufriß* des Tempels ankam, als auf den *Grundriß.* Dieser wies bei genauem Hinsehen Unregelmäßigkeiten auf, für die es in diesem Bauwerk der Vollkommenheit keine Erklärung gab, es sei denn, sie waren beabsichtigt. Da waren eckige, also nicht gerundete Steine, die so gesetzt waren, daß sie etwa die Rundung eines Auges oder eines Ohres darstellten. Ja, so war es: dieser Grundriß stellte eine Figur dar!

Anderes entsprach überraschend genau dem Baumuster christlicher Kathedralen, das dem Kreuz oder dem Leib Christi entspricht:

die zwei Pylonen den Türmen;
der Ramses-Hof der inneren Kirchenvorhalle;

die Doppelreihe von je sieben Säulen aus in Stein gehaue-
nem, gebündeltem Papyrus, offen auslaufend, den Kir-
chenschiffen, wobei die Wände von zwei Seitenschiffen
mit Bas-Reliefs geschmückt sind, die die Prozessionen
der königlichen Barke darstellen (in den christlichen
Kathedralen entspricht dies den Kreuz- Stationen);
der sich nach Ost und West ausstreckende Tempel-
Säulengang entspricht dem Transept;
der überdeckte Teil des Tempels gleicht dem Chor;
die Naos (mit der heiligen Barke) dem Hochaltar.

In jahrelanger Kleinarbeit, unterstützt durch die Pflegetochter
Lucy Lamy, maß und verzeichnete Schwaller jeden einzelnen
Stein, jede Krümmung, die im Aufbau des Luxor-Tempels noch
zu erkennen war. Erst langsam, dann immer deutlicher, wurden
bestimmte Linienführungen, Umrisse erkennbar. Und eines
Tages stand es für Schwaller fest, welches «Bild» in diesem
größten aller Tempel verborgen war:

Das eines menschlichen Kopfes!

Die Anlage der Bodenplatten ließ keinen Zweifel: da waren die
Ohren, der Mund, die Augen, die Wangen. Für den flüchtigen
Betrachter als Ganzheit vielleicht nicht erkennbar, denn das
Gesicht schloß oben mit einem «Stirnband» ab. Der Oberteil des
Schädels fehlte. Dies entspricht übrigens der Tradition, daß der
Pharao niemals ohne Kopfbedeckung dargestellt wurde – der
obere Teil der Stirn und des Schädels waren verborgen.
  Auf den Tempel übertragen, bedeutet das: Die Stirn und der
das Gehirn schützende Schädel entsprechen dem Altarraum.
  Läßt man den Intellekt, also den das Gehirn fassenden Schä-
del unberücksichtigt, bleibt immer noch ein Mensch im vollen
Sinne des Wortes übrig. Für Schwaller ist dieser Mensch gleich-
bedeutend mit dem urgeschaffenen Adam, bevor er in die Dualität der Schöpfung und des reflektierenden Gehirns hinabsteigt.
Erst mit diesem Hinabsteigen wird er dem Zyklus von Geburt
und Tod unterworfen.
  Der göttliche Mensch konnte, ja mußte, *ohne* das in die

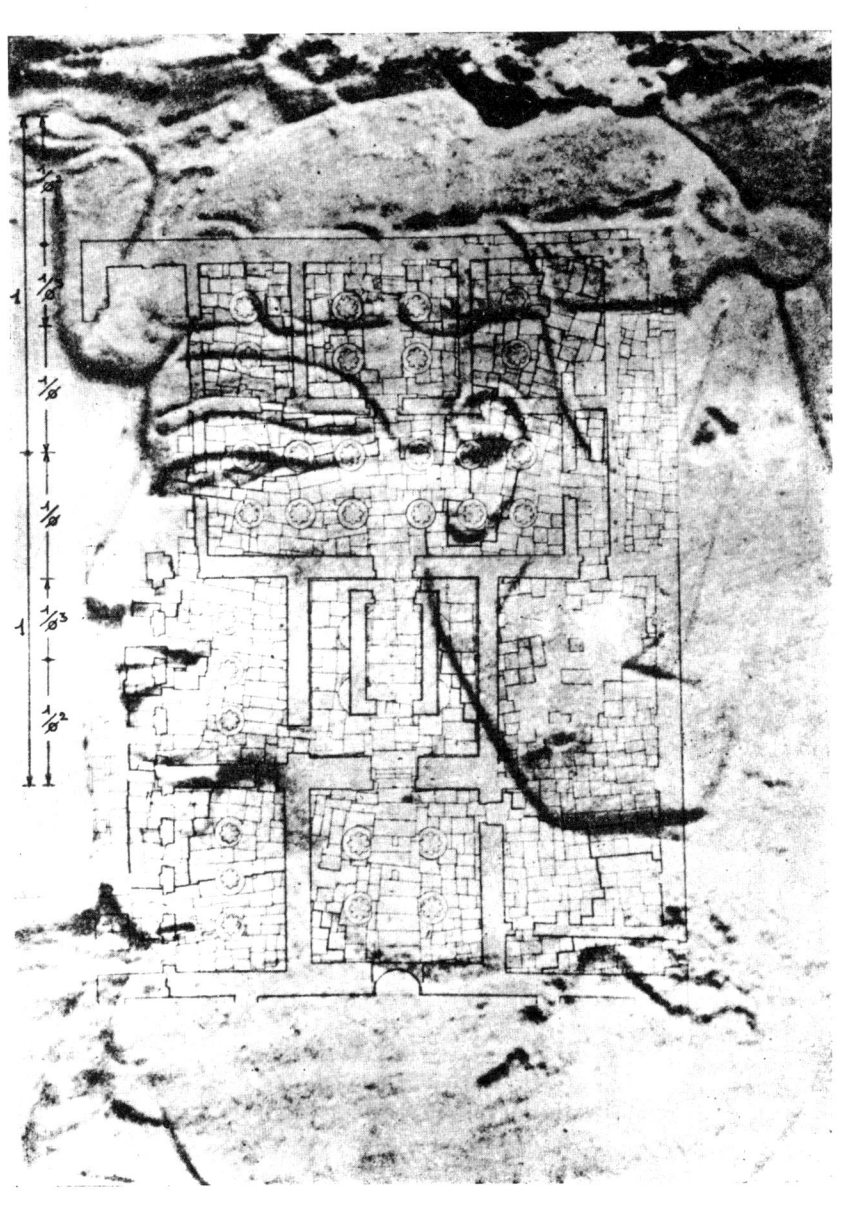

Abb. 8. Bas-Relief in Raum 20 des großen Tempels von Luxor mit der von Rene Schwaller de Lubicz vorgenommenen Einteilung (Goldener Schnitt).

35

Abb. 9. Hier hat Schwaller de Lubicz die nach dem Goldenen Schnitt auf die Bodenplatten projizierten Gesichtszüge deutlich erkennbar herausgearbeitet.

Dualität der materiellen Existenz eingegangene Gehirn dargestellt werden. Er braucht es nicht. Sein Bewußtsein ist intuitiv
und unbegrenzt.

Die Proportionen des «göttlichen Menschen» waren dement-
sprechend ohne den obersten, zerebralen Schädelteil darzustel-
len. Das ist, wenn wir Schwallers genauer Rechnung folgen, in
Luxor auch geschehen. Auf den Grundriß des großen Luxor-
Tempels paßt zentimetergenau das «Skelett» des göttlichen
Menschen!

Wie dieser Mensch aussieht, haben die bauenden Künstler
des Pharao Amenophis III sogar für die Nachwelt aufgezeichnet:
in Raum 20 des Tempels wird uns das Relief seines Hauptes
gezeigt.

Dieser Mensch ist, wie schon erwähnt, der urgeschaffene
Adam *vor* seinem Herabstieg in die Materie, in ein Leben des
Wählenmüssens. Die Maße des Tempels aber entsprechen den
Lebensstationen der Pharaonen und damit zugleich des Men-
schen, der aus Gott stammt.

René Schwaller hat uns gezeigt, daß die ägyptische Kultur ein
integrales Ganzes war, mit dem im Menschen immanenten Gott
im Mittelpunkt.

Die ägyptischen Mysterienpriester konnten ihre Schüler lehren: Die Erde ist ein Spiegelbild des Kosmos, der Mensch aber
ein Ebenbild Gottes. Und dieses Sich-Zurückbesinnen auf die
religiöse Tiefe und Ausdruckskraft des alten Reiches, war 1500
Jahre später immer noch bestimmend für den Bau des Luxor-
Tempels: selbst zu einer Zeit also, in der schon vieles am
Thebener Amun-Kult leer und korrupt geworden war.

KAPITEL 5

Echnaton, Ketzer oder Eingeweihter?

Etwa um 1360 v. Chr. gründete Pharao Amenophis IV, der sich später Akhenaten (Echnaton) nannte, eine Tagesreise nilabwärts von Theben beim heutigen Tell-el-Amarna eine neue Hauptstadt und zog mit seinem Hofe dorthin. Akhet-Aten, wie er seine Stadt nannte, war von Echnaton selber minutiös geplant worden; seine Anweisungen waren auf den Meter genau, nichts war dem Zufall überlassen.

Wozu dies? Besaß der Pharao nicht in Theben eine glänzende Hauptstadt mit majestätischen Tempeln aus Gestein, das zudem viel dauerhafter war als die Lehmziegel von Amarna? Nach gängiger Auffassung wollte sich der junge und eigenwillige Monarch auf diese Weise von der korrupt und machthungrig gewordenen Priesterschaft der alten Hauptstadt trennen.

Da sie kein anderes Motiv kennen, neigen viele Ägyptologen heute dazu, Echnatons Handlungsweise als «Abirrung» eines wohl etwas eigensinnigen jungen Mannes zu sehen. Man ging sogar so weit, ihn einen «Ketzer» zu nennen und lieh sich dazu das diskriminierendste Wort aus christlichem Sprachgebrauch – benutzt, um den so Genannten um so besser verfolgen zu können. Kaum ein anderes geschichtliches Zeitalter ist von Wissenschaftlern und populären Interpreten so leichtfertig und mit gleichzeitig so wenig konkretem Wissen «gedeutet» worden wie die Regierungszeit dieses Pharaonen.

Die Amarna-Periode umfaßt eine Spanne von wenig mehr als 20 Jahren; den größten Teil der 17jährigen Regierungszeit Akhenatens und seines Koregenten Smenkhare und einen kleinen Teil der wenigen Pharaonenjahre Tut-ankh-Amuns. Die äußerst hochstehende Kultur dieser Periode ist aus den im Museum von Luxor verwahrten Reliefs, aus den bei Tell-el-Amarna gefunde-

Abb. 10. Dieses Relief aus der Amarna-Kultur zeigt Pharao Echnaton, seine Königin Nofretete und einige ihrer Töchter; über ihnen das als Sonnenscheibe dargestellte Aten-Prinzip, dessen Strahlen als ausgestreckte Hände erscheinen.

Abb. 11. Groß-Statue des Pharao Echnaton (Amenophis IV)

nen Tontafeln mit der «Hofkorrespondenz» und schließlich
durch die glänzenden Funde aus Tut-ankh-Amuns Grab weltweit bekannt.

Nur über Akhenatens Gründe für seinen radikalen Bruch mit
Theben wissen wir *nichts*, rein gar nichts. Zwar gibt es hier und
da versteckte Hinweise von Hofbeamten, daß sie «die Lehre»
vom Pharao empfingen. *Welche* Lehre, wird nicht mitgeteilt,
was darauf schließen läßt, daß sie, wie die meisten Tempelleh-
ren, grundsätzlich geheim und nur einer Minderheit zugänglich

40

war. Das völlige Fehlen von Aussagen über Echnatons Lehren entspricht in recht auffälliger Weise dem Fehlen von Aussagen über die Tempelgeheimnisse.

Diese Geheimnisse, nur den Priestern, ihren eingeweihten Schülern und natürlich dem Pharao bekannt, hatte man den jungen Prinzen am Hofe seines Vaters Amenophis III zweifellos gelehrt. Daß er ihre Symbolik kannte und respektierte, beweist die Tatsache, daß er die Tempel von Luxor und Karnak völlig unberührt zurückließ, wo andere «Reformer» sie mit hoher Wahrscheinlichkeit verwüstet hätten.

Nicht nur war Akhenaten kein Ketzer, er war auch kein primitiver Fanatiker und Bilderstürmer. Eigenwillig war er sicher; aber ein Mann, der den Eigenwillen besaß, seine Hauptstadt an einen gänzlich neuen Ort in der Wüste zu verlegen, hätte es zweifellos auch mit den dekadenten Priestern in Theben aufgenommen.

Hinzu kommt, daß die Ägypter in dem mächtigen Re ja bereits einen «Sonnengott» besaßen. Hätte der junge Pharao der Sonnenanbetung mehr Raum geben wollen, es würde ihm nicht schwer gefallen sein, das ja schon unter seinem Vater und seinem Großvater Thutmosis IV verehrte Amun-Ra-Gottestum zu erhöhen.

Man verfehlt deshalb das Ziel, wenn man meint, Akhenaten habe seine neue Hauptstadt gebaut, um einen «neuen Gott» einzuführen. Er hat vielmehr ein uraltes Weisheitsprinzip, das Prinzip des lebensspendenden, Liebe ausstrahlenden Gottes, dessen äußere Manifestation die Sonnenscheibe Aten war, mit beiden Händen gepackt und wieder in die Mitte der Bühne gestellt, nachdem es etwas in die «Rumpelkammer» der ägyptischen Götterwelt geraten war.

Damit hat Akhenaten etwas getan, das für seine Zeit völlig neu und überwältigend war, ganz neuer Ausdrucksformen fähig und würdig. Neu für die Außenwelt freilich nur, denn wir vermuten, daß das Aten-Prinzip schon vorher zu den geheimen Tempelweisheiten gehörte – und aus eben diesem Grunde nicht öffentlich ausgesprochen oder abgebildet werden durfte.

Als der junge Prinz nach dem Tode seines schwächlichen Vaters den Pharaonenthron bestieg, muß er beschlossen haben, dieses Tempelgeheimnis seinem Volke zu schenken. In den Augen der Tempelhüter war das natürlich ein schweres Vergehen. Schon deshalb konnte Akhenaten mit den Thebener Priestern nicht mehr zusammenarbeiten.

Akhenaten, so will uns scheinen, wollte eine Vergeistigung der Religion erzwingen, die für alle, nicht nur für Eingeweihte, begreifbar war – die größte religiöse Wende der gesamten vorchristlichen Zeit. Was da mit ausgebildeten menschlichen Händen auf die Erde strahlte, konnte nicht die «materielle» Sonne bedeuten.

Diese Hände, einige von ihnen das *Ankh*-Lebenszeichen tragend, waren mehr als nur Licht- und Wärmestrahlen. Sie drückten das höchste geistige Prinzip aus – so wie die Sonne der gewaltigste Himmelskörper war, den die Menschen sich vorzustellen vermochten. Dieses Prinzip begab sich mit jedem Strahl über den halbgöttlichen Pharao hinunter zu den Erdenbürgern, kümmerte sich um sie, legte seine Hände auf sie.

Darin liegt eine gewaltige Offenbarung. Nicht mehr suchten die Menschen Gott, betend und flehend, sondern Gott streckte sich aus zu den Menschen, suchte *sie*. War der Mensch in Luxor zwar schon ein Tempel Gottes, so war er in Amarna noch unendlich viel mehr – ein liebeumgebenes und erlösungsfähiges Gotteskind! Eine solche Verkündigung hat es erst unter Jesus Christus wieder gegeben. Echnaton war in diesem Sinne ein «Vorverkünder».

Man könnte den Vergleich noch forcieren, indem man die Stellung des Pharao als Mittler zwischen dem Unsichtbaren und dem Volk in etwa mit der des Priesters oder Bischofs der hierarchischen Kirche vergleicht, doch erscheint das gewagt. Eher schon möglich ist ein Vergleich zur mosaischen Religion: Moses wurde schließlich am ägyptischen Hofe erzogen!

Noch etwas anderes wurde bisher von der akademischen Ägyptologie übersehen, nämlich die Bedeutung der geographischen Lage von Echnatons neuer Hauptstadt. Der junge Pharao schrieb sie seinen Baumeistern ganz genau vor, er bestimmte sogar, wo der südliche und der nördliche Grenzstein zu stehen hatte. Von Schwaller de Lubicz wissen wir nun aber, welche außerordentliche Bedeutung man in Ägypten der Genauigkeit

Abb. 12. Auch auf dieser ‹Familienszene› von Echnaton, Nofretete und drei
ihrer Töchter nehmen die liebevoll-fürsorglichen Strahlen der Aten-Sonnen-
scheibe eine zentrale Position ein.

von Abmessungen gab. Sowohl die geographische Lage als auch die Fläche der Stadt mußten also etwas bedeuten!

Wenn wir die Gesamtlänge Ägyptens von Behdet im Norden bis zum 24. Breitengrad messen, liegt Akhenatens neue Königstadt genau in der Mitte des Landes, wie Professor Livio Stecchini nachgewiesen hat. Der Pharao war also zum prädynastischen Vermessungsverfahren zurückgekehrt – ein Grund, warum man die Rückkehr zur Weisheit der Urväter auch auf anderen Gebieten vermuten kann!

Wenn Ägypten das irdische Abbild der kosmischen Ordnung und sein Pharao das Abbild des Herrschers dieser Ordnung waren, dann war es natürlich nicht gleichgültig, *wo* der König residierte. Echnaton war Idealist, wenn er, wie wir vermuten, ein großes Tempelgeheimnis dem Volk «schenkte». Es paßt in dieses Charakterbild, daß er zugleich ein Perfektionist war – jemand, der eine Stadt im Wüstensand errichten ließ, um einen geographischen Fehler zu berichtigen.

So gesehen, waren nicht er und seine neue Hauptstadt eine Abirrung, sondern die Lage Thebens und seiner Tempel waren es!

Für die zahlreichen Echnaton und seiner Familie «angedichteten» Anekdoten, dies sei nochmals betont, gibt es keine seriösen Beweise. Das gilt zum Beispiel auch für die These, Nofretete habe ihren Gatten überlebt und dann verzweifelt versucht, sich einen asiatischen Prinzen als Ehemann einzufangen, um ihre Position halten zu können. Nicht einmal die minutiös untersuchten Funde in Tut-ankh-Amuns Grab geben uns zuverlässig Auskunft über die «Familienverhältnisse». So nimmt man an, daß es sich bei Tut-ankh-Amuns Gemahlin um Ankh-es-en-pa-Aten, die drittälteste Tochter Echnatons und Nofretetes handelt. Dabei wird jedoch übersehen, daß in Hermopolis eine Inschrift gefunden wurde (Röder Nr. 826-VIIIA), die einer «Königstochter» Ankh-es-en-paten gewidmet ist, wobei die Namen der Eltern jedoch so angegeben sind, daß es sich *nicht* um Echnaton handeln kann.

Auch war der zeitliche Abstand zwischen Echnaton und Tut-ankh-Amun angesichts des sehr jungen Heiratsalters eigentlich zu groß für ein Schwiegersohn-Verhältnis. Wir glauben deshalb, daß Tuts Königin nicht Echnatons Tochter, sondern dessen Enkelin war. Denn die Tochter Ankh-es-en-pa-Atens trug den gleichen Namen wie sie selbst, nur mit dem Zusatz *Ta Sherit (die Kleine)*. Die Vermutung liegt nahe, daß Echnatons Koregent Smenkhare die Tochter seines Freundes (Halbbruders?) heiratete, um die Erbfolge zu sichern. Beider Kind, eben die genannte *Ta sherit* war nach der Thronübernahme durch Smenkhare eine Pharaonentochter; die Inschrift von Hermopolis stimmt demnach genau.

Ob dies auch die Spekulation rechtfertigt, Smenkhare sei zugleich der Vater Tut-ankh-Amuns gewesen, soll offengelassen werden. Bekanntlich weiß niemand, wer dieser Vater war, obwohl eine Inschrift bezeugt, Tut sei der «Sohn eines Pharaos» gewesen.

Bei so viel Unwissen ist es erstaunlich, mit welcher Fixigkeit manche Ägyptologen den Atenismus «interpretiert» haben. Man hat eine der wichtigsten Perioden der ägyptischen Geschichte weitgehend nach Äußerlichkeiten bewertet, ohne die Urgründe des Glaubens der alten Ägypter zu würdigen oder auch nur zu kennen.

KAPITEL 6

Evangelien aus dem Nilsand

Es ist Dezember 1945. Muhammad 'Ali al-Samman aus al-Qasr im oberägyptischen Bezirk Nag Hammadi und seine Brüder haben ihre Kamele gesattelt und sind zum Jebel al-Tarif hinausgeritten, einem Berg jenseits der Nilschleife, wo sie *Sabakh*, fruchtbare Erde für ihre Gärten, zu finden hoffen. Der Jebel ist durchsiebt von zahlreichen natürlichen Grotten, von denen einige schon vor Jahrtausenden als Begräbnisstätten gebraucht wurden.

Beim Graben stößt Muhammads Spaten plötzlich auf einen tönernen Gegenstand. Neugierig schaufeln die drei Fellachen das Erdreich um ihren Fund frei und fördern schließlich einen massiven, verschlossenen Krug zutage, der fast einen Meter Höhe mißt.

Muhammad zögert. Soll er den Krug öffnen? Vielleicht ist ein *Dschinn*, ein böser Geist, darin verborgen; ihn zu stören würde nicht ratsam sein! Aber eine andere Überlegung überwiegt zuletzt: Wenn nun der Krug Gold oder andere Schätze enthielte? Und so faßt Muhammad sich schließlich ein Herz, hebt seine Hacke und bricht das Gefäß auf.

Was aus den Scherben hervor ans Tageslicht quillt, ist weder ein *Dschinn* noch Gold. Und wenn es dennoch ein «Schatz» ist, dann jedenfalls nicht in dem von Muhammad und seinen Brüdern erwarteten Sinne. Vor ihnen liegen zwölf sehr alte, in Lederhäute gebundene Papyrusfolianten. In einem stecken noch zusätzlich ungebundene Seiten (so daß die Wissenschaft heute von den *13 Nag Hammadi Kodices* spricht).

Nicht ahnend, welchen für die Gelehrtenwelt unschätzbar wertvollen Fund sie gemacht haben, tragen die Brüder den Inhalt des Kruges zwar mit nach Hause, werfen ihn dort aber zunächst unachtsam auf das neben dem Ofen liegende Stroh. Bald darauf benutzt ihre Mutter einen Teil der losen Papyri, um das Feuer im Herd anzuzünden.

Ein paar Wochen später werden die Brüder in eine Blutrache verwickelt. Eine polizeiliche Durchsuchung befürchtend, bittet Muhammad einen Priester, die Folianten für ihn zu bewahren. Auch dieser weiß nicht, was der Fund bedeuten mag, ist aber neugierig genug, einen Verwandten aus Kairo zu befragen. Dieser bittet um die Erlaubnis, einen der Bände zur Begutachtung mitnehmen zu dürfen.

Kundige Prüfer in der Hauptstadt brauchen nicht lange, um festzustellen, *was* Muhammad Ali gefunden hatte: Die 12 ledernen Folianten enthielten 52 verschiedene gnostische Texte, die ursprünglich um 120–150 A. D. geschrieben sein mochten, also nicht sehr viel später als die bekannten vier Evangelien der Bibel. Ebenso wie diese waren die gnostischen Texte in griechischer Sprache verfaßt, dann aber im Laufe der folgenden zwei Jahrhunderte ins Koptische übersetzt worden. (Koptisch ist eigentlich Ägyptisch, aber in griechischen Buchstaben plus einigen im Griechischen unbekannten Lautzeichen.) Die Nag Hammadi-Texte waren in zwei koptischen Dialekten geschrieben. Eine spätere Prüfung ergab, daß zahlreiche Übersetzer an ihnen beteiligt waren.

Als sogenannte *cartonnage* zum Versteifen des Einbandleders hatten die Mönche des oberhalb des heutigen Nag Hammadi am Nilufer gelegenen Sankt Pachomius-Klosters – denn diese waren es offenbar, die ihren Schatz an Manuskripten in der Amphore auf dem Jebel al-Tarif verborgen hatten – gebrauchtes altes Schreibpapier mehrfach übereinandergeklebt. Es waren datierte Briefe und «geschäftliche» Dokumente. Aus ihnen ging einwandfrei hervor, daß die Bände in den Jahren 350 bis 400 gefertigt waren. Um diese Zeit aber waren die 200 und mehr Jahre zuvor entstandenen gnostischen frühchristlichen Schriften von der Kirche bereits zur Ketzer-Literatur erklärt. Fand man sie, wurden sie unverzüglich verbrannt; auf ihrem Besitz stand Strafe. Die Mönche von St. Pachomius hatten ihren kostbaren Besitz offenbar versteckt, um ihn vor der Vernichtung zu bewahren.

Abb. 13. Einer der Bände, wie sie in Nag Hammadi gefunden wurden. Die als Einband benutzte Lederhaut mit Verschnürung ist deutlich erkennbar.

48

Was über den Nag Hammadi-Fund in den folgenden Jahren an die Außenwelt durchsickerte, war spärlich und unvollständig, aber genug, um die Gelehrtenwelt zu elektrisieren. Unter den 52 Texten waren mehrere frühchristliche Evangelien, so das *Thomas-Evangelium*, das *Philippus-Evangelium*, das *Evangelium der Wahrheit* und ein *Evangelium an die Ägypter*, ferner Schriften, die auf Aussagen der Apostel zurückgeführt wurden, wie *Das Geheime Buch von Jacobus, Die Apokalypse des Paulus,* der *Brief des Petrus an Philippus* und eine *Apokalypse des Petrus.* Von allen diesen Texten war der Gelehrtenwelt bis dahin nur ein Fragment der griechischen Urfassung des Thomas-Evangeliums bekannt, dessen Original im ersten Jahrhundert entstanden sein muß.

Dieses Evangelium, eine Sammlung von Worten Christi, deckt sich zum guten Teil mit den bekannten synoptischen Evangelien des Neuen Testaments, zeigt aber eine sprachlich «gröbere» Form. Der Berichterstatter stellt sein Werk und sich selbst mit folgenden Worten vor: «Dies sind die geheimen Worte, die Jesus der Lebende gesprochen und die Didymus Judas Thomas niedergeschrieben hat.» Später sehr deutlich der Hinweis, daß die Offenbarung nur für wenige sei, in Jesu Worten: «Ich sage meine Geheimnisse nur denen, die ihrer würdig sind.» Und mit tiefer Mystik: «Bilder erscheinen dem Menschen, aber das darin wohnende Licht ist verborgen im Bilde des Lichtes des Vaters. Er wird sich selbst offenbaren; sein Bild wird verhüllt durch sein Licht.» Der Harvard Gelehrte Professor Helmut Koester hält es für möglich, daß Teile davon sogar älter sind als die in den Jahren 60 bis 110 n.Chr. niedergeschriebenen vier «kanonischen» Evangelien. Es kommt näher als alles bisher Bekannte an jenes vermutete unbekannte Urevangelium heran, das die Wissenschaft mangels eines besseren Namens einfach mit dem Buchstaben «Q» (nach dem deutschen *«Quelle»*) bezeichnet. *Q,* so vermutet man, war neben dem älteren Markus-Text der Brunnen, aus dem die Schreiber der Evangelien des Matthäus und Lukas schöpften.

Es braucht kaum betont zu werden, wie wichtig es wäre zu wissen, ob das jetzt entdeckte Thomas-Evangelium diesem Urquell wirklich näher steht als die synoptischen Evangelien.

So kann man sich gut die Aufregung derer vorstellen, die später diesen Text in den Nag Hammadi-Papieren fanden.

Der Verwandte des Priesters von al-Qasr, ein von Dorf zu Dorf reisender Lehrer der koptisch-christlichen Gemeindeschulen, hatte einen der Bände in Kairo einem ihm bekannten Arzt gezeigt. Dieser wiederum machte das ägyptische *Department of Antiquities* aufmerksam, das nicht lange brauchte, um den außergewöhnlichen Wert des Fundes zu erkennen. Der Foliant wurde im Auftrage des ägyptischen Staates kurzerhand beschlagnahmt.

Beamte werden entsandt, um auch die restlichen Bände in den Gewahrsam des Kairoer Koptischen Museums zu bringen. Aber die Händler sind schneller. Der Schrift gänzlich unkundige mohammedanische Nachbarn haben der Familie Muhammad Alis die restlichen elf Folianten für einen Bettellohn abgekauft und sie an Leute mit Verbindungen zum illegalen Antiquitätenhandel, vor allem an einen gewissen Bahij Ali, einen einäugigen Abenteurer, weiterverschachert. Als die Beamten bei Ali Muhammads Familie erscheinen, ist der Schatz längst in alle Winde verstreut.

Die nächsten Jahre vergehen mit einer abenteuerlichen Jagd, mit Beschlagnahmungen und Gerichtprozessen, durch die der ägyptische Staat das Verbleiben im Lande als nationales Eigentum von zwölf der Codices sichern will, während der dreizehnte – bereits außer Landes – von dem niederländischen Kirchengeschichtler Prof. Gilles Quispel für 35 000 Schweizer Franken für das Jung-Institut in Zürich angekauft worden war. Quispel wußte nicht, daß die Papyri unerlaubt exportiert worden waren. Inzwischen ist der «Jung Codex» ebenfalls an Kairo zurückgegeben. Der außerordentliche Wert der Nag Hammadi-Codices war einem kleinen Kreis von Fachleuten schon 1947 deutlich geworden, als der französische Koptologe Jean Doresse die erste der vom Direktor des Kairoer Koptischen Museums den Händlern abgejagten Handschriften prüfte. Doresse traute seinen Augen nicht, als er die Schrift auf den goldbraunen Papyrusbogen zu entziffern begann. Diese Entdeckung, erklärte er, könne den Weg zu einer neuen Erforschung der Ursprünge des Christentums bedeuten.

50

Daß es trotzdem noch volle drei Jahrzehnte dauern sollte, bis eine breitere Öffentlichkeit die Bedeutung der Nag Hammadi-Schriften auch nur zu ahnen begann, hat seine Gründe keineswegs allein in zeitraubenden Verfahren der Konservierung und Entzifferung. Über die fast gleichzeitig gefundenen Schriftrollen von Qumran am Toten Meer hatte es viel schneller Informationen gegeben, obwohl eine Rolle sehr viel schwieriger zu handhaben ist. Ein Codex besteht aus glatten, übereinander liegenden und dann in der Mitte einfach gefalteten Papyrusbogen. Ein solcher Stapel Papyri würde natürlich auseinanderrutschen, würde er nicht von außen her verschlossen. Die Mönche von St. Pachomius taten das, indem sie aus der sich verschmälernden Tierhaut, die sie als Einband benutzten, eine Art Riemen formten.

Nicht technische Probleme, sondern menschliche Eifersüchteleien waren der Grund für lange Verzögerungen. Da die Erstübersetzung und Herausgabe eines Dokuments von derartiger Bedeutung den internationalen Ruf des damit befassten Gelehrten so gut wie garantiert, setzte ein wahres Wettrennen darum ein. «In den folgenden 20 Jahren», schreibt die Koptologin Dr. Elaine Pagels, «wurden die Texte zum Brennpunkt heftiger persönlicher Rivalitäten in der internationalen Gesellschaft von Gelehrten, die um den Zugang zu ihnen kämpften.»

Als Dr. Pagels zusammen mit anderen Gelehrten der Harvard-Universität schließlich im Jahre 1968 zum ersten Male Kopien von Transskriptionen der 1600 Jahre alten Codices zu Gesicht bekam, trugen diese einen aufgestempelten Vermerk, als seien es geheime Staatspapiere. «Dieses Material ist allein zum internen Gebrauch durch dazu angewiesene Personen bestimmt. Weder der Text noch die Übersetzung dürfen in irgendeiner Form reproduziert ... werden.»

Mit der rühmlichen Ausnahme des «Thomas-Evangeliums» und des sogenannten Jung-Codex, die dank der Bemühungen des Niederländers Quispel und anderer schon ab 1956 erschienen (der Jung-Codex in 6 Bänden von 1959 bis 1975) blieb die Veröffentlichung der Texte durch «Rivalenkämpfe» bis in die siebziger Jahre blockiert. Erst die offizielle Beauftragung eines UNESCO-Forscherteams unter dem Amerikaner Professor James

Robinson führte zur freien Veröffentlichung der Fotoausgabe in zehn Bänden, deren letzter 1977 erschien.

Das bisherige Wissen über die Gnostiker, schreibt Robinson in seinem Report «The Nag Hammadi Library», mußte sich mit sehr mageren Quellen zufriedengeben. Die Entdeckung von Nag Hammadi hat nun eine Flut von neuem Material ergeben, das schwerer wiegt als alle früheren Mutmaßungen. Die Geschichte der Gnosis und ihrer Ursprünge kann neugeschrieben werden. «Selten hat eine Generation von Forschenden eine solche Gelegenheit gehabt!»

Haben die neugefundenen Evangelien uns neue Erkenntnisse gebracht? Nicht über das Leben Jesu, wohl aber über die Essenz seiner Lehre. Herausragend ist dabei unter anderem das Gebot an die Jünger, sich selber zu erkennen, die Urgründe und das Werden der eigenen Person zu begreifen, um sich aus diesem Wissen zur Reife fortzuentwickeln. Nur so wird jener mysteriöse Satz im Thomas-Evangelium verständlich: Jesus sprach:

> «Wenn ihr hervorbringt, was in euch ist, dann wird dieses euch retten. Bringt ihr aber nicht hervor, was in euch ist, dann wird dieses euch zerstören.»

In modernen Worten ausgedrückt heißt das: Verwirklicht euch selbst. Nutzt und entwickelt die Talente, mit denen ihr in dieses Leben getreten seid. Wenn ihr sie dagegen verkümmern laßt, habt ihr dieses Leben umsonst gelebt.

Das ist modernste, humanistische Psychologie. Zugleich ist es hermetische, also *vor*christliche Weisheit.

> «Wer sich selbst kennt, kennt das All»,

lautet ein hermetischer Spruch.

KAPITEL 7

Die Wüstenväter

Der heilige Pachomius (etwa 287 bis 346) lebte zunächst als Eremit in Oberägypten; später gründete er jenes oberhalb von Nag Hammadi an einer Nilschleife gelegene Kloster Chenoboskion, dessen Mönche den verbotenen gnostischen Besitz in Amphoren einschlossen und verscharrten.

Wer in jener Zeit Ägypten besuchte, interessierte sich in der Regel nicht für die Zeugen der pharaonischen Kultur. Wer die Beschwernisse der Reise nilaufwärts bis nach Oberägypten auf sich nahm, war kein «Tourist». Viel eher war er ein Pilger, der sich vorgenommen hatte, zu den Füßen der heiligmäßigen Mönche zu sitzen, die sich in Einsiedeleien oder Klöstern am Rande des Niltals niedergelassen hatten.

Ein frommer und zugleich nicht ganz mittelloser Christ pilgerte damals durchaus nicht etwa nach Rom – er ging nach Ägypten. Dank der fleißigen Aufzeichnungen dieser Besucher, etwa der *Historia Monachorum in Ägypto* des Rufinus, wissen wir eine ganze Menge über die frühchristlichen Mönche, die im Leben des damaligen Ägypten eine bedeutende Rolle spielten. Es waren ihrer so viele, daß Rufinus und seine Begleiter sie nicht zu zählen vermochten. In *Oxyrhynchus* hatten sie sich zwischen den pharaonischen Tempeln Hütten aus Lehmziegeln gebaut, darüber hinaus aber ganze Klostersiedlungen am Rande der Stadt. Unter der Jurisdiktion des Bischofs standen wohl zehntausend Mönche und zwanzigtausend Nonnen, berichtet uns Rufinus.

Charismatische Gaben waren häufig. Viele heilige Männer, besonders aber Einsiedlermönche, die in größter Einfachheit und Askese am Rande der Wüste lebten, besaßen jene Wunderkräfte, von denen man glaubte, Jesus Christus habe sie seinen eigenen Jüngern weitergegeben: die Gabe der Prophetie, des Heilens, des «Traumbewußtseins», des Zungenredens. Rufinus berichtet sogar von Fällen, in denen Mönche auf dem Wasser wandelten.

Einige Einsiedler wurden von den Mächtigen der damaligen Zeit als eine Art Nachfolge des Orakels von Delphi gesehen. Einer von ihnen, Johannes von Lycopolis, hatte die im Altertum nicht ganz gefahrlose Aufgabe, einen Kaiser vor seinen Feldzügen zu beraten: Theodosius, selbst ein sehr frommer Mann, sandte ihm seine Boten, die die Fragen überbrachten. Johannes, so heißt es, habe jedoch nicht etwa in Kristallkugeln geblickt oder andere magische Praktiken getrieben. Seine geistige Entwicklung sei vielmehr so weit gediehen, daß er über die Schranken der Zeit hinwegblicken konnte.

Die «Thaumaturgie», das spirituelle Heilen, scheint an der Tagesordnung gewesen zu sein. Die Bevölkerung sandte ihre Kranken zu den Klöstern, um sie von den heiligen Männern heilen zu lassen. Auch Tiere wurden von den Mönchen geheilt. Wie weit diese tatsächlich über wundersame Heilkräfte verfügten und wieweit die geistige Kraft des Volksglaubens mitwirkte, der in den Mönchen lebende Abbilder des Christus sah, sei dahingestellt.

Von Tibet wird noch später zu reden sein. Hier sei vorweggenommen, daß einige der angeblich von Christus übernommenen charismatschen Gaben der «Wüstenväter» denen entsprechen, die über die Jahrhunderte immer wieder auch von tibetischen Mönchen berichtet worden sind. Dazu gehört besonders die Gabe des bewußten Träumens. Der durch langes Üben und ein asketisches Leben Vorbereitete erwirbt das Vermögen, sein volles Bewußtsein mit in den Schlaf hinüberzunehmen. Er kann dann von der transzendenten Welt lernen und Instruktionen empfangen, um sie anderen zu verkünden oder sein Leben danach einzurichten.

Ein Mönch mit dem klangvollen Namen *Patermuthius* scheint diese Gabe des bewußten Träumens besonders entwickelt zu haben. Ursprünglich Haupt einer Diebes- und Grabräuberbande, soll er eines Nachts im Traum einem mächtigen Engel begegnet sein, der ihm – unter der Bedingung, daß er sich bekehre und sich dem Dienst der Engelscharen unterstelle – anbot, charismatische Gaben auf ihn zu übertragen.

Patermuthius soll zehn Jahre lang unter den allereinfachsten Umständen als Einsiedler in der Wüste gelebt und viele Kranke geheilt haben. Er konnte nach Belieben den Nil zu Fuß überqueren, wobei ihm das Wasser nie weiter als bis zum Knie gereicht haben soll. In seinen Händen materialisierten sich «im Paradies gepflückte» Früchte auf dieselbe unerklärliche Weise, wie in unseren Tagen nach zahlreichen Bezeugungen kleine Schmuckgegenstände oder *Vibhuti*, heilige Asche, in den Händen des in Indien als Heiligen verehrten Sai Baba auftauchen, als seien sie aus dem Nichts gegriffen. Einige der Patermuthius zugeschriebenen Taten müssen freilich wohl doch mit einer Prise Salz genommen werden. Rufinus' Informationen über den heiligen Mann stammten nämlich von einem gewissen Copres, der als junger Mann den Patermuthius gut gekannt haben soll.

Inzwischen war Copres neunzig Jahre alt und selbst ein «heiliger Mann», der alle möglichen Wunder vollbrachte. Nie wäre es ihm eingefallen, eine Lüge zu erzählen. Wenn er die großen Taten des Patermuthius vielleicht hier und dort übertrieb, dann allein aus christlicher Bescheidenheit und Selbstverleugnung, damit seine *eigenen* charismatischen Gaben im Vergleich dazu geringfügig erscheinen mochten.

Übrigens, so wie sich die Geschichte häufig wiederholt, wenn auch unter anderen Vorzeichen, so hatten auch die Wüstenväter ihre Nachfolger, nämlich die irischen Mönche.

Das Christentum kam nach Irland auf bis heute unbekannt gebliebenen Wegen. Sicher ist nur, daß es nicht der von Rom entsandte Bonifazius war, der die Insel christianisierte; ebensowenig und trotz aller Legenden war es der irische Nationalheilige St. Patrick. Vielmehr gab es schon in den ersten Jahrhunderten nach Christus auf der grünen Insel Mönchssiedlungen, entstanden aus kleinen Bruderschaften, die sich nach ägyptischem Vorbild meist um einen verehrten Eremiten zu bilden begonnen hatten. Aus einigen entstanden später Klöster, und von diesen aus reisten die Mönche, die später, lange vor römischen Abgesandten, christlichen Glauben und christliche Kultur nach Mitteleuropa brachten.

Im Jahre 394 n.Chr. erschien einer von ihnen in Rom, der Mönch Pelagius. Ein machtvoller Redner mit starker Überzeugungskraft, forderte Pelagius die Gläubigen auf, in Freiheit und Selbstverantwortung ihren eigenen Weg in Christus zu suchen. Es waren gnostische Rebellenformeln, die Pelagius vortrug, und sie trugen ihm schnell die machtvolle Gegnerschaft der Orthodoxie in der Person des Augustinus ein. Im Jahre 418 wurden Pelagius' Schriften von der Kirche verbannt und seine Anhänger für vogelfrei erklärt.

KAPITEL 8

Alexandria, Perle des Altertums

Wir drehen das Rad der Geschichte wieder zurück; sagen wir um 200 Jahre. Noch gibt es keine Mönchssiedlungen, keine «Wüstenväter» in Ägypten, wohl aber gibt es Alexandrien!

Schon um die Zeit der Geburt Christi ist die Hafenstadt am Mittelmeer das große kosmopolitische Zentrum des Nahen Ostens. Hier treffen sich Handel, Kunst und Philosophie von drei Kontinenten – Europa, Asien und Afrika. Die bestimmende Kultur ist die hellenistische. Zwar sind zwei der fünf Stadtteile von Juden bewohnt, doch sind es liberale, unorthodoxe Juden, die auch gegenüber fremden religiösen Ideen, wie denen des Christentums, aufgeschlossen sind.

Die alexandrinische Urchristengemeinde ist spätestens seit dem Jahre 52 bezeugt; wahrscheinlich entstand sie aber schon sehr bald nach Christi Kreuzigung im Jahre 33.

Um die Zeitenwende war Alexandreia, um seinen griechischen Namen zu gebrauchen, der Schnittpunkt der Zivilisationen, eine Perle der Lehre und Wissenschaften, deren Ruhm weit über die Grenzen des Ptolemäer-Reiches ausstrahlte. Noch heute, 2000 Jahre später, denken die Menschen, wenn sie den Namen dieser Stadt hören, an den Brand deren Bibliothek, der größten und kostbarsten, die es jemals in der Antike gab.

Die Bibliothek war ein Teil des *Museion* genannten Universitäts-Komplexes, gelegen am Kreuzpunkt zweier achsenförmig die Stadt durchschneidender, von Säulen aus weißem Marmor flankierter Prachtstraßen.

Man stelle sich diese Stadt vor mit ihren Palästen am Hafen, dem Sonnentor und dem Mondtor, dem von Gärten umgebenen Museion und den Tempeln der Isis, des Serapis und des Saturnus, ganz zu schweigen von der der Hafenbucht vorgelagerten

Halbinsel Pharos mit ihrem berühmten Leuchtturm, einem der sieben Weltwunder der Antike.

Das Museion, über Jahrhunderte der Sitz höchster Gelehrsamkeit, war in der Tat ein noch größeres Wunder. Hier lehrte ein *Callimachus* die Dichtkunst; er und *Apollonius* waren zugleich Verwalter der Bibliothek. Kein Geringerer als *Euklid* lehrte die Geometrie, während *Eratosthenes*, wiederum ein Chefbibliothekar, im Observatorium der Stadt seine berühmte Berechnung des Erdumfangs anstellte und die erste Weltkarte zeichnete.

Eratosthenes wußte, daß die Mitsommer-Mittagssonne in Assuan keinen Schatten warf, in Alexandrien dagegen einen Schattenwinkel von 7,1 Graden. Das ist ein Fünfzigstel eines Kreises. Da nun aber die Entfernung Alexandrien–Assuan bekannt war, nämlich 800 km, mußte der Erdumfang das Fünfzigfache dieser Strecke betragen – 40000 Kilometer! Auch der Erd-Durchmesser ließ sich so errechnen.

Man stelle sich die Begeisterung der Alexandriner Gelehrten vor, als sie als erste erfuhren, wie groß der Erdball ist! Zugleich vergesse man nicht, daß Eratosthenes *gewußt* haben muß, daß die Erde rund war, er wäre sonst gar nicht erst auf den Gedanken seiner Berechnung gekommen. Vor und nach ihm wußten es die Hermetiker. Sein Mitarbeiter *Aristarchus* postulierte bereits, die Erde drehe sich um die Sonne, und er muß als alexandrinischer Gelehrter Gründe dafür angeführt haben, die nicht philosophisch waren wie die der Mysterienbünde, sondern mathematisch und geographisch.

Claudius *Ptolemäus* (87–165 n. Chr.), ein anderer Alexandriner, hatte eine Weltkarte entworfen, die die Erde als eine flache Scheibe zeigte. Sie war durch Eratosthenes' Berechnungen spätestens 130 Jahre später überholt. Dennoch sollte die flache Scheibe noch über Hunderte von Jahren das gültige Weltbild bleiben; die Kirche hielt es ihrem geozentrischen Weltbild, auf dem auch ihre eigene Authorität beruhte, für besser angemessen.

Die Größe der alexandrinischen Bibliothek war unermeßlich. Allein beim Brand eines ihrer Teile während des Angriffs Caesars im Jahre 47 v. Chr. sollen über 500000 Bücher, Codices und Papyri verlorengegangen sein. Der große Brand sollte jedoch erst

Abb. 14. Alexandria. In dieser glänzenden Stadt des Altertums trafen sich die kulturellen, religiösen und kommerziellen Schnittlinien Europas, des Vorderen Orients und Asiens. Das regierende Königshaus der Ptolemäer gewann die hervorragendsten Philosophen, Mathematiker und Astronomen für das Museion, einer Universität vergleichbar, der auch die berühmte Bibliothek angeschlossen war. Eine sehr frühe Urchristengemeinde und die Gnostiker hatten hier ihren Ursprung. Am Hafen der Stadt stand der berühmte Leuchtturm von Pharos, eines der sieben Weltwunder der Antike.

im Jahre 391 folgen. Jene Feuersbrunst, die die Nachwelt unermeßlicher Schätze und des größten Teils des Wissens der Antike beraubt hat, wurde auch nicht von einer maraudierenden Invasionsarmee gezündet. Die Araber, die die Stadt übrigens auch erst im Jahre 641 eroberten, sind vollkommen unschuldig daran. Die Geschichte, daß sie die Bibliothek verbrannten, um das Wasser für ihre Bäder zu erwärmen, ist pure Legende.

Der Frevel, dem wir den Verlust der alexandrinischen Schätze zu verdanken haben, geht leider auf das Konto von Christen. Von frommen, aber ungebildeten Mönchen, koptischen Glaubensgenossen der Wüstenväter, die in großen Siedlungen im Nildelta eine Art Proletariat bildeten. 391 griffen sie Alexandrien an, um den heidnischen Serapis-Tempel der Stadt zu zerstören. Das an den Tempel gelegte Feuer griff auf die benachbarten Bibliotheksgebäude über ...

Um ihre Schande voll zu machen, steigerten die Mönche ihren Pogrom gegen alles Nichtchristliche einige Jahre später zum Mord an einer Frau: sie ergriffen die neoplatonische Philosophin und Mathematikerin *Hypathia*, eine Griechin, auf dem Wege zur Vorlesung im Museion, schleiften sie an den Haaren auf einen Platz und hackten sie dort buchstäblich in Stücke, wobei sie sich der scharfen Kacheln des Caesareums – nach anderen Berichten auch scharfer Muschelschalen – bedienten. Die Leiche der Unglücklichen wurde verbrannt.

Freilich, die Pflicht des Chronisten gebietet es festzuhalten, daß die Mönche diese Barbarei nicht allein aus religiösem Fanatiusmus begingen, sondern auch aus Fremdenhaß. Hypathia war als Griechin nicht beliebt, und Alexandrien war nicht mehr so ganz die freizügige, tolerante Metropole von einst.

Im Gegenteil, es wandelte sich zum Sitz der Orthodoxie. Mit der berühmten Katecheten-Schule beherbergte Alexandrien bald die erste theologische Universität. Aus ihr gingen auch die theologischen Kampfhähne Arius und Anasthasius hervor. Die Kirchenväter Clemens und Origines wurden hier groß, und es nimmt kaum wunder, wenn später ein geheimnisvolles zweites Markus-Evangelium auftauchen sollte, von dem sich nicht beweisen läßt, daß es echt ist. Der Apostel Markus hat nach der Rückkehr aus Rom in Alexandrien gelebt und gelehrt.

Wäre der politisch berechnende Kaiser Konstantin mit der Ausrufung des Christentums zur Staatsreligion nicht den Ptolemäern zuvorgekommen, wer weiß – vielleicht stünde der Vatikan heute nicht in Rom, sondern an Alexandriens Hafen; dort etwa, wo der Leuchtturm von Pharos, der Tempel der Isis oder das Mausoleum der Cleopatra standen.

KAPITEL 9

Schrecken des Osiris-Tempels

Die Eingeweihten der ägyptischen Tempelmysterien standen den Priestern gleich. Ihr öffentliches Ansehen sicherte ihnen Respekt und Einfluß im Pharaonenstaat. Dennoch war es keine gesellschaftliche Auszeichnung, kein äußerlicher «Statusgewinn», als *Neophyt*, d.h. als Schüler eines Mysterienbundes, angenommen zu werden. Die *echten* Mysterien machten so etwas nicht bekannt. Das Bestehen der mit der Einweihung verbundenen Prüfungen erforderte große Geduld, Charakterstärke und Furchtlosigkeit, wie nur die Besten sie aufzubringen vermochten.

Was waren diese Prüfungen? Heute noch, nach Tausenden von Jahren, können wir keine wirklich präzise Antwort darauf geben. Die Geheimnisse der Mysterientempel sind gut bewahrt geblieben; auf ihrem Verrat stand unerbittlich die Todesstrafe. Schreckliche Eide mußte der Tempelschüler schwören, das ihm Anvertraute, von ihm Erkannte niemals preiszugeben. Heilige Schwüre banden ihn, wenn er nach bestandener Prüfung vom Tempel Abschied nahm.

Was wir über Isis und Osiris wissen, beschränkt sich im wesentlichen auf den *Mythos* des ägyptischen Götterpaares, der natürlich dem Volke bekannt war und in zahlreichen Wandmalereien und Reliefs dargestellt ist. Isis, die Verkörperung der Fruchtbarkeit und des Mutterprinzips, trauert um ihren Bruder und Gemahl Osiris, der von dem bösen Seth getötet und in kleine Stücke zerhackt worden ist. Isis geht auf die Suche nach ihnen, findet sie, bis auf den Phallus, im Nilschilf und setzt den Körper wieder zusammen, wobei sie das eine fehlende Stück durch ein Goldglied ersetzt.

Osiris wird als König der Toten wieder zum Leben erweckt;

sichtbar für alle lebt er auf Erden weiter in seinem und der Isis Sohn, Horus.

Auf einem Relief am Tempel von Philae sehen wir den leblosen Körper des Osiris. Kornhalme entspringen ihm, die ein Priester mit Wasser begießt. So wurde der Gott für das Volk zugleich Symbol für das nahrung- und lebenspendende Wasser des Nils. Zumindest für das einfache Volk.

Für die Eingeweihten dagegen wurde Osiris zum Schutzgott eines geistigen Reifeprozesses, bei dem die Überwindung des Todes und das Bewußtsein der Unsterblichkeit der eigenen Seele im Mittelpunkt standen.

Das Wissen darum, *wie* das genau bewerkstelligt wurde, haben die ägyptischen Priester und Initiaten mit in ihr Grab genommen. Aus aufgefundenen Zauberpapyri und aus der Überlieferung wissen wir aber immerhin einiges über den äußeren Rahmen der Einweihung.

Der die Weihe Begehrende wird erst einmal von einem Priester – wir mögen ihn auch Novizenmeister nennen – gründlich geprüft. Sind seine Motive als rein und selbstlos erkannt, wird er eindringlich davor gewarnt, daß ihm schwere Prüfungen bevorstehen, die nur mit größter Festigkeit und Todesmut bestanden werden können. Der Neophyt erhält noch einmal eine Frist, in der er sich bedenken mag.

Hat er sich endgültig entschlossen, wird er nach geziemender Vorbereitung und Reinigung bei Anbruch der Nacht von zwei Priestergehilfen in das Tempelinnere geführt. Steinerne Stufen führen ihn in ein unterirdisches Labyrinth. Finsternis umgibt ihn. Man läßt ein winziges Öllämpchen bei ihm zurück und bedeutet ihm, voranzuschreiten. Dann wird das schwere Tor hinter ihm verriegelt. Er ist allein, so allein wie noch nie in seinem Leben.

Langsam und mit größter Vorsicht tastet er sich voran.

Der Weg wird enger, führt zu einem trichterförmigen Mauerdurchschlupf. Der Neophyt zwängt sich hindurch, kann nun aber nicht mehr zurück. Vor ihm gurgelt schwarzes Wasser. Mit Entsetzen sieht er, daß es wimmelt von Schlangen und Gewürm. Oder ist es eine Sinnestäuschung? In der Mitte des Wassers ein Felsblock; der Prüfling überwindet Angst und Grausen; springt

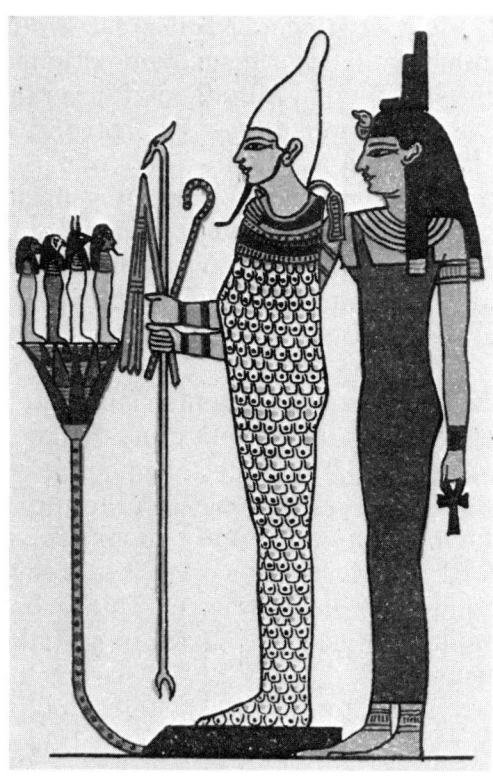

Abb. 15. Isis und Osiris. Der Gott trägt seine beiden Attribute: Geißel und Szepter. Isis, Schwester und Gemahlin des Osiris und zugleich die ‹Große Mutter› und Königin des Himmels der Ägypter. Sie verkörperte auch die Fruchtbarkeit der Erde für die Nilbauern. Für die Griechen war sie zugleich die Göttin der Weisheit. Die Legende sah sie als Jungfrau, auch wenn sie ‹allen lebenden Dingen› zur Geburt verholfen hatte.

auf ihn hinüber. Wenn er jetzt seinen Arm ausstreckt, reicht das trübe Licht des Lämpchens gerade, um die unterste Stufe einer steinernen Treppe am anderen Ende sichtbar werden zu lassen. Nochmals springt er, fällt vornüber, verliert die Lampe. Seine Finger krallen sich an den nassen Stein. Am ganzen Leibe bebend, kommt er kriechend und tastend zu einem neuen Felsdurchlaß, zwängt sich hindurch – und findet sich in einer großen Halle.

Erschöpft sinkt er nieder. Nach einer Weile erreichen flüsternde Stimmen sein Ohr, versuchende Stimmen: «Die Priester wollen nur deine Tempel-Mitgift, sie führen dich hier ins Verderben, lassen dich umkommen! Folge uns, wir wissen den Weg, noch ist Rettung möglich!»

Wehe ihm, gäbe er dieser Versuchung nach. Doch der entschlossene Myste schüttelt abweisend den Kopf, weist die Stimmen zurück, bis sich ihr Echo zwischen den Säulen verliert.

Geräuschlos aus dem Dunkel auftauchend, erscheint jetzt ein Priester im weißen Gewand. Er spricht den Neophyten beim Namen an, lobt seine Standhaftigkeit. Dann führt er ihn ans andere Ende der Halle. Dort leuchten steinerne Bilder von Tier- und Menschenfiguren im Schein einer Fackel. Sie ähneln den «großen Arkana» des Tarotspiels, symbolische Figuren, Urbilder, die in den Tiefen seiner Seele Gefühle anrühren, Erinnerungen wachrufen. Noch erfüllt und benommen von wehmütigem Schmerz, folgt der Myste dem Wink seines Begleiters, um nun wieder allein durch eine Galerie von Totenschädeln und Gebeinen zu schreiten. Es ist ihm, als sei er gestorben und schreite durchs Totenreich.

Wieder beginnen Stimmen zu flüstern. Doch dieses Mal mahnen sie ihn, an die Vergänglichkeit alles Irdischen zu denken. Nur wenn ihm dieses gelungen sei, könne er den Tod überwinden.

Wieder ein anderer Priester empfängt den Prüfling, bietet ihm einen wärmenden und zugleich sinneserregenden Trunk. Er ist aus Pflanzensäften gewonnen; im Altertum kannte man unzählige teils giftige, teils berauschende Extrakte; doch nehmen wir an, daß der Tempelschüler weniger in einen Rausch als in den Zustand erhöhter, ins Übersinnliche hineinreichender Wahrnehmungsfähigkeit versetzt werden sollte. Meskalin hat diese sinnesschärfende Eigenschaft. Mit *Ayahuasca*, einem anderen Pflanzenextrakt, wissen die Amazonas-Indianer einen Bewußtseinszustand zu schaffen, in dem Telepathie, Hellsehen und Retrokognition möglich sind.

Dieser Zustand der weit erhöhten Erlebnisfähigkeit kann, muß aber nicht von der uns bereits bekannten Abhebung des Feinstoffkörpers begleitet sein. Schon seine Lockerung mit Hilfe gewisser Atemtechniken erleichtert es, die gewünschten Wirkungen zu erzielen.

Ein Mithras-Zauberpapyrus schildert, wie das vor sich geht:

> «Hole von den Strahlen Atem, dreimal einziehend, so stark du kannst, und du wirst dich sehen aufgehoben und hinüberschreiten zur Höhe, so daß Du glaubst, mitten in der Luftregion zu sein ... Sehen wirst Du nichts von den Sterblichen in jener Stunde, sondern lauter Unsterbliches wirst Du schauen.»

Nachdem der Neophyt das «Losungswort» gesagt hat, um den Hüter der Planetensphäre passieren zu dürfen, tut sich ihm die Sphäre des jeweiligen Planeten auf, und schließlich entfaltet sich gar die Sonnenscheibe.

Nach dem Umherirren in düsteren Tempel-Katakomben ist das wie eine plötzliche Erleuchtung. Sonne und Planeten nehmen in dieser Einweihung die Plätze der Archetypen und Götter ein.

Man hat diese Zeremonien als «magisch» bezeichnet. Das waren sie gewiß auch durch die Wirkung ihrer Symbole. Worauf es aber ankam, war etwas ganz anderes: Der junge Adept mußte sein Ego überwunden und abgelegt haben, anders hätte er vor den Versuchungen versagt oder wäre von den Prüfungen zum Wahnsinn getrieben worden. So waren die Einweihungen Auslese und Belohnung für erlangte Selbstvervollkommnung in einem.

Hat der Neophyt des Mithras-Kults die Luft- und Planetensphäre durchmessen, steht er an der Schwelle des Reiches der Götter. Dort erwartet ihn Helios, der Erzengel des höchsten Gottes, Mithras.

Der Zweck des Weges ist der gleiche wie bei allen echten Mysterien, früheren und späteren: Dem Mysten wird der Weg gezeigt, den seine Seele einst auch nach dem Tode gehen wird und der in die Unsterblichkeit führt, vor Gottes Antlitz. Aber wir müßten blind sein, würden wir in den geschilderten intensiven und schnellen Atemzügen nicht starke Ähnlichkeiten zu jener *Hyperventilation* erkennen, die noch heute von den Schamanen der letzten Naturvölker als «Einstiegstechnik» zu alternativen Bewußtseinszuständen benutzt wird. Ihr Bewußtsein wird dann allein vom Ätherkörper getragen, der vom physischen Körper lösbar und frei beweglich ist. Übrigens sei Ungeübten dringendst davon abgeraten, diese Technik im «Selbstversuch» ohne sehr kundige und verantwortliche Anleitung und Überwachung zu betreiben!

Sicher ist es kein Zufall, daß in Todesnähe befindliche Patienten (die dann wiederbelebt werden und ihre Erfahrungen berichten können) oft sehr rasch atmen. Auch bei ihnen ist eine Art von Hyperventilation wirksam.

Der gern geäußerte Einwand, die im «Nahtodzustand» erlebten Visionen seien Halluzinationen, verursacht durch Sauerstoffmangel und Stickstoffüberschuß im Gehirn, wird schon durch die Hyperventilation widerlegt. Wer schnell atmet, führt seinem Hirn Sauerstoff zu, nicht Stickstoff.

Die Überlieferung sagt, daß der Einzuweihende in ägyptischen Tempeln *drei Tage und drei Nächte* jenseits der Schwelle des symbolischen Todes durch das jenseitige Reich reisen und dessen Tiefen und Höhen schauen durfte. Wenn dem so war, haben die Priester ihr Handwerk gut verstanden! Da wir aus der Hypnosepraxis jedoch wissen, daß der in Trance Befindliche den Inhalt vieler Stunden innerhalb weniger Minuten «Erdzeit» erleben kann, ist eine solche zeitliche Ausdehnung nicht einmal nötig.

Andere Prüfungen folgen. Auch die Standhaftigkeit des jungen Mannes wird auf eine harte Probe gestellt in jenem Raum, wo ihn ein üppiges Ruhelager erwartet. Dunkelhäutige Nubierinnen bieten ihm köstliche Speisen und Getränke an, und ein in durchsichtige Schleier gekleidetes, betörend schönes Mädchen gesellt sich ihm zu.

Erliegt unser Neophyt ihren Verführungskünsten, hat er verspielt. Glimpflich noch, wenn man ihn nur mit Schimpf und Schande davonjagt; es kann auch geschehen, daß er den Rest seines Lebens als Sklave im Tempel verbringen muß.

Doch bleibt er standhaft, erscheint nun wieder ein Priester. Mit einladender Gebärde weist er eine Treppe hinauf, die bisher im Dunkel verborgen war. Der Myste steigt sie empor, und mit jedem seiner Schritte verstärkt sich das Licht.

Langsam öffnet sich seinem Blick ein in strahlendes Hell getauchter Tempelsaal. Er hat bestanden! Vor ihm steht die von Licht überflutete Gestalt der Gottheit. Und im Hintergrund wartet bereits der Hohepriester, um ihm die letzten Geheimnisse zuzuflüstern und ihn in den Kreis der Wissenden aufzunehmen.

Der zum Mysten gewordene Schüler wird nie wieder derselbe sein, als der er die Prüfung begann. Was er durchlebt hat, hat ihn in die Höhen und Tiefen seines eigenen Ich schauen lassen. Sein Ego, alles Falsche an ihm, ist abgefallen; er sieht sich so, wie er als Seele auf diese Erde gekommen ist. Er weiß, woran es ihm noch mangelt, in welcher Weise er wachsen muß – er hat einen entscheidenden Schritt auf dem Wege zu seiner Ganzheit getan.

Und natürlich weiß er um seine Unsterblichkeit. Das letzte, äußerste Geheimnis des Osiris war dies:

«Die Menschen sind sterbliche Götter und die Götter unsterbliche Menschen. Glücklich, wer den Sinn dieser Worte erfaßt, denn er besitzt den Schlüssel zu allem!»

KAPITEL 10

Die Suche nach dem Urtext

Kam das Christentum mit der Urgewalt göttlicher Offenbarung auf die Erde? Gläubige Christen setzen das voraus. Für den Religionswissenschaftler ist es trotzdem wichtig, zu wissen, ob es «Vorläufer», Parallelen oder Übergänge gab.

Längst wissen wir dies: Es gab nicht nur die vier Evangelien, es gab und gibt acht oder zehn – je nachdem, ob man einigen urchristlichen oder gnostischen Handschriften diesen Namen zubilligen will. Von einigen bestehen nur Bruchstücke. Da gibt es die schon erwähnten Thomas- und Philippusevangelien, dazu das Ägypter- und das Hebräerevangelium; ferner je eines, das dem Petrus und der Maria Magdalena zugeschrieben wird.

Dazu gibt es «Logiensammlungen», Aufzählungen von Sprüchen, die stets mit der Formel «Jesus sagt ...» beginnen. Wenn es ein «Ur-Evangelium» gegeben hat, das schon erwähnte «Q» aus der frühesten Zeit nach der Kreuzigung, dann war es wahrscheinlich eine solche Sprüchesammlung ohne Beischmükkungen.

Die vier kanonischen, d.h. ins Neue Testament aufgenommenen Evangelien haben gerade diese Beimischungen in reichem Maße; sie sind deshalb auch die sprachlich schönsten mit dem besten erzählerischen Zusammenhang.

Man tut ihrer einfachen Würde keinen Abbruch, wenn man sich ihrer Mängel bewußt ist:

Sie wurden ausnahmslos in der Zeit zwischen etwa 60 und 95 n. Chr. geschrieben; manche Schätzungen nennen für das Johannesevangelium sogar erst das Jahr 110. Markus, Matthäus, Lukas und Johannes haben mit hoher Wahrscheinlichkeit das Wirken Jesu von Nazareth nicht als Augenzeugen miterlebt. Der Schreiber des Johannesevangeliums war vermutlich nicht identisch mit dem Lieblingsjünger gleichen Namens: Dieser, so nimmt man an, wurde im Jahre 44 zusammen mit seinem Bruder Jakobus hingerichtet. Nicht auszuschließen ist dagegen, daß der unbekannte Schreiber des vierten Evangeliums sich von Johannes inspiriert fühlte und nach der im Altertum üblichen «Pseudo»-Manier dessen Namen übernahm.

Das Kirchenchristentum läßt diese Tatsachen gern etwas im Hintergrund. Es ist, als habe man Angst, daß ein Zweifel an der vollen Historizität des in den vier kanonischen Evangelien aufgezeichneten Geschehens auch einen Zweifel an der Geschichtlichkeit des Jesus und seiner Sendung bedeutet. Dem ist keineswegs so. Die Frage ist allein, ob man den vier Evangelien ohne jegliche Ausnahme einen wortwörtlichen Offenbarungscharakter zubilligt, der zugleich Ausschließlichkeit hat. Nach dieser Auffassung darf es neben und nach dem Neuen Testament keine weitere Offenbarung geben.

Nun ist es sicher, daß die vier Evangelisten zur jüdisch-christlichen Urgemeinde gehörten oder – wie möglicherweise der Schreiber des Johannesevangeliums – Essener waren. Sie waren von dem Wunsch beseelt, den sich schnell ausbreitenden christlichen Gemeinden vorlesbares Predigtmaterial zu geben; sicher war ihnen nicht bewußt, daß man später jede Silbe als Gottes Wort ansehen würde.

Nicht zu vergessen: Sie waren von den apokalyptischen Erwartungen des Judentums erfüllt und glaubten fest an die baldige Wiederkehr des Christus.

Generationen von Gelehrten haben seit dem 19. Jahrhundert versucht, Licht in das Dunkel des ersten christlichen Jahrhunderts zu bringen – zu ergründen, ob, wann und wie die Urtexte beim Abschreiben interpretiert, geändert oder sogar gefälscht sein mögen.

Die Kopisten erlaubten sich manche Freiheiten, und hier und dort wurde der Text durch Änderung einzelner Worte oder Auslassungen bewußt manipuliert. Zahlreiche Übersetzungsfehler schlichen sich ein. Erst seit der aramäische Text einer Essener-Schriftrolle bekannt ist, wissen wir beispielsweise, daß die Stelle aus dem Matthäus-Evangelium «Selig sind die Armen im Geiste» ganz anders zu verstehen ist, nämlich als «Selig sind die, die um des Geistes willen (d. h. um der Fortentwicklung ihrer Seele willen!) arm geblieben sind». Mit anderen Worten: Selig sind jene, die sich in ihrem Denken nicht auf materiellen Erwerb gerichtet haben.

Beim Abschreiben und Übersetzen der Texte ließen einige Kopisten ihre eigenen Meinungen schwerer wiegen als das Gebot der Originaltreue. Schon der Kirchenvater Origines hat Anlaß zu der Klage, die Schreiber hätten oft «hinzugefügt oder ausgelassen, was ihnen paßte».

Zwischen konservativen und liberalen Religionswissenschaftlern besteht auch heute keine Einigkeit über das Ausmaß der Verfälschungen. Das Thema ist zudem für manche von ihnen delikat, weil es sich schließlich um Dinge handelt, auf die später Teile der kirchlichen Lehre gegründet wurden.

Der Verdacht bewußter Fälschung richtete sich besonders auf die Zeit zwischen dem Konzil von Nicäa (A.D. 325) und dem Jahr 382, als unter Papst Damasus der Text der in den neutestamentlichen Kanon aufzunehmenden 27 Schriften festgelegt wurde. Was in dieser Zeit mit den Evangelientexten geschah, blieb lange umstritten. Ist es richtig, daß die Kirche damals sogenannte «correctores» ernannte, um die Texte der strenggläubigen Auslegung anzupassen?

Der dänische Religionsgeschichtler Professor Detlef Nielsen äußert sich dazu:

«Man suchte ihre Einheit (d. h. die der Evangelien) zu behaupten, indem man sie alle als unfehlbare Jesus-Überlieferungen ausgab, die einander ergänzten und die – obschon augenscheinlich verschieden – doch das eine, richtige Evangelium ergeben mußten. Um das zu erreichen, unterwarf man die Evangelien einem umfassenden Vereinheitlichungsprozeß. Zuerst korrigierte man die Handschriften der Evangelien durch Auslassungen und Einschübe, um sie aufeinander abzustimmen ... (Dann) stellte man die ganze kirchliche Auslegekunst in den Dienst der Harmonisierung, um *ein* Evangelium daraus zu gewinnen.»

Konservativ eingestellte Theologen finden diese kritische Meinung durch neuere Papyrusfunde stark erschüttert, vor allem durch die in den Jahren 1956–61 veröffentlichten sogenannten Bodmer-Papyri aus der Zeit 200 n. Chr., die eine Sensation für die Gelehrtenwelt waren. Die Bodmer-Sammlung enthielt zahlreiche fast vollständige Blätter des Markus- und Johannesevangeliums.

Dieser Fund, schreiben K. und B. Aland,

«hat unsere Vorstellungen vom Werden des neutestamentlichen Texts noch einmal revolutioniert; es erwies sich nämlich, daß er... dem *Codex Vaticanus* so nahe stand, daß die Theorie von den Rezensionen, d. h. von durchgreifenden Bearbeitungen des neutestamentlichen Texts ... im 4. Jahrhundert ... nicht mehr aufrechtzuerhalten war.»

In den Museen und Bibliotheken der Welt werden heute rund 4000 Fragmente oder Manuskripte mit Texten des Neuen Testaments in griechischer Sprache verwahrt; etwa 35 von ihnen aus der Zeit vor 300 A.D. Da Material aus dem ersten Jahrhundert völlig fehlt, ist alles, was vor dem Ende des 3. Jahrhunderts geschrieben wurde, für die Textgeschichte noch interessant.

Je weiter wir zurückgehen, desto rarer werden die Funde. Nur ein einziger, ein alexandrinischer Codex aus dem Jahre 125, reicht noch einigermaßen in das Dunkel der Zeit der Evangelienschreiber hinein. Sonst aber liegt etwa um das Jahr 200 eine «Altersmauer». Funde aus dem 2. Jahrhundert sind noch heute eine Sensation: Es ist, als habe eine unsichtbare Macht um das Jahr 100 oder 125 einen Vorhang heruntergelassen.

Auf keinem anderen Gebiet ist so viel Mühe und Gelehrsamkeit aufgewendet worden, um einer Urform auf die Spur zu kommen – jeder Satz, jedes Wort der Evangelien wurde umgepflügt. Die Textkenntnisse sind so minutiös, daß man mit ihrer Hilfe heute Eingriffe in frühester Zeit feststellen kann. Sogar eine willkürliche Abkürzung des Römerbriefs im Jahre 140 läßt sich noch nachweisen.

Die Gelehrten verdanken das der Tatsache, daß die Urevangelien, Apostelbriefe und apokryphen Schriften von den frühen Christengemeinden immer und immer wieder kopiert und an Brudergemeinden weiterversandt worden sind. So entsteht ein

Bild, wie wenn jemand einen Stein ins Wasser geworfen hat: Aus der Vielzahl von Ringen, auch wenn der eine oder andere einmal unterbrochen sein mag, können wir auf die Stelle schließen, an der der Stein aufs Wasser traf. Und so bricht die «Fälschungsthese» eigentlich zusammen. Wenn irgendwann an den Evangelientexten bewußte Manipulationen vorgenommen wurden, wenn irgendein Jesuswort falsch interpretiert wurde, dann könnte das allenfalls – wenn nicht im ersten – noch im zweiten christlichen Jahrhundert der Fall gewesen sein. Danach waren die Kreise auf dem Wasser schon zu groß.

Ein Beispiel: Es wird oft gesagt, die *correctores* hätten jeden Hinweis auf die Wiederverkörperung (Reinkarnation) aus den alten Handschriften entfernt. Möglich war das durchaus: es gibt viele sogenannte *Palimpseste*, in denen Stellen mit einem scharfen Messer ausgekratzt und überschrieben worden sind. Aber *einige* Papyri, etwa die im Nilsand vergrabenen, hätten diese Aktion überlebt!

Aber es gibt ja – abgesehen von der Möglichkeit fehlerhafter Übersetzung wie im Fall der «geistig Armen» auch noch eine andere Erklärung für Fehler und Lückenhaftigkeit, nämlich diese: Die vier Evangelisten wußten es selber nicht besser! Sie schrieben ja doch nur nieder, was in der Urgemeinde von Mund zu Mund weitergegeben worden war. Und sie konnten nicht wissen, ob Jesus nicht über bestimmte Dinge, wie etwa die Reinkarnation, ausschließlich im inneren Kreise mit den Jüngern sprach. Es ist dann müßig, nach diesen Dingen im Neuen Testament überhaupt zu suchen.

Worauf gründeten die vier Evangelisten ihre Berichte, da sie ja doch Jesus nicht mehr gekannt hatten? Waren *ihre* Quellen zuverlässig, vollständig? Letzteres auf keinen Fall, wie schon die enorme «Lücke» vom 13. bis 30. Lebensjahr Christi zeigt, über die sie überhaupt nichts wissen.

Markus war der früheste. In seiner Epistel an den Presbyten Johannes beschreibt *Papias* den Markus als einen Dolmetscher Petri

«welch letzterer lehrte, wo es nottat, nicht aber sämtliche Worte Christi in ihrer ganzen Fülle ausgelegt hat. So kann man es dem

Markus nicht verübeln, daß er nur aufgezeichnet hat, was ihm das Gedächtnis zutrug.»

Matthäus und Lukas schrieben teils nach eigenem Hörenwissen, teils entlehnten sie von Markus, dessen Text sie kannten. Dazu stand ihnen aber eine Sammlung von Aussprüchen Christi zur Verfügung, die der Nachwelt auch in Kopien nicht erhalten ist. Aus der vergleichenden Textforschung weiß man nur, daß es sie gegeben haben muß.

Die Wissenschaft nennt, wie schon erwähnt, diese verschollene Logiensammlung einfach «Q» (für Quelle); diese Abkürzung hat sich international eingebürgert.

Mit «Vermutungen über Q» hört unser konkretes Wissen auf. Das besagt nicht, daß es nicht durch neue Forschungsansätze noch vertieft werden kann. Solange das nicht der Fall ist, müssen wir uns damit abfinden, daß die Evangelien von Mitgliedern der Urgemeinde geschrieben wurden, die keine Augenzeugen waren und denen es vornehmlich darum ging, Predigt- und Lesematerial für andere Gemeinden zu schaffen. Ihre Berichte müssen auch in dem Bewußtsein gelesen werden, daß sie fest an die Rückkehr des Herrn glaubten, ja – wo sie verfolgt und bedrängt wurden – sich an diese Hoffnung klammerten.

Und noch eine Frage ist ungelöst: Warum gibt es so viel *Agrapha;* Handschriften, zum Teil älter als die Evangelien, die nicht in den Kanon aufgenommen wurden, aber in alten Klosterbibliotheken der Zerstörung entgingen?

Warum wird so vieles in diesen Texten von den Autoren als «geheim» bezeichnet? War das bloße Wichtigtuerei oder deutet es darauf, daß die Apostel tatsächlich über geheimes Wissen verfügten, das auch der Jerusalemer Urkirchengemeinde nicht weitergegeben wurde, es sei denn an Eingeweihte, und mit Ausnahme des Johannes nicht einmal an die vier Evangelisten.

Wurden die Geheimnisse – zum Teil unter Berufung auf die Apostel – später niedergeschrieben, um wenigstens einen Teil von ihnen vor dem gänzlichen Vergessenwerden zu bewahren?

Wir wissen viel zu wenig über diese Zusammenhänge, so wie wir fast 1800 Jahre lang von den Gnostikern nur das kannten, was Irenäus und andere *gegen* sie schrieben.

KAPITEL 11

Was die Gnostiker wirklich glaubten

Geschichte pflegt von Siegern geschrieben zu werden, meint die amerikanische Religionswissenschaftlerin Dr. Elaine Pagels. Weil dem so sei, habe die Christenheit nur die Meinung des Bischofs Irenäus, des Tertullian oder des Hippolytus kennengelernt, die namens der Kirche verkündeten, die Gnostiker seien Ketzer.

Man gewöhnte sich daran, den Gnostizismus mit der Tätigkeit aufsässiger alexandrinischer Sekten gleichzusetzen, die ihre krausen theologischen Ideen denen der apostolischen Kirche entgegenzusetzen trachteten. Man *wußte* freilich nicht allzuviel über diese Ideen, denn die meisten gnostischen Schriften waren verschollen oder von der Kirche verbrannt. Das gleiche geschah mit vielen anderen nichtkanonischen Texten. Spätestens nach 382 n. Chr., als die Kanonisierung des Neuen Testaments beschlossen wurde, geriet viel anderes Schrifttum in Verdacht, ketzerisch zu sein.

Die Folgen der Schrifttum-Ausrottung in jener Zeit waren so gründlich und langdauernd, daß die Gelehrtenwelt ihre Kenntnisse über die Gnostiker bis ins 20. Jahrhundert hinein auf das gründen mußten, was tendenziöse Eiferer wie Irenäus über sie gesagt hatten; und das war selten schmeichelhaft! Erst mit der Entdeckung des Schatzes von Nag Hammadi hat sich dieser unwürdige Zustand geändert.

Das Zentrum der Gnosis war – wie konnte es anders sein – Alexandreia. Da aber in dieser Stadt schon lange vor Christus Griechen mit Juden, Ägyptern, Persern oder gar Indern zusammentrafen und außer ihren Handelswaren auch ihre Philosophien austauschten, ist es nur natürlich, daß es hier auch schon vorchristliche Weisheitsschulen gab, so daß deren Erkenntnisse zum Teil mit an der Wiege der Gnosis standen. So wie die Lehre des Jesus von Nazareth deutliche Affinitäten zur Lehre und Lebenspraxis der Essener hatte, so waren die letzteren wiederum von der Lehre des persischen Religionsgründers Zoroaster beeinflußt. Und fast sicher erfolgte diese Beeinflussung und gedankliche Befruchtung in Alexandrien. Vor dem Hintergrund dieser Metropole der Philosophie, von ihr angezogen, aber schließlich ganz eigenen Gesetzen folgend, entstanden später nilaufwärts die Klöster und Einsiedeleien der «Wüstenväter».

Es ist übrigens schwer vorstellbar, daß Jesus von Nazareth in den 17 Jahren zwischen seinem 13. und 30. Lebensjahr, von denen die Evangelisten nichts zu sagen wissen, nicht wenigstens eine gewisse Zeit lang in Alexandria geweilt haben sollte. Und daß er dort nicht mit den Priestern und Adepten frühgnostischer Zirkel diskutierte, die danach strebten, den rechten Weg der Erlösung zu finden.

Einige Gelehrte bezeichnen gewisse Elemente in den bei Nag Hammadi gefundenen Schriften als *vorchristlich*. Formell haben sie recht; die Frage bleibt aber bestehen, ob der heranwachsende Jesus von Nazareth die ihnen zugrundeliegenden Gedanken nicht gekannt (und vielleicht auch gebilligt) hat.

«Gnosis» heißt soviel wie Wissen oder Erkenntnis; die «Gnostik» war somit eine geistig-religiöse Bewegung, die nach dem Wissen um göttliche Erkenntnisse strebte. Die Schriftrollenfunde vom Toten Meer lassen vermuten, daß typisch gnostische Vorstellungen – etwa die von der Gegenwart eines göttlichen Funkens im Menschen, der «durch sein göttliches Gegenstück, sein himmlisches Selbst, erlöst wird», wie es der große Gnosis-Kenner Gilles Quispel ausdrückt – sehr wohl auch den Essenern bekannt und demnach auch «vorchristlich» waren.

Die Nag Hammadi-Schriften waren schließlich koptische Übersetzungen von griechischen Originalen, die noch viel älter gewesen sein müssen. Das Thomas-Evangelium wird auf Grundlagen zurückgeführt, die aus der Mitte oder 2. Hälfte des ersten Jahrhunderts stammen dürften, also ebenso alt waren wie Markus, Lukas und Matthäus.

Nach Meinung einiger Quellen studierte der Thomas Didymos zusammen mit Jesus am Museion in Alexandrien, und beide blieben sehr eng verbunden. Später wurde Thomas Arzt an der Predigerschule in Chorazin. Als Begleiter Jesu während dessen 3½jähriger Mission war er so etwas wie ein Protokollführer. Die Logiensammlung des Thomas (wir wissen nicht, wie weit sie dem bei Nag Hammadi gefundenen Thomasevangelium glich) *könnte* dem geheimnisvollen «Q», dem Ur-Evangelium, sehr nahe gestanden haben. Einen wissenschaftlichen Beweis dafür haben wir freilich nicht.

Der Gnosis ging es darum, darzustellen, wie es gekommen ist, daß der Geist im Menschen schläft, und wie er bewußt werden kann. So ist es nicht verwunderlich, daß das Leben und Wirken des Jesus Christus gnostischen Gruppen starken Auftrieb gegeben hat. Viel spricht dafür, daß in den ersten Jahren nach der Kreuzigung die Gnostik vor allem im hellenistischen Judentum Alexandriens blühte. Gnostische Gruppen standen dort mit den Urchristen sehr wahrscheinlich in Verbindung. Man rühmte sich sogar direkter Verbindungen zu den Aposteln oder deren Schülern, die ihr Wissen vom auferstandenen Christus selbst erhalten haben sollen. Paulus, so hieß es, habe sein gesamtes geheimes Wissen dem Schüler *Theudas* anvertraut, der später wiederum zu den engen Vertrauten des alexandrinischen Gnostikers Valentinus zählte.

Das führte zu einer Art Elitedenken, und hier und dort zweifellos zu sektiererischen Auswüchsen; Schwächen, die letztlich verhindert haben, daß die Gnostik zu einer umfassenden Weltreligion wurde und im Kampf gegen die orthodoxe, straff organisierte Kirche der Bischöfe unterlag.

Valentinus (ca. 140 n. Chr.) und Origines (185–254 A.D.), wohl die beiden hervorragendsten theologischen Denker ihrer Zeit, wuchsen inmitten von gnostischem Gedankengut auf. Nicht viel hätte gefehlt, und Valentinus wäre später zum Bischof von Rom, also zum Papst gewählt worden. Ein Paradox wäre entstanden: ein Gnostiker, nach strenggläubiger Auffassung also ein Ketzer, auf dem Heiligen Stuhl!

Noch bis ins dritte Jahrhundert war es unsicher, ob in der christlichen Kirche der Gnostizismus oder die Orthodoxie die Oberhand gewinnen würde. Die Gnostiker glaubten an den direkten Zugang des Menschen zu Christus und Gott, die Orthodoxen an die Vermittlung der Gottesgaben durch die Hierarchie von Bischof und Priester. Wenn die Orthodoxen schließlich obsiegten, dann vielleicht deshalb, weil die Masse der Gläubigen es vorzog, sich an eine hierarchische Ordnung zu lehnen, zu der sie aufblicken konnte. Die Überzeugung der Gnostiker, daß jeder für sich selbst und seine eigene spirituelle Entwicklung verantwortlich sei, erwies sich als eine politische Schwäche.

Gnostische Schriften beginnen vielfach erst dort, wo die Evangelien aufhören: mit der Kreuzigung und Auferstehung. Das «Geheime Buch (Apokryphon) des Johannes» zum Beispiel berichtet, wie der Jünger nach der Kreuzigung von «großem Schmerz» übermannt war, als sich «plötzlich die Himmel öffneten, die gesamte Schöpfung erstrahlte», mit einer Erscheinung im Mittelpunkt, die ihm liebevoll zuredet: «Ich bin der, der immer bei Dir ist ... um Dich zu lehren, was ist und was sein wird».

Wie schon erwähnt, glaubten viele Gnostiker, daß Christus seine Jünger erst *nach* der Auferstehung in die *Gnosis*, das wirkliche Wissen, einweihte. *Das* würde natürlich erklären, warum es nicht in den Evangelien aufgezeichnet ist! Die Zeit zwischen Auferstehung und Himmelfahrt ist bei den Gnostikern auch sehr viel länger als die biblischen 40 Tage. Im Johannes-Apokryphon ist von einem Gespräch zwischen Jesus und seinem Lieblingsjünger die Rede, das 550 Tage nach der Auferstehung stattfand, und in einer geheimnisvollen (christlichen) Einfügung in das spätjüdische Buch «Die Himmelfahrt des Isaias», entstanden um etwa 100 n. Chr., wird fast die gleiche Zeitspanne, nämlich 545 Tage, genannt. Bis jetzt ist es nicht gelungen, den Ursprung dieser Überlieferung festzustellen.

Sicher ist jedenfalls, daß die Gnostiker die Zeitspanne, in der Christus die Jünger in seine geheime Weisheit einweihte, um ein Vielfaches länger ansetzten als die Evangelisten. Daß er sie einweihen werde, war nach Joh. 16,25 vorausgesagt:

«Dies habe ich in Bildern zu euch geredet. Es kommt aber die Stunde, da ich nicht mehr in Bildern zu euch rede, sondern euch offen Kunde gebe vom Vater.»

Der auferstandene, aber noch nicht zum Himmel aufgefahrene
Christus erscheint den Jüngern meist in einer Wolke von Licht.
Da gibt es einen Brief des Petrus an Philippus, eine Szene
beschreibend, bei der die Apostel nach der Kreuzigung zum
Ölberg gingen, um dort zu beten.

«Ein großes Licht erschien, so daß der Berg erstrahlte im Angesicht
dessen, der erschienen war. Und eine Stimme rief ihnen zu:
‹Höret, ich bin Jesus Christus, der bei euch ist für ewig.›»

Dann fragten die Jünger nach den Geheimnissen des Universums, und «eine Stimme, aus dem Licht kommend, antwortete
ihnen».

Von «Lichtwasser» ist die Rede im Apokryphon des Johannes,
in dem das Spiegelbild des Menschen erscheint, der ein Abbild
Gottes ist – so wie der «Mensch» des Tempels von Luxor!

Die Gnostiker glaubten, daß mindestens einige Jünger die
ihnen von Jesus anvertrauten Geheimnisse bewußt für sich
behielten – wie ein Mysterienschüler, der einen heiligen Eid
geschworen hat. Und daß sie das ihnen Anvertraute nur an ganz
bestimmte, geistig gereifte Personen weitergaben, die sie dann
wiederum dringlich zur Geheimhaltung ermahnten. Paulus ging
ganz sicher so vor.

Bischof Irenäus (ca. 180 A.D.) und andere, die die Gnostiker
zu Ketzern erklärten, machten es ihnen zum besonderen Vorwurf, daß sie sich erdreisteten, die göttliche Weisheit direkt
erfahren haben zu wollen, statt durch die Gnadenmittel der
Kirche. Irenäus hatte vermutlich wohl sogar recht, wenn er
gegen bestimmte Auswüchse des gnostischen Sektentums wet-
terte, gegen die Vielzahl kleiner Gruppen, die sich alle auf den
auferstandenen Erlöser bezogen und bei der Ausschmückung
von Geschichten und Überlieferungen nicht kleinlich waren.
Aber man muß auch bedenken, daß die Inbrunst des Glaubens
im Frühchristentum nicht nur zum Märtyrertum führte, sondern
– so bei den Mönchen in der ägyptischen Wüste – auch zu
charismatischen Gaben, zu «Zeichen und Wundern». Wunder
waren dieser Zeit nicht fremd.

Anders als die Orthodoxie glaubten die Gnostiker nicht an

eine Ur- oder Erbsünde, sondern eher an einen Kampf zwischen den Kräften des Lichts und der Finsternis. Gott war für sie gleichbedeutend mit dem unergründlichen Urgrund des Alls. Auch bei den spätgnostischen Katharern im Frankreich des frühen Mittelalters zeigt sich der Glaube an eine Welt des Lichts und des Dunkels.

Der Schöpfergott war für die Gnostik nicht gleichbedeutend mit dem Urgott; er stand vielmehr *unter* ihm; ein *demiourgos*, der in die Geschichte der Menschen eingriff, ja sogar menschliche Eitelkeiten zeigte. Der Urgott der Gnostiker ist ein Vater-Mutter-Gott. Die volle Anerkennung des Weiblichen in der Gottesvorstellung wie im religiösen Leben war eines der hervorragendsten Merkmale der Gnostik. Dabei machte man auch vor dem Leben des Jesus von Nazareth nicht halt.

In ihrem Buch über die Nag Hammadi-Funde sieht Dr. Elaine Pagels im *Evangelium der Maria* eine «Anspielung auf eine erotische Relation zwischen Jesus und Maria Magdalena». In diesem zum sogenannten «Berliner Codex» gehörenden Manuskript fordert Petrus die Maria Magdalena auf, ihm und den anderen Jüngern jene Dinge zu berichten, die der Erlöser nur ihr selbst anvertraut habe. Als sie dies tut (leider fehlen vier Blätter mit ihrer Rede)

> «reagieren einige Jünger mit Unglauben und Feindseligkeit. Aber Levi erinnert sie daran, daß Jesus die Maria würdig gemacht habe, sie gut kannte und in der Tat mehr liebte als die Jünger» (D. M. Parrott).

An einer anderen Stelle der Nag Hammadi-Dokumente ist davon die Rede, daß Jesus die Magdalena häufig auf den Mund küßte. Er weist die Jünger zurecht, als diese sich beklagen, daß er einer Frau so viel Vorzug gebe.

Die Frau spielt in den gnostischen Dokumenten eine dem Mann absolut ebenbürtige Rolle. Das Wesen Gottes ist männlich und weiblich *zugleich*. Während die hierarchische ebenso wie die mosaische Kirche und der Islam Frauen von Anbeginn vom Priesteramt ausschließen, spielen sie im Gnostizismus eine tragende Rolle.

Die Jünger erscheinen sogar als eifersüchtig auf Maria. Im *Evangelium der Maria* fragt Petrus, an die Maria Magdalena gewandt, zornig:

> «Sprach der Christus wirklich allein zu Dir und nicht offen zu uns? Müssen wir auf Dich hören? Achtete er Dich höher als uns?»

Maria Magdalena wehrt sich gegen den Anwurf, und schließlich tritt der Jünger Levi schlichtend zwischen beide.

> «Mein Bruder Petrus, Du bist allzeit hitzköpfig gewesen. Nun seh' ich Dich streiten mit einer Frau. Wenn der Erlöser sie so wertschätzte, wer bist dann Du, daß Du sie verwerfen willst? Der Herr kannte sie bestimmt sehr gut, und darum hielt er mehr von ihr als von uns.»

In der *Pistis Sophia* beklagt sich Petrus bei Jesus darüber, daß die Magdalena ihm seinen rechtmäßigen ersten Platz streitig mache und fordert ihn auf, ihr den Mund zu verbieten. Jesus weist dies scharf zurück. Am Schluß des Thomas-Evangeliums findet sich eine ähnlich charakteristische Stelle.

> «Simon Petrus sagte zu ihnen (den Jüngern): ‹Laßt Maria von uns fortgehen, denn die Frauen sind des Lebens nicht würdig.› Jesus sprach: ‹Ich werde sie selbst führen, um sie zum Manne zu machen, so daß auch sie ein lebendiger Geist werden kann, gleich euch Männern. Denn jede Frau, die sich zum Manne machen wird, soll in das Königreich des Himmels eingehen.›»

Das Wort «Mann» dürfte hier gleichbedeutend mit «Mensch» sein.

«Gnostische Quellen», resümiert Elaine Pagels,

> «gebrauchen dauernd sexuelle Symbole, um Gott zu beschreiben. Man könnte erwarten, daß diese Texte Einflüsse von archaischen heidnischen Traditionen der Muttergöttin aufweisen, aber größtenteils ist ihre Sprache typisch christlich, mit einem unverkennbaren jüdischen Erbteil.»

Wer oder was ist die «göttliche Mutter»? Mehrere gnostische Texte beschreiben sie als die eine Hälfte eines ursprünglichen Paares. Unschuldig fragt man, wie Gott ein Menschenpaar «nach seinem Bilde» erschaffen konnte, wenn er selbst allein männlich sei.

Das Wesen des Ur-Gottes ist nach gnostischer Auffassung unergründlich. All-Vater und All-Mutter ruhen seit dem Beginn der Zeit in der Stille des Unerschaffenen. Der in ihrem Auftrag waltende Schöpferengel, Halbgott oder Demiurg, der Jehova der Juden, bezeichnet sich in seiner Eitelkeit gern als den «einzigen Gott» und verrät damit schon, daß er es nicht ist. Dieser Untergott kann sehr menschliche Züge tragen, kann parteiisch und eifersüchtig sein. Als sein weibliches Gegenstück sahen die Gnostiker die Gottestochter *Sophia*, die trotz ihres reinen Ursprungs der Weltlichkeit und Fleischlichkeit verfallen ist. Ihr Sohn Ialdabaoth ist ebenso wie Jehova ein «böser» Weltschöpfer.

Männliche und weibliche Urseelen (nach C.G.Jung *animus* und *anima*) sind nach gnostischer Auffassung Bestandteil unserer Psyche; soll diese *ganz* werden, muß der Mensch beide Teile zugleich verwirklichen.

Im Thomas-Evangelium stellt Jesus seinen leiblichen Eltern Maria und Josef ausdrücklich seinen göttlichen Vater (den Vater der Wahrheit) und seine göttliche Mutter (den Heiligen Geist) gegenüber. Die Koptologin Elaine Pagels findet im Text dieser Nag Hammadi-Schrift sogar eine Erklärung für das rätselhafte Bibelwort: «Wer seinen Vater und seine Mutter nicht haßt, kann mein Jünger nicht sein», indem sie ergänzt: «Meine (irdische) Mutter (gab mir den Tod), aber meine (wahre) Mutter gab mir das Leben.» Die Bedeutung ist sehr klar und sehr mystisch: «Wer alles in materiellen Begriffen sieht, verfällt dem Tode. Nur wer das Geistige sieht und lebt, hat das ewige Leben.»

Sogar der Gnostiker Simon Magus – er wurde von den Ketzerjägern später als «Zauberer» verächtlich gemacht – glaubt an den Urgrund des Ewig-Weiblichen. «Laßt das Paradies die Gebärmutter sein.» Diese ist nach Simon das Paradies, in dem der Mensch lebt, genährt vom Nabelstrang, der einem aus dem Garten Eden kommenden Flusse entspricht.

Das Philippus-Evangelium (Nag Hammadi) zeigt Spuren des alten Glaubens an eine jungfräuliche Geburt. Der Heilige Geist ist *per definitionem* jungfräulich. Christus, der aus einer Jungfrau Geborene, ist damit auch «aus dem Geist geboren». Um der paradoxen Vorstellung auszuweichen, daß «eine Frau von einer Frau geschwängert werde», fügt der Schreiber des Philippus-Evangeliums freilich schnell hinzu, daß doch wohl eine Verbindung zwischen zwei göttlichen Kräften am Werk gewesen sein müsse: zwischen dem All-Vater und dem Heiligen Geist.

Das in Nag Hammadi gefundene, von einem Schüler des Valentinus, des wohl größten aller Gnostiker, um das Jahr 200 verfaßte *Philippus-Evangelium* befaßt sich fast ausschließlich mit dem Verhältnis zwischen Mann und Frau. Ihre Vereinigung wird nicht etwa als geistfeindlich gesehen, sondern sogar als heilsnotwendig für Menschen, die – nach Valentin – «Pneumatiker» sind, also geistig und nicht körperlich orientiert. Nach Meinung des syrischen Verfassers war es die Absicht des Christus, «Adam und Eva» wieder miteinander zu vereinen. Die Vereinigung wird als ein Sakrament aufgefaßt. Ein äußerer Ausdruck für die gnostische Überzeugung, daß die «heilige Hochzeit zwischen Selbst und Ich schon in diesem Leben verwirklicht wird» (Quispel) und daß die Ehe diesen Prozeß fördert.

In einem anderen Nag Hammadi-Text, der *Dreifältigen Protenuoia*, wird das frauliche Denken als Bestandteil des göttlichen Denkens, «das sich in jedem Geschöpf bewegt», hervorgehoben. Alles gehört dazu, was wir heute mit der gefühlsbetonten rechten Gehirnhälfte assoziieren würden.

Alle diese Gedanken wurden später als ketzerisch erklärt. Als es etwa um das Jahr 200 so weit war, daß die Kirche die Schriften für den Kanon des Neuen Testaments auswählte, «war so gut wie jedes frauliche Bild aus der orthodox-christlichen Tradition verschwunden» (Pagels).

Verketzerte Irenäus die Gnostiker um so mehr, da er selber ein Weiberverächter war? Einiges spricht dafür, so, wenn der Bischof von Lyon schreibt, der Gnostiker Markus habe «vielen dummen Frauen» im Rhônetal den Kopf verdreht und sie mit Teufelskünsten verführt. Besonders übel vermerkt er es dem Markus, daß er viele Frauen habe weissagen lassen.

Petrus war ganz sicher kein Frauenfreund. In der *Pistis* klagt Maria Magdalena über ihn:

> «Ich habe Angst vor ihm (zu sprechen), weil er das weibliche Geschlecht haßt.»

Tertullian, der Miteiferer des Irenäus, verargt es dem Marcion, daß er Frauen bei der Feier der Eucharistie Ämter gegeben und sie damit den Priestern gleichgestellt hatte. Tatsächlich herrschte unter den Gnostikern des Rhônetals damals vollständige Gleichberechtigung der Geschlechter. Die Gemeinden wählten auch ihren Bischof selbst und schockierten die Orthodoxie, indem sie eine Frau namens *Marcellina* als Abgesandte nach Rom delegierten.

In Wirklichkeit knüpften diese gnostischen Gruppen an die Tradition der urchristlichen Gemeinden an, in denen Frauen sich noch während der ersten zwei Jahrzehnte nach der Kreuzigung, ja sogar während des ganzen ersten nachchristlichen Jahrhunderts einer bemerkenswerten Emanzipation erfreuten und Ämter bekleideten. Dies richtete sich wiederum ganz bewußt nach Jesus von Nazareth, der Frauen zeit seines Wirkens demonstrativ als gleichberechtigt behandelte und sie in seinen engsten Kreis aufnahm, wie das Beispiel der Maria Magdalena zeigt.

In seiner Anti-Ketzerschrift *Adversus Valentinianos* bezeugt Tertullian das genaue Gegenteil:

> «Es ist einer Frau nicht erlaubt, in der Kirche zu sprechen, noch ist es ihr erlaubt, zu lehren, zu taufen, zu opfern (bei der Eucharistie) oder Anspruch auf irgendeine Funktion zu erheben, um vom priesterlichen Amt ganz zu schweigen.»

Die Anti-Feministen können sich nicht einmal auf den Apostel Paulus als Bundesgenossen berufen, denn dessen oft zitierter Brief an seinen Schüler Timotheus ist von der Wissenschaft längst als nicht echt erkannt.

Das Tiefste am gnostischen Glauben war zeitlos, es umfaßte die innere Weisheit des Buddhismus und der ägyptischen Tempel genau wie die der christlichen Eingeweihten. Es läßt sich in diesem Satz des Gnostik-Kenners Quispel ausdrücken: Der Mensch, das heißt der geistige Mensch, ist der Welt fremd und mit Gott verwandt.

Der *Eugnostosbrief* beweist, daß die Gnostiker den Menschen als eine Emanation Gottes auffaßten. Allerdings als eine Schöpfung, die eigentlich *schläft* und erst zum Bewußtsein geweckt werden muß.

Die figürliche Darstellung des Menschen, in dem sich Gott ausdrückt, ist der *Anthropos*, jene aus jüdisch-alexandrinischen (aber noch nicht judenchristlichen!) Quellen stammende hermetische Gestalt. Aber stammt sie wirklich erst aus dem 2. Jahrhundert vor Christus, oder war sie nicht schon zwei Jahrtausende früher den Erbauern des Tempels von Luxor bekannt?

Noch in einer anderen Form entwickelten Gnostiker Gedankengänge, die aus uralter Weisheit stammen, aber an die modernsten wissenschaftsphilosophischen Gedankengänge unseres heutigen, informationsbewußten Zeitalters reichen. Der Alexandriner Basilides – von Irenäus zum Ketzer erklärt, weil er angeblich lehrte, daß Simon von Cyrene anstelle von Jesus am Kreuze starb – läßt den nicht-seienden Gott (Urgott) eine nicht-seiende (d. h. nichtmaterielle) Welt schaffen,

> «indem er ein einziges Samenkorn niederlegte, das wie eine Art DNA die ganze zukünftige Evolution kodiert und potentiell in sich enthielt» (Quispel).

Tatsächlich hat Basilides damit bereits über die Entdeckung der DNA hinausgegriffen und noch modernere, noch kühnere Vorstellungen der 80er Jahre des 20. Jahrhunderts vorweggenommen. Von ihnen wird noch zu reden sein.

KAPITEL 12

Qumran und die Essener

Frühjahr 1947. Auf die zerklüfteten Bergterrassen im Nordwesten des Toten Meeres brennt eine heiße Sonne. Eine Ziege hat im schattenspendenden Halbdunkel einer Höhle Zuflucht vor den sengenden Strahlen gesucht; ein arabischer Hirtenjunge wirft einen Stein hinter ihr her. Es gibt ein schepperndes Geräusch. Neugierig steigt der Junge hinterher, tastet im Geröll und zieht schließlich einen Tonkrug ans Tageslicht.

Der Krug enthält, sauber in Linnen gewickelt, altes Pergament. So beginnt die Entdeckung der inzwischen weltberühmt gewordenen Schriftrollen von Qumran.

Während in Kairo noch um die Nag Hammadi-Codici gefeilscht und intrigiert wird, entwickelt sich am Toten Meer ein sehr ähnliches Drama. Geschäftstüchtige Beduinen bemächtigen sich des Fundes, und als die Händler Interesse zeigen, zerpflücken sie das brüchige Papyrus mit den Fingern, teilen es in kleine Stückchen auf, um diese mit noch mehr Gewinn an den Mann bringen zu können.

Schnell spricht sich die Kunde herum, doch sehr im Gegensatz zu Nag Hammadi horcht diesesmal die Welt auf. Wissenschaftler werden in die Fundgegend entsandt, klopfen mit den Beduinen um die Wette alle Höhlen und Felsspalten der Umgebung ab. Heute kennt man 600 Manuskripte oder Fragmente, die an 37 verschiedenen Stätten gefunden wurden, an denen die Bewohner von Qumran ihre wertvolle Bibliothek verborgen hatten.

Etwa einen Kilometer vom ersten Fundort entfernt, finden Archäologen Reste einer Siedlung des Essener-Ordens. Die Mönche hatten ihre Bibliothek offenbar aufgeteilt und versteckt, um sie vor der Zerstörung durch die 10. römische Legion zu bewahren, die im Jahre 68 hier durchzog, um den jüdischen Aufstand niederzuwerfen. Aus Münzfunden läßt sich genau rekonstruieren, daß die Siedlung von 125 v. Chr. bis 68 n. Chr. bewohnt war.

Qumran war ein Wüstenkloster, offenbar bestimmt für Essener, die hier unter spartanischen Lebensumständen Tage der Kontemplation und des Gebets verbrachten. In anderen Teilen des Landes gab es größere Essener-Niederlassungen, in denen auch Laien mit Frauen und Kindern wohnten. Die Bruderschaft ist seit 200 v. Chr. in Palästina nachgewiesen.

Warum wurden die Schriftrollenfunde vom Toten Meer im Gegensatz zu denen von Nag Hammadi zu einer solchen Weltsensation? Die Antwort liegt auf der Hand: Die Qumran-Essener lebten zur Zeit Christi und ganz in der Nähe von Stätten, an denen Johannes der Täufer gelebt und gelehrt hatte. Was lag näher als die Hoffnung, man werde in den aramäischen Texten Hinweise auf die Entstehung des Christentums finden, vielleicht sogar auf die Person des Jesus von Nazareth!

Aufschlüsse von größter Tragweite schienen möglich. Kein Wunder also, daß die Gelehrtenwelt und mit ihr die Weltöffentlichkeit ungeduldig auf die Verlautbarungen des «Schriftrollen-Teams» in Jerusalem wartete.

Doch die Sensation blieb aus. Die Funde von Qumran haben den Alttestamentlern zwar wertvolle Erkenntnisse ermöglicht (viele der dort gefundenen AT-Texte waren von Vorlagen kopiert, die tausend Jahre älter waren als die der *Vulgata*, ihnen aber dennoch fast völlig gleich sind!); eine «Vorgeschichte» des Christentums, wie die Kirche es lehrt, sind sie jedoch kaum. Der amerikanische Hebräist Theodor H. Gaster hat darauf hingewiesen, daß die Qumran-Texte drei Glaubensbegriffe vermissen lassen, die für die Lehre der christlichen Kirche absolut zentral werden sollten: Die Gottessohnschaft, die Erbsünde und den Sühnetod. Die Essener kannten keines dieser Prinzipien, auch nicht als Prophetie.

Es ist also falsch, wenn die Essener als Vorläufer der christlichen *Kirche* bezeichnet werden. Wohl waren sie in vieler Hinsicht Vorläufer und Vorbild des christlichen Mönchstums, dem das Christentum sehr wahrscheinlich zu danken hat, daß es

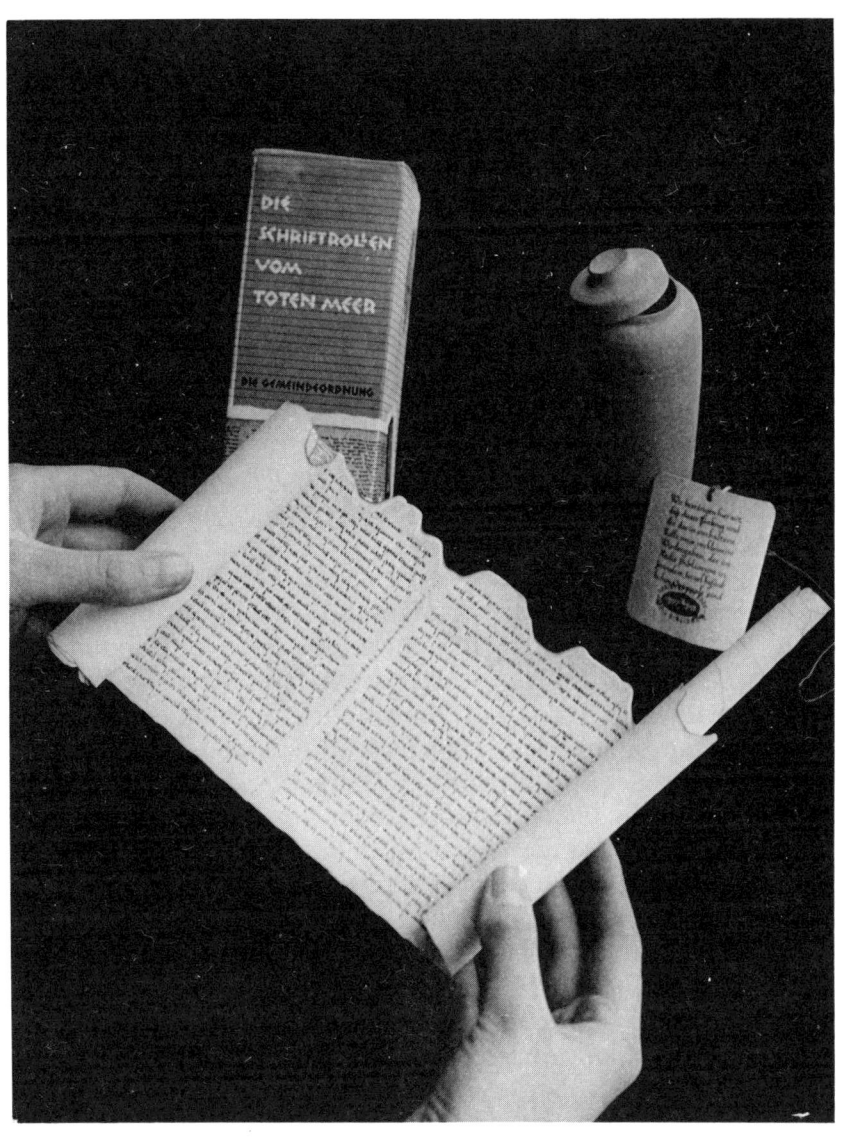

Abb. 16. Schriftrollen vom Toten Meer. Unser Bild zeigt ein verkleinertes Faksimile der berühmten Schriftrollen vom Toten Meer, das zusammen mit einer Nachbildung jener Krüge, in denen die hebräischen Schriftrollen im Jahre 1947 in einer der Höhlen bei Qumran gefunden worden waren.

spätere dunkle Zeitläufe überhaupt überlebte; doch das ist etwas anderes. Zweifellos geben die Qumran-Texte auch ein gutes Bild «des religiösen und kulturellen Klimas, in dem Johannes der Täufer seine Mission vollzog und in dem Jesus zunächst aufwuchs» (Gaster). Insofern war das Essenertum durchaus ein «Saatbeet» für das Neue Testament.

Zwischen essenischen Dokumenten und der Bergpredigt bestehen deutliche Parallelen. Die Verwandtschaft zwischen dem Manual der klösterlichen Disziplin in Qumran und dem Johannesevangelium ist an einigen Stellen geradezu überdeutlich. So heißt es bei Johannes: «Er war von Anfang an bei Gott, und alle Dinge wurden durch ihn gemacht, und ohne ihn wurde nichts gemacht, was seiend ist», und im Essener-Manual: «Und durch seine Weisheit wurde alles Seiende zum Leben erweckt. Und alles, was ist, hat er aus seinem Willen gemacht, und außer ihm gab es nichts Seiendes.»

Die Gemeinsamkeit der mystischen Gotteserkenntnis ist unverkennbar; eine Gemeinsamkeit mit den Dogmen der späteren Kirche ist dagegen auch nicht in Ansätzen vorhanden.

Schon von *Philo von Alexandrien, Flavius Josephus* und *Plinius* wußten wir, daß die Essener auch in Unterägypten nahe von Alexandria am See Maôris eine Ordensniederlassung besaßen; die dortigen Brüder wurden *Therapeutae* (Heiler) genannt, wie übrigens auch der Name Essener oder «Essäer» von dem syrischen Wort *Asaya* (Ärzte) kommt. Der Orden hatte die Kenntnis von Kräuterarzneien und natürlichen geistigen Heilweisen zur Perfektion entwickelt.

Daß Jesus heilte, weiß jedermann. Daß er seinen Jüngern einen unmißverständlichen Heilungsauftrag gab, scheint später vielfach vergessen worden zu sein. Da er es tat, ist anzunehmen, daß er ihnen dafür auch gewisse Kenntnisse vermittelte. Die Evangelien schweigen darüber; wir dürfen annehmen, daß das Heilwissen zu jenen Dingen gehörte, die Jesus im kleinen Kreise weitergab.

Essener waren an ihren langen weißen Kutten erkennbar. Die Disziplin war streng und auf hierarchischer Ordnung aufgebaut. Viel ist über den in den Qumran-Texten erwähnten «Lehrer der Rechtschaffenheit» gerätselt worden. Dieser Begriff ist jedoch etwas irreführend, belehrt uns Professor Gasper. Es sollte besser «Lehrer des wahren Rechts» oder «Ausleger des Gesetzes» lauten. Dieser «Lehrer» war ein Amt, keine Person! Das Amt dessen, der als Oberhaupt des Ältestenrates das von Moses überbrachte Gesetz, die Thora, unverfälscht auslegte.

Die Essener waren Puritaner. Sie lehnten den Tempel- und Opferdienst in Jerusalem als entartet ab und sahen sich selbst als die wahren Hüter des Bundes zwischen Gott und den Juden. Sie waren, wie viele ihrer Landsleute, überzeugt, in einer Endzeit zu leben, ja sie verfaßten sogar einen genauen Kampfesplan für die letzte Schlacht bei Armageddon. Selbstverständlich glaubten sie als Juden auch an den Messias, aber sie wußten nichts von einem, der sich opfern würde.

Ihre Rituale geben Zeugnis vom Streben nach einer täglichen intensiven Kommunion mit den Engeln. Ihr Tag verlief zwischen Reinigungsbädern, Gebetsmeditationen, Arbeit, Schriftauslegung und gemeinsamen kultischen Mahlzeiten. Ihre Nahrung war selbstgezogen und rein vegetarisch.

Ein Teil ihrer Lehre zeigte persische – und manche vermuten sogar tibetische – Einflüsse. Eine deutliche Anlehnung an die Lehre des Zarathustra (660–553 v. Chr.) ist der Glaube der Essener an einen Kampf der Kräfte des Lichts gegen das Dunkel. Die ganze Eschatologie (Lehre von den letzten Dingen) des persischen Religionsstifters ist weitgehend in den Lehren der Essener wiederzufinden. Viele Theologen vermuten heute, daß auch der von Jesus so viel gebrauchte Begriff «Königreich Gottes» aus dieser Quelle kommt, ja daß die «Reichsbotschaft» noch viel älteren Datums ist und auf die Asura-Religion zurückgeht, also noch älter ist als die indischen Veden.

Nicht die Qumran-Schriftrollen übrigens, sondern der jüdische Geschichtsschreiber *Flavius Josephus* enthüllt uns etwas von der eigentlichen Geheimlehre der Essener.

«Vom subtilsten Äther heruntergestiegen und zum Körper hingezogen durch eine natürliche Anziehung, bleibt die Seele dort wie in einem Gefängnis. (Doch) wenn sie befreit ist von den Fesseln des Körpers wie von einer langen Gefangenschaft, fliegt sie mit Freude davon.»

Flavius Josephus hat angeblich eine mehrjährige Erziehung bei den Essenern genossen. Wenn er hier etwas vom Gelernten ausplaudert, muß man daraus schließen, daß die Lehre von der Vor- und Nachexistenz der Seele unabhängig vom Körper nicht zu den «verbotenen» inneren Geheimnissen gehörte, auch wenn sie sich nicht für den Marktplatz eignete.

Flavius Josephus läßt uns ohnehin nur die äußere Oberfläche einer außerordentlich tiefen Weisheitslehre sehen. Man muß selbst weiterdenken, um sie zu erkennen. Wenn der Autor nämlich davon spricht, daß die Seele «durch eine gewisse natürliche Anziehung» in den Körper hineingezogen werde, dann bedeutet das, daß die Essener an die Bindung der Seele an ein ganz bestimmtes menschliches Individuum glaubten. Es ist also kein «Zufall», daß jemand in einen bestimmten Körper hineingeboren wird. Eine «natürliche Anziehung», eine Affinität ist vorhanden, die für die «Wahl» ausschlaggebend ist.

Da wir heute aber mit absoluter Sicherheit wissen, daß ein Ungeborenes schon zahlreiche Eindrücke aus dem Gemüt der werdenden Mutter aufnimmt, daß also bereits eine Seele innewohnt, muß ihr «Anketten» an den werdenden Körper in einem sehr frühen Stadium erfolgen. Vielleicht ist es auch ein stufenweise intensiver werdender Prozeß.

Sind wir aber erst einmal so weit, mit den Essenern daran zu glauben, daß die Seele sich ein ganz bestimmtes Elternpaar (d. h. Lebensmilieu) «aussucht» und dabei unbewußt auch die Zeit der Geburt vorausweiß, dann kommen wir von selbst darauf, daß dieser Wahl ein bestimmter *Sinn* innewohnt, daß geheimnisvolle Kräfte am Werk sind, die die Seele in ein bestimmtes Lebensschicksal hineinsteuern, weil gerade *dieses* Schicksal förderlich ist für seine weitere Entwicklung. Das aber entspricht einer anderen Geheimlehre, der indischen Lehre vom *Karma*, ziemlich genau! Wir werden uns noch später damit befassen. Essenertum und Karmalehre brauchen übrigens nicht identisch zu sein; es genügt, daß wir die Kontaktfläche zwischen ihnen erkennen. Flavius nennt das Gemeinsame dieser Lehre eine

«unentrinnbare Verlockung für alle, die mit dieser Philosophie jemals in Berührung gekommen sind».

90

Sie gibt Antwort auf die Frage nach dem «Sinn des Lebens».

Es ist ganz sicher mehr als nur romantisches Wunschdenken, wenn vermutet wird, Jesus habe einen Teil der 17 Jahre zwischen seinem 13. und seinem 30. Lebensjahr – die siebzehn Jahre, über die die Evangelisten überhaupt nichts wissen – bei den Essenern verbracht. Es ist fast unvorstellbar, daß er nicht Kontakt mit dieser geistigen Elite hatte, nicht mit ihnen diskutierte. Auch wenn man die bekannte Tieftrance-Aussage des Amerikaners Edgar Cayce, Jesus sei in einem Essenertempel auf dem Berge Carmel (d. h. nicht in Qumran!) unterwiesen worden, nicht übernehmen will.

Jesus muß kein Ordensbruder gewesen sein. Er lernte, wurde von den Eingeweihten der Sekte sehr wahrscheinlich als der erkannt, der er war, und ging zuletzt seinen eigenen Weg. Die Tatsache, daß er die Sekte niemals erwähnt, wenn er zugleich alle anderen religiösen Gruppen seiner Zeit schonungslos zur Rechenschaft zieht, weist darauf hin, daß er sich den Essenern eng verbunden fühlte.

Beim «Durchforsten» der Evangelien nach Andeutungen in dieser Richtung stieß man unvermeidlich auch auf jene Stelle (Joh. 1;39), an der der spätere Jünger Andreas Jesus zum ersten Male begegnet und, beeindruckt von ihm, zu wissen begehrt, wo seine «Herberge» sei. Augenscheinlich ging Andreas davon aus, daß Jesus eine feste Lehrstätte (die Inder würden sagen, einen «Ashram») besaß, in der er ausgewählte Schüler beherbergte und unterwies. Die Essener, von denen es ja im ganzen Lande Laienbrüder gab, verfügten über viele solcher «Herbergen»; so ist auch vermutet worden, daß Jesus und seine Jünger, die auf ihren Wanderungen an jedem Abend ein Dach über ihrem Kopf wußten, bei den Familien von Laienbrüdern Dauer-Gastfreundschaft genossen.

Könnte es sein, daß es noch unentdeckte Essenerschriften gibt? Gewiß. Ein Außenseiter der Wissenschaft, der gebürtige Rumäne Dr. Edmund Szekely (gest. 1979) behauptete, solche Schriften in einem geheimen unterirdischen Raum des Vatikan-Archivs gefunden zu haben.

Szekely, Sohn einer Großgrundbesitzersfamilie, ging 1923 als blutjunger Student der Altphilologie nach Rom. In der Tasche trug er ein Empfehlungsschreiben an den damaligen Leiter der Vatikan-Archive, Msgr. Mercati. Unter den Fittichen dieses Gönners wurden dem jungen Mann, dessen eigener Schilderung wir hier folgen, offenbar Privilegien wie keinem anderen vor oder nach ihm zuteil.

Szekely behauptet: «Mercati gab mir den Schlüssel zu einem stets verschlossen gehaltenen Raum in den unterirdischen Gewölben des Vatikanarchivs. Ich kam mir vor wie ein Entdekker, der zum ersten Male eine Pharaonen-Grabkammer betritt: Dort lagern Stapel verstaubter Rollen von uralten Handschriften, darunter mehrere aramäische Essener-Dokumente, aber auch unveröffentlichte Evangelien des Barnabas, Jacob, Peter, Thomas und anderes mehr. Dazu Übersetzungen eines Essener-‹Friedensevangeliums› ins Lateinische von der Hand des Hl. Hieronymus (347–419), des Übersetzers der ‹Vulgata›.»

Szekely posaunte diese Entdeckung nicht in die Welt hinaus, denn er dankte sie ja dem ihm persönlich geschenkten Vertrauen des alten Monsignore. Er ging vielmehr nach Monte Cassino, um in der Bibliothek des dortigen Benediktinerklosters unterstützende Beweise zu suchen und zu finden. Weiteres Material will er in frühkirchlichen Handschriften der Wiener Hofbibliothek gefunden haben.

Jahre vergingen. Szekely studierte und promovierte als Philologe an der Pariser Sorbonne, gründete zusammen mit Romain Rolland die «Internationale Biogenetische Gesellschaft» und brachte zu Papier, was er gelesen hatte. Im Laufe der Jahre entstand ein rundes Dutzend Bücher mit angeblich authentischem Essener-Material, darunter drei Folgen des «Friedens-Evangeliums», das in 17 Sprachen übersetzt wurde. Insgesamt zählt Szekelys Œuvre 80 Veröffentlichungen. Jesus von Nazareth wird in ihnen unzweideutig als ein essenischer Eingeweihter und Heilkundiger vorgestellt.

Kühn behauptet Szekely, daß in den Geheimarchiven des Vatikans noch mehrere andere aramäische Evangelien lägen; eines von der Hand des Barnabas. Schade nur, daß er den Wahrheitsbeweis nie erbringen konnte. Der Vatikan leugnet jede Kenntnis solcher «geheimer» Handschriften in seinen Archiven, deren Existenz ja eine Weltsensation wäre. Andererseits ist das vatikanische Archiv nicht gerade als besonders mitteilungsfreudig bekannt. Szekelys Anhänger können sich darum zu der Annahme berechtigt fühlen, daß die Kurie eine Veröffentlichung einfach nicht *wünscht*. Es wirkt freilich etwas fatal, daß auch die angeblich von der Österreichischen Nationalbibliothek, der Nachfolgerin der Wiener Hofbibliothek, verwahrten Dokumente nicht produziert werden können. Altslawische Handschriften von der Art, wie Szekely sie nennt, sind dort nicht bekannt. Selbst Szekelys engste Freunde können die vielen Widersprüchlichkeiten nicht erklären.

So muß das Urteil offenbleiben. Vielleicht sollten wir es mit Sir George Tevelyan, dem Grandseigneur der neugeistigen Bewegung in Großbritannien, halten, wenn er den unbestreitbaren spirituellen Charakter des «Essener-Evangeliums» höher stellt als die Frage seiner Historizität. Sir George glaubt, Szekely habe eine besondere Geistesverwandtschaft zu den Essenern und habe seine Schriften durch Inspiration empfangen. Ein dokumentarischer Beweis wäre sicherlich besser.

KAPITEL 13

Die Mysterien des Jesus Christus

«Die Jünger traten zu ihm und sprachen: ‹Warum redest du zu
ihnen durch Gleichnisse?› Er antwortete und sprach: ‹Euch ist's
gegeben, daß ihr das Mysterion des Himmelreiches versteht; diesen aber ist's nicht gegeben ... Darum rede ich zu ihnen durch
Gleichnisse. Denn mit sehenden Augen sehen sie nicht und mit
hörenden Ohren hören sie nicht, denn sie verstehen es nicht.›»

Diese Stelle aus dem Matthäus-Evangelium (13, 10–13), ebenso
wie die fast gleiche bei Markus (4, 11), läßt nicht den geringsten
Zweifel daran, daß Jesus dem Volke seiner Zeit nur das sagte,
was es verstehen konnte. Er verkündete keine subtilen spirituellen Dinge vor profanen Ohren, sondern kleidete sie in für
jedermann begreifliche Gleichnisse. Nur hier und dort sehen
wir die geistigen Geheimnisse aufblitzen.

Seine Jünger dagegen weiht Jesus in «das Gesetz» ein. Auch
diese geheimen Auslegungen werden im Neuen Testament nur
angedeutet, etwa bei Markus 4, 33 und 34:

«Und ohne Gleichnisse redete er nicht zu ihnen, aber *wenn sie
allein waren, legte er seinen Jüngern alles aus.*»

Der Evangelist hätte diese Feststellung nicht zu machen brauchen, wenn sein eigener Bericht das Geheimgebliebene nun
aussprechen durfte. Stattdessen scheint sich Markus indirekt
dafür zu entschuldigen, daß die überlieferten Quellen, aus
denen er sein Evangelium zusammenstellte, eben nur Andeutungen der Geheimnisse enthielten. Paulus, der im Gegensatz zu
den Evangelienschreibern ein Eingeweihter war, spielt manchmal auf dieses verborgene Wissen an. Etwa wenn er sagt:

«Ich habe euch mit Milch gespeist und nicht mit Fleisch, denn bisher wart ihr nicht fähig, es zu tragen, noch seid ihr es heute» (1. Kor. 3; 1–2) ... «Wir lehren allerdings Weisheit, unter den Gereiften ...» (1. Kor. 2; 6 ff.).

Die Gnostiker behaupteten, *sie* seien im Besitz der esoterischen Lehren des Heilands. *Basilides*, der um 125 n. Chr. in Alexandrien lehrte und um den sich wiederum die Gründer anderer gnostischer Schriften gruppierten, führte sein Wissen – durch Vermittlung des *Glaucus* – auf die Apostel Matthäus und Petrus zurück. Wenn wir Eusebius glauben dürfen, legte Basilides sein Wissen in 24 Bänden «Interpretation der Evangelien» nieder. Sie wurden allesamt auf Geheiß der Kirche verbrannt.

Einige gnostische Dokumente, unter ihnen die schon im vorigen Jahrhundert gefundene *Pistis Sophia*, sprechen von einer sehr langen «Unterrichtszeit» *nach* dem Tode am Kreuz. Während eines Zeitraumes von nicht weniger als elf Jahren, so die Pistis, kehrte Christus immer wieder zurück, um seine Jünger in den Geheimnissen des Königreiches zu unterweisen.

Äußerungen Christi (etwa zu dem gelehrten Pharisäer Nikodemus: «Bist Du ein Lehrer in Israel und weißt das nicht? ... Glaubt ihr nicht, wenn ich euch von irdischen Dingen sage, wie werdet ihr glauben, wenn ich euch von himmlischen Dingen sage?») machen deutlich, daß er selbst bei aufgeschlossenen gebildeten Menschen auf Unverstand stieß. So wäre die Notwendigkeit einer ausgedehnten geistigen «Lehrzeit» für die Jünger, wie die Pistis sie annimmt, schon einzusehen.

Bleiben wir noch einen Augenblick bei diesem gnostischen Evangelium, das gleich im ersten Kapitel feststellt:

«Jesus hat seine Jünger die ganze Ausdehnung der Ausstrahlungen der Schatzkammer (d. h. der göttlichen Ordnung) nicht gelehrt; auch nicht, wie sie entstanden und geordnet sind.»

Es enthält nämlich eine sehr interessante Stelle, aus der zumindest eines der verborgenen Mysterien hervorschaut. Der Jünger Johannes fragt Jesus, was mit einer Seele geschehe, die aus dem Jenseits zur Erde zurückkehre. Jesus antwortet:

«Sie trinkt einen Becher mit dem Wasser des Vergessens ...»

Kein Vorwurf also, keine Zurückweisung der Frage des Jüngers. Im Gegenteil, diese wird von Jesus durch seine ernste Antwort legitimiert. Man kann daraus nur schließen, daß der Glaube an eine «Rückkehr zur Erde», d. h. an die Reinkarnation (Wiedergeburt in einem anderen irdischen Körper), unter den Jüngern verbreitet war. Viel mehr als das, er war *allgemein* verbreitet unter den Eingeweihten aller Weisheitsschulen der Antike, mit Ausnahme der des Horus.

Die vier Evangelisten fanden darüber nichts in ihren «Redequellen»; die Gnostiker dagegen scheinen davon gewußt und oft darüber gesprochen zu haben. In Alexandria war man ganz zweifellos auch mit dem indischen Begriff des *Karma* bekannt: die Seele nimmt beim Tode des Körpers die Summe ihrer Erdentaten mit und muß das Ungelernte oder Unbewältigte im Schmelztiegel eines neuen Lebens auszulöschen oder zu überwinden suchen. Beim Einstieg in dieses neue Leben trinkt sie den «Becher des Vergessens». Was wäre denn zu vergessen, wenn es nicht vorangegangenes Leben gegeben hätte?

Die gnostische *Pistis Sophia* läßt Jesus übrigens erklären, er selber habe Elias hinuntergeschickt in den Körper Johannes des Täufers. Was die Identität des Täufers mit dem Geiste des großen Propheten Elias betrifft, sind sogar die kanonischen Evangelien so voll von Hinweisen darauf, daß man sich wundern muß, mit welcher Leichtigkeit ganze Generationen von Theologen über diesen klaren Hinweis auf den Glauben an eine Wiederverkörperung hinweggeschlittert sind.

Da sagt Jesus in Matthäus 11; 14–15:

«Und wenn ihr es annehmen wollt, er ist der Elias, der da kommen sollte. Wer Ohren hat zu hören, der höre.»

Und an anderer Stelle, nach der Verklärung, nochmals,

«... ich sage euch aber, daß Elias schon gekommen ist, und sie haben ihn nicht erkannt, sondern mit ihm getan, was sie wollten.»
(Matthäus 17, 12)

«Wer Ohren hat, zu hören», das bedeutet: Merket auf, hier habe ich soeben auf etwas verwiesen, das den Denkträgen nicht deutlich werden wird. Erst wenn ihr über meine Worte nachdenkt, wird euch ein Licht aufgehen.

Die Ausdrucksweise «Dies *ist* Elias ...» läßt übrigens auch kaum die Deutung zu, Johannes sei nur sozusagen vom Geist des altjüdischen Propheten überschattet worden. Hier gibt es kein Ausweichen.

Eine andere einschlägige Bibelstelle ist diese:

> «Wer sündigte, dieser Mann oder seine Eltern, daß er blind geboren wurde?» (Joh. 9; 2,3)

Wie kann ein Mann sündigen, *so daß* er blind geboren wurde? Die Formulierung der Frage durch die Jünger läßt klar erkennen, daß sie zwei Möglichkeiten als denkbar sahen: eine erbliche Krankheit oder die Folge von Sünde, die *vor* der Geburt, d. h. in einem früheren Leben begangen wurde.

Hat Jesus die Jünger nach ihrer Frage über den Blinden getadelt und ermahnt, keinem Aberglauben anzuhängen? Durchaus nicht, er nahm die Frage als ganz legitim hin, auch wenn er anders antwortete:

> «Es hat weder dieser gesündigt noch seine Eltern, sondern es sollen die Werke Gottes offenbar werden an ihm.»

Das letztere kann als Vorbereitung auf die dann vollzogene Heilung – mit Speichel – betrachtet werden, doch ist auch eine ganz andere und viel tiefere Deutung möglich. Die Seele dieses Mannes hatte sich die Blindheit bewußt erwählt, um in diesem Erdenleben eine bestimmte Lektion zu lernen, eine Erfahrung zu machen, die für ihren Reifungsprozeß nötig war.

Dies würde der Karmalehre östlicher Religionen entsprechen, die im Westen auch heute noch mißverstanden wird. Karma ist nicht etwa Strafe für die Sünden vergangener Leben, sondern die Summe des Lernprogramms, das unsere Seele bis zum Reifezeugnis noch zu bewältigen hat – und nach buddhistischer Auffassung auch nicht in *einem* Leben bewältigen kann.

Diese Auffassung kann für die Jünger Allgemeingut gewesen sein; ihre Frage über den Blinden wäre dann etwas ganz Natürliches. Vermutlich war sie es auch für Jesus, denn er war ja weder über die Frage erstaunt, noch wies er sie als töricht zurück.

Dies muß nun aber keineswegs bedeuten, daß Jesus Karma und Wiedergeburt für unausweichlich hielt. Dann hätte er die beiden Begriffe gelehrt oder zumindest in seine Gleichnisse eingeflochten. Es ist seltsam und auffallend, daß es so gut wie keine textwissenschaftlichen Untersuchungen über diesen Punkt gibt. Fast alle christlichen Theologen weichen der Wiedergeburtsfrage einfach aus, weil sie glauben, das Konzil von Konstantinopel im Jahre 553 habe den Glauben an die Reinkarnation in Acht und Bann getan. Der «Bann» wurde jedoch offenbar von Kaiser Justinian manipuliert und hat keine ökumenische Gültigkeit.*

Mangels besserer Beweise müssen wir davon ausgehen, daß Jesus die Reinkarnationslehre, an die viele Millionen Asiaten glaubten, wie er zweifellos wußte, weder verkündete noch verdammte.

Welche Gründe hatte er dafür? Einmal liegt es auf der Hand, daß so tiefgreifende Dinge wie das Karmagesetz nicht auf dem Dorfplatz verkündet werden konnten. Aber das fast völlige Schweigen Christi in einer so fundamentalen Frage muß noch andere Gründe gehabt haben. Wollte er vermeiden, daß die Menschen auf vermutete frühere Leben zurückblickten? Hielt er

---

* Die von Papst Vigilius (537–555) unterzeichneten Schlußdokumente des Konzils erwähnen die Anathemata gegen Origines mit ihrer Verdammung der «Vorexistenz» der Seele mit keinem Wort. Dies wäre undenkbar, wenn das Konzil diese Frage behandelt hätte. Man vermutet deshalb, daß der machtbewußte Justinian während der Konzilszeit eine Bischofsversammlung in der Stadt einberufen ließ (die meisten Konzilbischöfe waren von seiner Protektion abhängig), bei der er die Anti-Origines-Fehde seiner verstorbenen Gattin Theodora gewissermaßen abschloß. Die starken Gegensätze zwischen Justinian und Vigilius, der dem eigenwilligen Kaiser «nicht willfährig genug war» (Brockhaus), sind geschichtlich nachgewiesen.
Das völlige Fehlen in den offiziellen Konzils-Dokumenten beweist auf jeden Fall, daß die vermeintliche Ächtung der Wiedergeburtslehre keine ökumenische Gültigkeit besitzt.

es für unnötig, vielleicht gar für gefährlich, daß die Menschen nach rückwärts schauten und sich gedanklich an den Begriff des «Wiedergeburts-Rades» banden, statt seiner Liebes- und Erlösungsbotschaft zu folgen? Wollte er verhindern, daß seine Anhänger in ihrem Denken mit etwas belastet wurden, das sie, psychologisch ausgedrückt, nicht tragen oder verarbeiten konnten? Er aber wollte sie von dieser Gebundenheit ja gerade erlösen, wollte ihnen einen Weg weisen, der sie direkt in die Freiheit des «Königreichs Gottes» führte.

Weil das ganze Thema tabu für sie war, haben christliche Theologen auch diesen Punkt gar nicht oder nur ungenügend in Betracht gezogen.

Christus, mit anderen Worten, predigte den *direkten Weg*, so wie es vor ihm nur die Priester des Horuskults getan hatten. Er tat das, ohne die Reinkarnation zu erwähnen, indem er den Menschen immer wieder sagte, daß sie nicht in den Himmel kommen könnten, ohne vorher «neu geboren», ein neuer Mensch geworden zu sein, der sein Tun wie sein Denken umgestellt hat. Gelang das, dann verlor das Karmagesetz seine Kraft über eine Seele, gelang es nicht, mußte «das Gesetz» bis auf das letzte Jota erfüllt werden.

Dies ist nicht der Ort, eine theologische Diskussion über den Gnadenbegriff zu beginnen. Sicher reicht Gott dem Sünder in Gnade die Hand, wenn dieser aus eigenem Willen neun Zehntel des Weges selber gegangen ist. Das «Gesetz» würde damit bereits relativiert. Ebensowenig soll hier diskutiert oder bestritten werden, daß es noch andere Formen der Reinigung und Fortentwicklung für eine Seele geben kann.

Aber jetzt stehen wir schon unmittelbar vor dem ersten «Geheimnis» der Lehre Christi. Es lautet: Es gibt zwar ein Karmagesetz, aber ihr könnt es überwinden durch Ausschalten des Egos in Tun und Denken. Der Sprung über die große Hürde des eigenen Egos, gleichbedeutend mit der bewußten Wahl des Weges zu Christus, muß aus freiem Entschluß erfolgen, ohne Gottes Dazwischentreten. Daß «freier Wille» den Verzicht Gottes voraussetzt, in ihn einzugreifen, hat die Menschheit am wenigsten begriffen. Der Ausruf «Wie kann Gott das zulassen ...» beweist dieses Begriffs-Unvermögen.

Nach außen hin konnte Jesus dieses Ego-Überwinden in Gebote der Nächstenliebe und des Schuldvergebens kleiden. Nur die Eingeweihten bekamen die inneren Zusammenhänge enthüllt.

Annie Besant hat daran erinnert, daß nicht die Auferstehung das Mysterium gewesen sein kann, schon gar nicht das Auferstehen am «Jüngsten Tage». Dieses warte ja nach christlicher Lehre auf uns alle, man brauchte also, um es zu erlangen, kein Eingeweihter gewesen zu sein.

Den Einzuweihenden mußte Jesus mehr sagen als nur das, nämlich: Wenn Du das Liebesgebot erfüllst und Gottes Werke tust, wirst Du vom Kreislauf der Wiedergeburten befreit und bist nicht mehr den Schöpfungsgesetzen untertan. Nichts weniger als das! Auch nur so wird wirklich verständlich, wenn es heißt, daß über die Seinen «der Tod keine Macht mehr hat». Denn sterben müssen ja alle Menschen. Das Wort «Tod» muß also als etwas anderes verstanden werden, nämlich als das Gebundensein an die irdischen Schöpfungsgesetze.

Damit sind wir beinahe auch schon bei der zweiten Stufe der christlichen Einweihung. Der Eingeweihte darf Christus nicht mehr als etwas außerhalb von sich sehen. Er muß Christus «in sich tragen». Wenn dies keine fromme Phrase sein soll, verlangt es die völlige Umstellung seines Denkens. Zu jeder Minute seines Lebens muß er den Christus sein Bewußtsein ausfüllen lassen, mit ihm eins sein. Etwas davon ist im Sakrament der Eucharistie bis heute erhalten geblieben.

Die Umstellung des Denkens kann auf zweierlei Wegen erfolgen: einmal durch Lebenserfahrung und erlittenes Leid – dann ist es meist ein allmählicher Prozeß. Der zweite Weg ist schneller und radikaler: Der Mensch lebt in unmittelbarer Nähe eines Gottesmenschen, oder er hat ein «Schlüsselerlebnis», das ihn zutiefst aufrüttelt und gewissermaßen alle Zeichen in ihm umstellt. Die Mysterienweihe kann ein solches Erlebnis sein.

Erschüttern und verwandeln kann auch ein übersinnliches Erlebnis wie jenes, das auf dem Wege nach Damaskus den Saulus zum Paulus machte: Ein Licht kam vom Himmel, umleuchtete ihn, und eine Stimme sprach: Saul, Saul, warum verfolgst du mich?

Die Apostelgeschichte (9; 8 und 9) berichtet, daß der erblindete Saulus nach Damaskus geleitet wurde und dort «drei Tage nicht aß und trank»; in diesen drei Tagen erhielt er auf charismatischen, d.h. übernatürlichen Wegen, sein Einweihungswissen. Daß Paulus ausgesprochen «paranormal begabt» war, wie wir heute sagen würden, sehen wir deutlich auch an Apostelgeschichte 18, 9; dort wird geschildert, wie «der Herr durch ein Gesicht in der Nacht» zu Paulus sprach.

Daß Paulus dem Übersinnlichen gegenüber sehr aufgeschlossen war und nur die Gemeinden warnte, diese Gabe nicht falsch zu gebrauchen, geht aus dem 1. Korintherbrief unmißverständlich hervor. Man sieht, Paulus konnte es sich erlauben, in der Zulassung des Zungenredens und Weissagens ziemlich weit zu gehen. Daß er dennoch gewisse innere Geheimnisse für sich behielt und auch von niemandem gedrängt wurde, sie anderen preiszugeben als den dazu erwählten, ist aus dem damaligen Zeitgeist heraus vollkommen erklärbar. Die Menschen waren mit Mysterienbünden aller Art vertraut; auch der neuen Religion gegenüber galt es als selbstverständlich, daß diese gewisse Geheimnisse besaß, die nur im inneren Kreise weitergegeben wurden.

Das dritte und letzte Mysterium Christi war die Wirkung, die von der Verknüpfung der ersten beiden ausging. Nur wer die Lichter in sich, sein Denken eingeschlossen, radikal umgestellt und damit die «Nachfolge» angetreten hatte, war vom Rad des Karma befreit. Nur ihm konnte der Tod nichts mehr anhaben. Mit seinem Tode am Kreuz und der Auferstehung seines Geistleibes hat Jesus von Nazareth diese Lehre bewiesen.

Starb Jesus am Kreuz, wie immer noch zu hören ist, «für die Sünden der Menschheit»? Setzt das nicht einen zornigen, rächenden alttestamentarischen Gott voraus, der durch ein Opfer besänftigt werden muß?

Oder ging er bewußt in den Opfertod, wie Emmanuel Swedenborg (1688–1722) verkündete, um den von negativen Kräften bedrohten direkten Zugang der Menschen zu Gott wieder «freizusprengen»?

Diesen Zugang hatte er ja verkündet. Für ihn zu sterben und durch die Auferstehung zugleich den Triumph des Geistesleibes zu demonstrieren, wäre ein «Opfer» gewesen, das im Einklang mit der zentralen Motivation seines Lebens und seiner Lehre gewesen wäre.

Was uns leider fehlt, ist ein handfester Beweis, daß Jesus Geheimes lehrte. Ein einziger Handschriftenfund dieser Art wäre eine unvorstellbare Sensation. Aber weil dem so ist, müssen wir gegenüber allen nicht voll dokumentierten Funden doppelt skeptisch sein. Das gilt auch für die vermeintliche Entdeckung des englischen Gelehrten Morton Smith.

Im Jahre 1948 trieb Smith Studien in der Bibliothek des griechisch-orthodoxen Klosters *Mar Saba*. Beim Durchblättern eines alten Kodex fand er, daß dessen Einband aus zusammengeklebten Papyri bestand. Es war im Altertum durchaus üblich, aus «Altpapier», alten Briefen beispielsweise, steife Einbanddeckel herzustellen, die dann in Leder eingenäht wurden. Auch die Einbände der Nag Hammadi-Bände waren ja so entstanden.

Einer Eingebung folgend, löste Smith die verklebten Blätter sorgfältig ab und prüfte sie. Eines davon *war* eine Sensation: ein Brief des Clemens von Alexandrien an seinen Schüler Theodore. Clemens berichtet darin von einem geheimen Evangelium des Markus, das dieser als Begleiter des Apostels Petrus in Rom niederschrieb, nach Petrus' Märtyrertod mit nach Alexandrien nahm und dort um Dinge erweiterte, die er in der für die Allgemeinheit bestimmten «römischen Fassung» nicht hatte sagen können. Bei der Erweiterung benutzte er neben eigenen auch noch Notizen von Petrus' eigener Hand.

Wörtlich heißt es im Clemensbrief:

«So stellte er (d. h. Markus) ein spirituelles Evangelium zusammen für jene, die der Vollendung zustrebten. Er gab nicht jene Dinge preis, die nicht zur Äußerung bestimmt waren, noch die hierophantischen Lehren des Herrn. Aber dem bereits Geschriebenen fügte er anderes hinzu und brachte Aussprüche hinein, von denen er als Mystagoge wußte, daß sie die Zuhörer in das innerste Heiligtum des von sieben Schleiern Verborgenen führen würde.»

Markus, so berichtet Clemens, habe die Niederschrift für die alexandrinische Kirche zurückgelassen, «wo es nur denen vorgelesen wird, die in die großen Mysterien eingeweiht waren.»

Der Clemens-Brief mag um 170 n. Chr. geschrieben sein, ein unwahrscheinlich frühes Datum, wollten wir eine Fälschung vermuten. Damals gab es in Alexandrien noch nicht jene wichtigtuerischen, ins Abartige treibenden Sekten, die sich später wie Sumpfblüten über die Stadt ausbreiteten und zu einer Fälschung imstande gewesen sein mögen.

Der Schreiber des Clemensbriefes wußte offenbar auch, daß Jesus den Rang eines Hierophanten (ägyptischen Mysterienpriesters) besaß, sonst hätte er sich nicht so ausgedrückt.

Morton Smith verbrachte zwei volle Jahre mit der überaus mühsamen Analyse seines Fundes. Für ihn *gab* es etwas zu analysieren, denn anders als Szekely, der seine Essener-Schriftrollen angeblich nur im Halbdunkel eines Vatikangewölbes sah und auswendig lernen mußte (er durfte keine Notizen machen), hatte Smith seine Beute fotografiert!

Die Analyse zeigte ihm, daß der Stil des Briefes, die Wahl der Vokabeln und der Satzrhythmus sowie die Grammatik genau mit den bekannten Schriften des historischen Clemens, des Leiters der berühmten alexandrinischen Katechetenschule, übereinstimmte. Rund ein Dutzend andere, von Smith befragte Gelehrte stimmten dieser Meinung zu, und schließlich nahm die *Harvard University Press* seinen Bericht zur Veröffentlichung an.

Natürlich läßt sich eine Fälschung nicht mit letzter Sicherheit ausschließen. Doch das Fälscher-Motiv fehlt. Clemens wollte mit seinem Brief vor allem den Verfälschungen der *Karpokraten* entgegentreten, einer ausschweifenden Sekte, die dem Ruf der alexandrischen Gnostiker viel Schaden zufügte. Zweitens war der Empfänger, Theodore, ein völlig Unbekannter.

«Who would have forged a letter to a nobody?», fragt Smith (Wer hätte einen Brief an einen Niemand gefälscht?). Es hätte sich nicht gelohnt.

KAPITEL 14

Tanz der Apostel

Wäre die Johannes-Akte (im Unterschied zum Evangelium nach Johannes) nicht vom zweiten Konzil von Nicäa 787 A.D. praktisch mit dem Bannfluch belegt worden, uns wäre als Teil der Bibel wenigstens noch ein Anhaltspunkt dafür erhalten geblieben, daß Tanz und Gebet im frühen Christentum zusammengehörten.

Die *Akte* enthält nämlich den Text eines Reigens oder Rundtanzes, den die Jünger um den in der Mitte stehenden Jesus aufführten. Sie beweist, daß man im frühen Christentum die rhythmisch-harmonische Bewegung des Körpers noch als eine «ganz-machende», heilende Ausdrucksform der Körper-Seele-Einheit sah, ganz ähnlich wie vorher und nachher beim *Dromenon* in den griechischen Tempeln.

Der Schweizer Gelehrte Max Pulver beschreibt diesen sakralen Rundtanz wie folgt:

> «Christus steht in der Mitte, und die Apostel, von denen wohl bewußt zwölf ausgewählt waren, schreiten um ihn im Kreise herum. Dieser seltsame *chorea mystica*, dieser ekstatische Kulttanz, bei dem die Apostel mit dem hebräischen *Amen* («so sei es») antworten, ist so alt wie das Mysterium des Tanzes selbst.
>
> ... Verzückt durch Hymne und Tanz, kreisen die Mysten durch die Tore der Einweihung. Solche Rituale waren während des ganzen Altertums gebräuchlich, und sie tauchten auch später unter Christen außerhalb der orthodoxen Kirche auf.»

In der Johannesakte werden die alten Mysterien des Hermes in einem christlichen Gewand präsentiert. Natürlich ist es gut möglich, daß der Reigen der Person Christi nur später zugeschrieben wurde. Sollte er sich aber im Kreise der Jünger tatsächlich so zugetragen haben, so würde das höchst interessante Schlußfolgerungen erlauben. Jesus hätte von einer Urform des Bewegungs-Ausdrucks Gebrauch gemacht, in der sich der Mensch im wortwörtlichsten Sinne «mit Leib und Seele» hingibt und so die Loslösung von seinem Ego erlangt. Bis zum Mittelalter erhielten sich hier und dort einige Formen des Tanzes, so zum Beispiel der «Labyrinth-Tanz» von Pilgern, die ihr Ziel erreicht hatten. Doch auch das erlosch.

Wie hätten sich die Dinge entwickelt, hätte die Kirche sich nicht von diesen Kultformen getrennt, hätte man ihren seelentherapeutischen Wert erkannt? Um es provozierend auszudrücken: Gäbe es heute dieselbe Zahl Psychiatriepatienten, Alkoholiker und Drogensüchtige in unserer Gesellschaft, wenn die von Konflikten bedrängten Menschen im therapeutischen Tanz die Ausdrucksformen, Zuwendung und menschliche Wärme finden könnten, die ihnen die medizinische Behandlung in den meisten Fällen nicht geben kann?

Auf anderen Gebieten hat die Kirche vorchristliche Arkandisziplinen viel leichter übernommen. Die Anwendung der Sakramente war, wie bei den Mysterien, geheim. Noch um das Jahr 400 bezeichnet der Kirchenlehrer Basilius den Vollzug der Taufe als geheim; dasselbe gilt für das Abendmahl. Der *Zweck* des Sakraments, «Entsühnung und Reinigung in diesem Leben, Seligkeit im nächsten» war bekannt, die *Form* war heilig und blieb vor der Außenwelt verborgen.

Kritiker des Christentums haben behauptet, es sei überhaupt ganz aus dem Mysterienwesen hervorgegangen. Ihr Argument lautet: Das Urchristentum ist weiter nichts als einer der zahlreichen Mysterienkulte gewesen, der, wie andere vor ihm, einen Gott verehrte, der starb, durch die Unterwelt ging und nach drei Tagen in auferstandener Herrlichkeit wiederkehrte. Und der seinen Eingeweihten die Unsterblichkeit versprach.

Diese Hypothese wird freilich von den Indizien widerlegt. Sie setzt nämlich voraus, daß die Apostel, an ihrer Spitze Paulus, maßlosen intellektuellen Betrug begingen, für den sie dann auch noch als Märtyrer starben.

Das Christentum hat als Offenbarungsreligion einen völlig

eigenen Kern. Aber es entstand und verbreitete sich natürlich nicht in völliger Isolierung von seiner Umwelt, in der Mysterienkulte überall anzutreffen waren. Besonders die starke Durchsetzungskraft der christlichen Sakramente hat sicher etwas damit zu tun, daß die Menschen jener Zeit für alles Kultische besonders aufnahmefähig waren.

So war es auch fast unvermeidlich, daß das Christentum sich hier und da Bilder und Begriffe aus der Mysterienwelt zu eigen machte. Ein Beispiel ist die Darstellung der Hölle als einen Ort, an dem Seelen im feurigen Schlamm und Schwefel gepeinigt werden – ein Bild, das höchstwahrscheinlich aus orphischen und anderen griechischen Kulten übernommen worden ist.

Kehren wir noch einmal zum Rundtanz zurück: seine Anfänge reichen ins alte Ägypten und Persien, seine therapeutische Wirkung paart sich mit einer tiefen Symbolik.

Der Überlieferung nach gab es am See Maôris in Ägypten schon um etwa 2 000 v. Chr. ein Labyrinth, bestehend aus sieben ineinander verschlungenen, von Mauern eingefaßten kreisförmigen Pfaden. Der Einzuweihende sollte beim Durchschreiten der sich windenden Gänge die verschlungenen Erdenwege seiner Seele nachleben, bis sie, am Ziel in der Mitte angelangt, rein genug war, vor Gott hinzutreten. Wir sehen hier das Prinzip des Tanzes mit der eindeutig religiösen Symbolik des Irrgartens vereint, in dessen Mitte der Myste oder Pilger den ersehnten göttlichen Schrein findet. Auch in den Tempeln Griechenlands bedeuteten die unterirdischen Gänge mit ihren Flüsterstimmen und Spiegelungen im Grunde genommen dasselbe wie der offene «Dromenon»-Tanz auf dem Tempel-Vorplatz. Das eine Mal wurde der Myste auf harte Weise mit dem Trauma seines Seelenwegs konfrontiert, das andere Mal war er Mitpatient in einer Art von Gruppentherapie. Von den Tempeln der Antike hat sich diese Tanzform bis in die Zeit der gotischen Kathedralen des Mittelalters erhalten. Das deutlichste Beispiel findet sich in der Kathedrale von Chartres. Der kreisförmige «Irrgarten» in der Mitte des Kirchenschiffs von Chartres ist zwar meist durch Stühle verdeckt, aber dennoch unschwer an den Bodenplatten erkennbar. Seine Ausmaße mit einem Durchmesser von 40 Fuß entsprechen denen des großen Rosettenfensters.

Abb. 17. Im Mittelschiff der Kathedrale von Chartres (geweiht 1260) befindet sich das größte noch erhaltene Kirchen-Labyrinth. Seine Form geht auf eine vorchristliche (ägyptische) Mysterienweihe zurück, bei der der Proband die in konzentrischen Kreisen verlaufenden Gänge durchqueren mußte, bis er die strahlend erleuchtete Mitte erreichte, um dort die Weihe (ähnlich der Taufe) zu empfangen. Das Chartres-Labyrinth zeigt, daß sich diese uralte Tradition noch bis ins 13. Jahrhundert erhalten hatte. Die auf dem Boden eingelegten Platten mit einem Durchmesser von zwölfeinhalb Metern (heute von Stühlen verdeckt) zeichnen eine ‹Pilgerweglänge› von 294 Meter vor.

Unsere Abbildung zeigt, daß es sich nicht um einen Irrgarten im normalen Sinne handelt. Der Eintretende wird nicht durch eine Vielzahl von möglichen (Irr)wegen verwirrt, er folgt vielmehr – wenn auch in vielen Windungen, in Viertel- und Halbkreisen – einem einzigen Weg. Erst nach 35 aufeinanderfolgenden Strecken und Kehren gelangt er ans ersehnte Ziel in der Mitte.

Warum die Erbauer der Kathedrale gerade dieses Muster angelegt haben und in welcher Weise es ursprünglich benutzt wurde, ist nicht mehr bekannt. Auch die studierten Fremdenführer von Chartres wissen nichts Konkretes über den Ursprung.

Die Symbolik des Irrgartens ist eine andere als die der ägyptischen Hermes-Mysterien. Die Windungen des Pfades sollen offenkundig den *Abstieg* der Seele durch die geistigen und astralen Sphären bis zum «Erdpunkt» der fleischlichen Inkarnation in den vier Elementen repräsentieren.

Der Pilger erlebt beim Durchwandern der Gänge also nicht die allmähliche Befreiung seiner Seele, sondern − im Gegenteil − ihre «Einkerkerung». Dabei sind die einzelnen Kreis-Segmente den Sphären der Planeten zuzuordnen, deren Einflüsse die zur Geburt strebende Seele aufnimmt. Das Erreichen des Mittelpunkts ist gleichbedeutend mit der irdischen Geburt. Jetzt beginnt, vom Punkt Null an, der Rückweg. Die Seele muß auf ihrem Lebensweg nun wiederum die astralen Sphären (für die sie mehr oder minder empfänglich ist) passieren und überwinden.

Man kann es auch so auslegen, daß die Seele diesen «Rückweg» erst nach dem Tode antritt. Ist sie gereift genug, können die Planeteneinflüsse ihr nichts mehr anhaben, und sie kann frei passieren. Im Sinne der Reinkarnationslehre könnte man hinzufügen: Ist sie es nicht, bleiben Unvollkommenheiten auf dem Seelenkleid zurück, die bei einer nächsten Inkarnation neue, wenn auch vielleicht anders geartete, planetarische Einflüsse an sich ziehen.

Die Seele *wünscht* sich, frei geworden zu sein. Auch dieser Wunsch mag im Tanz der Pilger Ausdruck gefunden haben.

KAPITEL 15

Kam Jesus bis Tibet?

Helena Petrowna Blavatsky (1831–1891), von Freund und Feind meist *Madame Blavatski*, vom inneren Kreis ihrer Anhänger kurz HPB genannt, war die Gründerin der Theosophie. Die Tochter eines deutschen Adeligen und einer Dame der russischen Gesellschaft, ausgestattet mit einer faszinierenden, dominierenden Persönlichkeit, löste bei ihrer Mitwelt entweder begeisterte Zustimmung oder heftige Ablehnung aus. Die einen hielten sie für ein Genie, die anderen für eine Hochstaplerin.

Der Streit darüber, ob HPB bei der Demonstration okkulter Vorgänge – wie etwa dem mysteriösen Erscheinen schriftlicher Botschaften der «Meister» in einem geheimnisumwitterten hölzernen Schrein im theosophischen Hauptquartier in Adyar/Indien – mit «Bühnentricks» arbeitete, ist noch heute, hundert Jahre danach, nicht ganz verstummt. Ohne Zweifel war sie ein hochbegabtes Medium und keine gewöhnliche Schwindlerin.

Aber lassen wir den Streit um die Person der Okkultpäpstin des 19. Jahrhunderts einmal beiseite und beurteilen sie allein nach dem, was sie der Nachwelt hinterlassen hat, nach ihren beiden Hauptwerken «Die entschleierte Isis» (1877) und «Die Geheimlehre» (1888). Selbst heute sind diese Bücher noch immer lesenswert, schon deshalb, weil HPB als erste gegen die rein physische Konzeption der Evolutionslehre *Darwins* auftrat und dieser eine geistige Komponente entgegenstellte. Dazu gehörte damals, zudem noch für eine Frau und Nicht-Wissenschaftlerin, beträchtlicher Mut.

Theodore *Roszak* urteilt über diese Leistung:

> «In der westlichen Welt gab es damals nichts Vergleichbares. Im
> Gegensatz zu den christlichen Fundamentalisten ging es ihr nicht

darum, Darwins Werk zu bekämpfen. Nur war sie hartnäckig der Meinung, daß er ... das mentale, kreative und visionäre Leben des Menschen völlig außer Acht gelassen habe; kurz, es fehle das *Bewußtsein*, dessen evolutionäre Entwicklung völlig andere Wege gehe.»

In den Augen der Blavatsky war Darwins Theorie sozusagen «zu kurz geraten», um die menschliche Natur voll erfassen zu können.

Das von der materialistischen Schulwissenschaft faszinierte ausgehende 19. Jahrhundert nahm von diesen Erkenntnissen praktisch keine Notiz; vielleicht verdient HPB ihretwegen mehr Nachruhm als für die willkürliche Art, mit der sie in ihren Büchern die «Schulen verborgener Weisheit» beschrieb.

In diesen Büchern stützte sie sich auf viele unbeweisbare Behauptungen. So erklärte sie, um nochmals Roszak zu zitieren, «Geheimschulen in Tibet besucht und Zugang zu bisher unbekannten Archiven gehabt zu haben», die okkulte Brüderschaften in Felsenhöhlen und unterirdischen Städten angelegt hätten. Diese seien größer als die Bibliothek des Britischen Museums und speicherten das Wissen längst vergangener Zivilisationen ... «Die entschleierte Isis» und die «Geheimlehre» basieren angeblich auf solchen uralten Büchern. Den Stoff für das letztere will HPB aus einem *«Buch von Dyzan»* entnommen haben, dessen erloschene Sprache auch der Fachwelt nicht mehr bekannt sei.

Gegen diese Darstellung gibt es schwerwiegende Einwände. Der amerikanische Kabbalaexperte Gershom Scholem glaubt, die Quelle der *grande dame* des Okkultismus erkannt zu haben; er hält sie für die Bearbeitung einer Zoharischen Schrift, die HPB aus einer lateinischen kabbalistischen Quelle des 17. Jahrhunderts entnahm.

Und hier kommt ein sehr interessanter psychologischer Aspekt hinzu: Wenn Scholem recht hat, ist die Geheimniskrämerei der Blavatsky als *«window dressing»* bloßgelegt. Sie erfand eine «erloschene Sprache», aber sie tat es nicht, um ihre Leser zu betrügen! Sie glaubte an das, was sie aus dem Lateinischen abschrieb, und erfand das «Geheime Buch von Dyzan» ganz einfach dazu, um «eine Atmosphäre zu schaffen» *(Roszak)*. Was sie dann mit diesem Hilfsmittel, wie unzuverlässig es immer sei, tatsächlich *sagt*, braucht deshalb nicht falsch zu sein.

In ähnlicher Weise pflegten Weisheitsprediger im Osten paranormale Kräfte, sogenannte *Siddhis* zur Schau zu stellen, um durch diese «Wunder» die Aufmerksamkeit der Gleichgültigen zu wecken. War das erreicht, konnten sie beginnen, geistiges Gut zu vermitteln.

Ist es denkbar, daß auch Edmund Bordeaux Szekely sich mit der geheimnisvollen Schilderung verborgener oder vergessener aramäischer Handschriften in muffigen Gewölben ebenso eine «Atmosphäre» schuf? Wir werden die Antwort wahrscheinlich nie erfahren, aber anders als HPB hat Szekely jedenfalls Texte niedergeschrieben, die keiner anderen Quelle entnommen sein konnten. Beide Autoren haben sich aber offenbar zugleich auch von ihrer Inspiration lenken lassen.

Immer wieder hören wir von Texten und Überlieferungen, die sich auf in tibetischen Klöstern verborgene alte Manuskripte oder ähnliche nicht nachprüfbare geheime Quellen berufen. Mangels Dokumentation kann die Wissenschaft wenig oder nichts mit ihnen anfangen. Aber ebenso offenkundig ist, daß bestimmte Lehren und Weisheiten über die Jahrhunderte bewußt geheimgehalten worden sind. Auch weiß man, daß es in Hochtälern des Himalaya – es brauchen ja nicht unbedingt tibetische Klöster zu sein –, noch Tagesmärsche entfernt von den höchsten Dörfern *Ashrams*, kleine Gruppen von Meistern und Schülern gibt, die ihre Bücher und Schriften wie einen kostbaren Schatz hüten. Die in katholischen Kreisen hochgeachtete stigmatisierte Nonne Anna Katharina Emmerich sah in einer ihrer Visionen, wie «Bücher der Weisheit» aus dem Himmel an Eremiten im Himalaya heruntergereicht wurden.

Vielleicht wartet irgendwo in einer Felsenkammer, zwischen den Füßen der Sphinx oder unter dem Wüstensand vergraben, doch noch eine Bibliothek der Entdeckung, die uns das geheime Wissen aller Zeitalter enthüllt.

Das Dilemma ist: Wir können nicht sicher sein, ob nicht im Charakter dieses oder jenes Autoren ein Element des Baron von Münchhausen verborgen ist. Das gilt übrigens auch für das

Altertum. 1952 fand man in den Höhlen von Qumran drei Kupferrollen, auf denen die Bestandteile eines angeblich an 64 verschiedenen Stellen bei Jerusalem und im Gebiet von Hebron bis zum Berge Gerizim vergrabenen großen Schatzes aufgezählt sind. Obwohl die Orte sehr genau beschrieben sind und die Schätze (zusammen 138 Tonnen Edelmetall) so riesig, daß man sie kaum verfehlen könnte, ist bei Grabungen nirgendwo etwas gefunden worden.

Professor Gaster hält es für denkbar, daß ein zynischer Witzbold oder Trickster die Kupferrollen anfertigte, *damit* sie von den Essenern gefunden würden. Die weltfremd-naiven Asketen, so habe er überlegt, würden sofort an die Legenden vom vergrabenen Schatz des alten salomonischen Tempels denken und darauf hereinfallen. Und dann würden sie graben, graben und graben …

Die Kupferrollen wären danach ein *practical joke*, ein praktischer Scherz gewesen, dessen Urheber sich an der Vorstellung weideten, andere an der Nase herumzuführen, ähnlich wie sich 19 Jahrhunderte später jene geweidet haben mögen, die den berühmten *piltdown-Schädel* im Sand einer englischen Kiesgrube verscharrten und dann Zeuge werden durften, wie die Wissenschaft jahrzehntelang von einem wertvollen prähistorischen Fund sprach.

Möglich, daß Gaster recht hat. Aber auch das würde uns keineswegs berechtigen, die gesamte «Weisheitliteratur» in Bausch und Bogen zu verdammen. Jede Quelle muß auf ihren eigenen Wert geprüft werden. Und diese Arbeit müssen wir selber tun, weil uns die akademische Wissenschaft nicht dabei hilft. Besonders schwierig wird das bei einigen Evangelien, die weder der Bibel noch aus den Apokryphen oder den gnostischen Schriften bekannt sind, von denen also nur vermeintliche Abschriften vorliegen und keine originalen Papyri oder Codices.

Das vielleicht bemerkenswerteste ist das sogenannte «Evangelium des Vollkommenen Lebens», auch «Evangelium der Heiligen Zwölf» genannt. Es tauchte – niemand weiß mehr, woher – um das Jahr 1881 zum ersten Male in englischer Übersetzung auf. Im Vorwort der uns vorliegenden Erstausgabe wird die abenteuerliche Geschichte seiner Entdeckung beschrieben.

Ein Jesuit namens *Hippolyte Desideri* reiste in den Jahren 1715 und 1716 nach Tibet. (Es bestand offenbar unter Jesuiten ein starkes Interesse an Tibet; sehr frühe Ausgaben der *Encyclopaedia Britannica* berichten von Besuchen der Pater *Andrada, Grueber* und *D'Orville* schon ein Jahrhundert zuvor.) In einem Brief aus Lhasa vom 10. April 1716 berichtet Pater Desideri, er sei erstaunt über die vielen Übereinstimmungen tibetischer religiöser Auffassungen mit der christlichen Lehre; so sei ihnen der Begriff der Trinität durchaus nicht fremd. Grueber und anderen fällt auf, daß bei den religiösen Zeremonien Tibets Weihwasser benutzt wird, daß die Priester von Himmel und Hölle sprechen und sich ähnlich kleiden, wie man es aus alten Abbildungen der Apostel kenne. Viele Dinge des Rituals sind ganz ähnlich wie die der katholischen Kirche. Tibetische Mönche leben im Zölibat, üben das Fasten und Kasteien, kennen die Beichte, pflegen den Chorgesang, und auch der hierarchische Aufbau mit dem Großlama an der Spitze gleicht fast dem der römischen Kirche.

Die geistlichen Besucher Tibets sind von den Übereinstimmungen so beeindruckt, daß sie schließlich vermuten, Christentum und Lamaismus hätten dieselben Ursprünge. Und im Vorwort zum «Evangelium der Heiligen Zwölf» berichtet eine englische Dame, Miss *Violet Crispe*, über ein Gespräch mit einem tibetischen Mönch, der ihr versichert habe, in einem Kloster, der «Kleinen Potala» der Stadt Leh in der Provinz Ladakh (heute zu Kaschmir gehörend), würden zahlreiche alte Schriften über das Leben des *Issa* (Jesus) bewahrt.

Dies deckt sich verblüffend genau mit dem Bericht des russischen Forschers und Abenteurers Nikolaus Notowitsch, der 1887 im gleichen Kloster *Himis Goupa* zu Leh, nachdem er das Vertrauen des obersten Lama gewonnen hatte, in uralte Schriftrollen Einblick nehmen durfte, die mit großer Genauigkeit von Leben und Lehre des aus Israel nach Persien, Indien und Tibet gereisten Propheten *Issa* berichteten.

Der Originalbericht, angeblich in Lhasa aufbewahrt, wurde nach Angaben Notowitschs in der Palisprache abgefaßt. In Leh besaß man eine Abschrift in Tibetanisch, die der Dolmetscher des Russen übersetzen konnte.

In seinem Buch «Die Lücke im Leben Jesu» zeichnet Notowitsch aus dem Gedächtnis auf, wonach er im Kloster *Himis Goupa* in atemloser Spannung lauschte, ohne daß die Gastgeber – gegenüber Westlern sonst mißtrauisch – sich seine Wissensbegierde erklären konnten. Für den Lama war Issa ein «großer Buddha, eine Seele des Weltalls». Zumindest die gebildeten Lamas, wenn auch nicht das breite Volk, waren also mit der Person und Lehre des *israelischen* Heiligen vertraut.

Der Tatsache, daß Notowitsch am Tage darauf vom Pferd stürzte, sich das Bein brach und von den Mönchen gesund gepflegt wurde, haben wir es wahrscheinlich zu verdanken, daß der Russe sich nach langen Bitten auf dem Krankenlager noch gründlicher mit den alten Schriften vertraut machen durfte.

Der Notowitsch-Bericht läßt Jesus als 13jährigen auf der uralten Seidenstraße über Persien und Sinah im heutigen Pakistan nach Indien und von dort über Afghanistan nach Israel zurück wandern. Die dafür notwendigen zahllosen Tagesmärsche, vielleicht auch Pferde- und Eselsritte, waren auch zu jener Zeit nichts absolut Außergewöhnliches. Viel eher dürfen wir fragen, woher der Knabe Jesus wußte, wohin er ging.

Die Antwort kann wohl nur lauten: von Zeitgenossen und älteren Lehrern. Schon lange vermutet man, daß die Essener mit einem israelischen Stamm in Verbindung standen, der nach Kaschmir ausgewandert oder verschleppt worden war. Auf der Verbindungsroute zu diesen Exil-Hebräern könnte dann sehr wohl auch später ein Ur-Evangelium oder eine Lebensbeschreibung Christi nach Asien und über Kaschmir, Ladakh und das Industal bis nach Tibet gelangt sein, so daß die Lamas auf diese Weise Kenntnis vom *jungen* Jesus wie von seinem späteren Lehren und Wirken bis zur Kreuzigung hatten.

In der Stadt Srinagar steht das Grabmal eines als Propheten verehrten Mannes namens *Issa*, der ungefähr um die Zeitenwende in Kashmir gelebt und gelehrt und hochbetagt gestorben sein soll. Nach Meinung des indischen Archäologen Professor F.M. Hassnain waren Issa und Jesus ein und dieselbe Person. Die Issa-Hypothese setzt allerdings voraus, daß Jesus Christus die Kreuzigung auf Golgatha überlebte und dann nach Kaschmir flüchtete.

114

Diese Folgerung mußte der christlichen Gelehrtenwelt um die letzte Jahrhundertwende als ungeheuerlich erscheinen. Notowitsch stieß auf Unglauben und Widerstand; selbst der junge Albert Schweitzer sah in ihm einen «Phantasten», obzwar ihm, wie anderen Zeitgenossen auch, die Möglichkeiten fehlten, die Behauptungen des Russen nachzuprüfen.

Heute ist man etwas aufgeschlossener geworden. Einem modernen Publikum, das nicht mehr ansteht, auch dogmatisch fixierte Glaubenssätze zu hinterfragen, kann man nicht mehr verbieten, darüber nachzudenken, was Jesus von Nazareth in den 18 Jahren vom 12. bis 30. Lebensjahr getan haben mag. Freilich gilt es zu unterscheiden: War Jesus in seinen «Wanderjahren» in Persien, Indien und Tibet (was wir für gut möglich, ja sogar wahrscheinlich halten), oder war er es *auch* als späterer Flüchtling nach (überlebter) Kreuzigung – eine Konsequenz aus der Hassnain-These, der wir uns *nicht* anschließen.

Historische Quellen, die uns aus dem Dilemma helfen könnten, existieren nicht; es sei denn vielleicht als vergessene (oder gar bewußt vor der Außenwelt verborgene) Schriftrollen in der Bibliothek eines buddhistischen Klosters. In dieser Situation mag es erlaubt sein, auf einige Quellen zu verweisen, die medialen oder inspirativen Ursprungs sind. Wir sind uns bewußt, daß sie damit nicht historischen Charakter haben, und sehen sie eher als ein Indiz des Möglichen.

Da ist zunächst das schon genannte «Evangelium der Heiligen Zwölf». Es wurde unter der Aufsicht des englischen Geistlichen Reverend G. J. Ouseley mittels der sogenannten automatischen Schrift niedergeschrieben. Seine geistigen Inspiratoren haben es angeblich aus dem Aramäischen übersetzt.

Man muß dem Reverend Ouseley zugute halten, daß er wenigstens den Mut hatte, den medialen Ursprung dieser Durchgaben zuzugeben. Er flüchtete sich nicht in geheimnisvolle Dokumente, wie Madame Blavatski, oder, wie Szekely, in die Gewölbe des Vatikanarchivs.

Übernatürliche Erscheinungen sollen die Übermittlung des Textes an den Ouseley-Kreis begleitet haben. Ein unsichtbarer Chor sang einen Choral, Glocken erklangen und eine musikalische Stimme rezitierte in einer Art Sprechgesang bestimmte

Stellen des Textes, als lese sie von der Kanzel einer alten Kathedrale.

Derartige Geschehnisse sind aus der Heiligengeschichte bekannt, wenn auch nicht unumstritten. Manche sehen sie als Täuschungsmanöver luziferischer Kräfte. Was sie hier zu bedeuten haben, hängt unter anderem von der Vertrauenswürdigkeit der Herausgeber ab: schade, daß diese uns nicht besser bekannt sind! Ouseley und seine Helfer treten mit großer Bescheidenheit auf; sie bilden damit einen wohltuenden Kontrast zu den bombastischen Schaustellungen anderer. Man hat nicht den Eindruck, es mit Scharlatanen zu tun zu haben.

Das «Evangelium der heiligen Zwölf» entspricht in seinem äußeren Aufbau den vier kanonischen Evangelien. Doch da sind andere Dinge, die wir im Neuen Testament vermissen, wohl aber in den gnostischen Schriften finden: die «Vater-Mutter-Natur» Gottes vor allem und die enge Bindung Jesu an Maria Magdalena. Die jungfräuliche Geburt und der Tod am Kreuze sind wiederum dieselben, doch der auferstandene Christus erscheint nicht nur seinen Jüngern, sondern unterweist sie ausführlich über einen Zeitraum von 90 Tagen; erst dann folgt die Himmelfahrt.

Ganz Ähnliches finden wir im «Wassermann-Evangelium», das von dem amerikanischen Arzt und Prediger Levi H. Dowling (1844–1911) inspirativ empfangen wurde. Er schrieb es, wie er seiner Tochter Eva anvertraute, durch mediale Aufnahme aus der sogenannten Akascha-Chronik nieder. Wir kommen auf diesen aus der indischen Tradition stammenden Begriff für ein geistiges Archiv, in dem alles Wissen gespeichert ist, später noch zurück.

Das Wassermann-Evangelium läßt Jesus Christus zwischen dem 13. und etwa dem 30. Lebensjahr Persien, Indien, Assyrien, Griechenland und Ägypten besuchen. Er lehrt in den Tempeln all dieser Länder, diskutiert mit den Weisen, wird als Gottgesandter anerkannt und geehrt. In Ägypten besteht er die 40 Tage und Nächte dauernde, schwierigste und höchste Tempel-Einweihung.

Schließlich kommen im Hause des Philosophen Philo zu Alexandria die sieben weisesten Männer der damaligen Welt

116

zusammen, sprechen mit Jesus und neigen sich vor ihm. Nach sieben Tagen gemeinsamen schweigenden Gebets verabschiedet sich Jesus von ihnen, um seine Mission in Palästina anzutreten.

Nach Dowlings Niederschrift erschien der auferstandene Christus nicht nur seinen Jüngern, der Jungfrau Maria und der Magdalena, sondern auch den zu Tode erschrockenen Hohepriestern, Priestern und Schriftgelehrten im Tempel. Davor und danach erscheint er außerdem einer Gruppe von Eingeweihten in Delphi, in Orissa (Indien) im Palast des Prinzen Ravanna, seines älteren Freundes, der ihn einst nach Indien holte, und schließlich auch seinen Priester-Freunden im ägyptischen Tempel von Heliopolis.

Der Auferstandene ließ sich berühren und zeigte seine Wundmale. Vor den Augen seiner Freunde konnte er seinen bis dahin festen Körper in einen von strahlendem reinem Licht verwandeln, der sich auf Schwingen wogenden Lichts erhob und verschwand. Angesichts solcher Einmaligkeit erscheint es müßig, darüber richten zu wollen, ob der «Auferstehungsleib» Christi ein Geistleib war oder aus Fleisch und Knochen bestand.

Historische Quellen über die «fehlenden» 17 oder 18 Jahre im Leben Jesu wären sehr viel besser als mediale; aber es gibt sie nicht. Die kanonischen Evangelien lassen uns, was diese Jahre betrifft, vollkommen im Stich. Dabei wären gerade die «Lehr- und Wanderjahre» zur Festigung des Bildes des historischen Jesus von großer Bedeutung.

Übrigens war kein Geringerer als Rudolf Steiner überzeugt, daß Jesus eine Art «Doppelgänger» hatte; einen anderen Knaben, ebenfalls den Namen *Joshua* tragend. Beide wurden fast zur gleichen Zeit geboren und wuchsen bis zum 12. Lebensjahr in unmittelbarer Nachbarschaft auf.

Beider Eltern hießen gleichermaßen Joseph und Maria, doch entstammten die Väter verschiedener Linien des Hauses David. Einer der beiden Knaben wurde nach der Taufe durch Johannes im Jordan von der Christuswesenheit erfüllt, der andere, so Rudolf Steiner, sei später gestorben.

Steiners These und die Häufigkeit der Namen *Joshua* oder *Issa* lassen den Gedanken aufkommen, daß in dem Grabmal von Srinagar ebensogut auch ein «Doppelgänger» ruhen könnte.

Steiner würde seine Interpretation der Evangelien zwar nie als medial bezeichnet haben; er berief sich auf eine Kraft des geistigen Schauens. Noch heute, fast 60 Jahre nach seinem Tode, wird dieser Mann von Tausenden von Anthroposophen – Menschen von meist überdurchschnittlicher Bildung – als ein Prophet des wahren Christentums verehrt. Soweit uns bekannt ist, hat die katholische Kirche seiner These von den zwei Jesusknaben übrigens niemals widersprochen.

Nach Rudolf Steiner entstammte einer der beiden Jesusknaben der «salomonischen Linie des davidischen Geschlechts», der andere der nathanischen Linie. Der erstere war eine Wiederverkörperung des persischen Religionsgründers Zarathustra. In Steiners Werk «Das Lukas-Evangelium» finden wir die auf den ersten Blick kühn anmutende Behauptung, die drei Weisen aus dem Morgenlande seien nach Bethlehem gepilgert, weil sie wußten, daß ihr großer Lehrer dort wiedergeboren werden würde.

Nach Steiner lagen die Geburtszeiten der beiden Jesusknaben nur um wenige Monate auseinander. Eine Verwechslung durch die Nachwelt war deshalb leicht möglich, wenn beider Eltern gleichermaßen Joseph und Maria hießen und, wie Rudolf Steiner versichert, auch miteinander befreundet waren. Beide Knaben mögen von Essenern unterrichtet worden sein, beide waren später als religiöse Lehrer und Prediger tätig.

Tatsächlich unterlief die erste Verwechslung schon den Evangelisten: Matthäus, so Steiner, beschreibt die Geburt des «salomonischen», Lukas die des «nathanischen» Jesusknaben!

Die Verwirrung wird vollständig, wenn wir unterstellen wollen, daß einer der beiden auf den damals durchaus geläufigen Namen «Joshua» getauften Männer, deren geistige Entwicklung fast parallel verlief, nach dem Kreuzestode des anderen – vielleicht als sein Freund selber die Verfolgung fürchtend – nach Kaschmir zog und dort nach einem Leben als Prediger starb.

Die «salomonischen» Eltern Josef und Maria flohen nach Ägypten und siedelten sich nach der Rückkehr in Nazareth an; sie hatten außer Jesus mehrere andere Kinder: Simon, Judas, Joses, Jakobus und zwei Mädchen (Markus 6,3). Der «nathanische» Jesus dagegen bleibt ohne Geschwister, und im Alter von

118

12 Jahren vollzieht sich bei ihm nach Steiner eine geistige Wandlung und Bereicherung durch das «Zarathustra-Ich». Doch erst nach der Taufe im Jordan wird er zum «echten» Christus, als der er am Kreuze sterben wird.

Diese «Doppelgänger-These» mag für Nicht-Anthroposophen zunächst sehr ungewohnt klingen; sie verlangt aber von Christen jedenfalls nicht, daß sie den Glauben an Kreuzestod und Auferstehung aufgeben.

Es kann der Leben-Jesu-Forschung nicht schaden, wenn sie zumindest offen ist für die Hypothese, daß *Issa*, wenn nicht ein «Doppelgänger», so doch ein Zeitgenosse Christi und Abgesandter der Urchristengemeinde gewesen sein könnte.

Übrigens sprach auch die syrische Urkirche von einem «zweiten» Jesus, den sie *Thomas Didymos* (griechisch für Zwilling) nannte. Er wird oft mit dem Apostel Thomas, dem «ungläubigen Thomas», verwechselt. Der letztere ist unbestreitbar als Missionar in Indien gewesen und hat dort lange gelebt. Das widerlegt auf jeden Fall die Annahme, es habe überhaupt keine Verbindung zwischen dem damaligen Palästina und Indien bestanden.

Judas Thomas Didymos, auch «Judas der Zwilling» genannt, wurde im Syrien des ersten Jahrhunderts eindeutig als Zwillingsbruder des Heilands verstanden, nicht als Apostel. Er dürfte Jesus um viele Jahre überlebt haben und wird als Autor des – in Nag Hammadi in koptischer Übersetzung gefundenen – Thomas-Evangeliums gesehen, das auf das 1. Jahrhundert zurückgeht.

Aus allen drei genannten inspirativen Quellen – Ouseley, Levi H. Dowling und Steiner – wie auch aus den gnostischen Evangelien ist unserer Meinung nach durchaus ableitbar, daß Jesus seine «Wanderjahre» in Asien verbrachte. Aus nicht einer einzigen dieser Quellen jedoch läßt sich die Hassnain-These belegen.

Daß sich die wesentlich auf Paulus zurückgehende christliche *Lehre* und die buddhistische Lehre verschieden entwickelt haben, ist mehr als alles andere wohl eine Folge des Unterschieds der menschlichen Mentalität. Dennoch sind Affinitäten zwischen dem Mahayana-Buddhismus und der Bergpredigt unverkennbar.

Im Thomas-Evangelium ist die Rede von der göttlichen Identität des Menschen, der, um zu seinem Ursprung zurückzukehren,

> «sich von der Welt trennen muß, indem er die Fleischeshülle abstreift und seine gegenwärtige vergängliche Existenz hinter sich läßt». (Koester)

Wer solches in Asien lehrte, dürfte bei buddhistisch orientierten Zuhörern ein offenes Ohr gefunden haben.

... und starb er am Kreuze?

Die Annahme, daß Jesus *nicht* am Kreuz gestorben und demnach auch niemals auferstanden sei, klingt schockierend, wenn nicht gar gotteslästerlich für gläubige Kirchenchristen, für die der Opfertod am Kreuz («für die Sünden der Menschheit») und die Auferstehung (zum Beweis des ewigen Lebens) zentrale Bedeutung haben.

In letzter Zeit haben sich mehrere Autoren mit dieser These befaßt. Sie ist die offenbar logische Folgerung aus der Theorie, daß der im *Rozabal*-Schrein in Srinagar begrabene Prophet *Issa* oder *Yuz Asaf* mit Jesus von Nazareth identisch ist.

Dieser müßte also die Kreuzigung überlebt und danach etwa den gleichen Weg nach Osten eingeschlagen haben, den er als jugendlicher Mysterienschüler und Essener-Absolvent Jahrzehnte zuvor schon einmal gegangen war. Dort, bei seinen alten Freunden der «verlorenen Stämme Israels», fühlte er sich sicher; bei den Lamas und Brahmanen konnte er zugleich viel Verständnis für seine Lehre erwarten.

«Überall in Zentralasien», schrieb die «Süddeutsche Zeitung» am 1. Juni 1983 in einem ganzseitigen Artikel zu diesem Thema, «in Kaschmir, Ladakh, Tibet und sogar weiter nördlich hält sich der feste Glaube, daß Jesus oder Issa einst hier herumgezogen sei.» Dies bezeugte zu seiner Zeit bereits auch der indische Premierminister und Brahmane Jawaharlal Nehru.

Dazu die «Süddeutsche Zeitung»: «Von den christlichen Amtskirchen wird solche Forschung, sobald es nicht mehr gelingt, sich gegen die Erörterung ihrer Resultate überhaupt abzuschotten, gleichsam als subversives Zersetzungsmanöver verdammt. Verständlich, denn eine Hinnahme dieser Thesen müßte zentrale Punkte des christlichen Glaubens in Frage stellen, wie es Opfertod, leibliche Auferstehung und der Erlösungsgedanke sind.»

Wie wir inzwischen wissen, spricht eine ganze Reihe ernst zu nehmender Quellen für ein Wirken Jesu in Indien, Kaschmir, Ladakh und Nepal *vor* seinen Predigerjahren in Palästina, nämlich: 1. Notowitsch, 2. das «Evangelium des vollkommenen Lebens», 3. das «Wassermann-Evangelium», 4. die von den Kirchen als «apokryph» abgelehnten «Thomas-Akten», 5. Autoren wie der Perser Mir Khwand, der Punjabi Mirza Ghulam Ahmad und schließlich Hassnain selbst.

Alle diese Quellen stimmen darin überein, daß Jesus während seiner Lehr- und Wanderjahre in Asien und Ägypten lebte und lehrte. Die Weisen dieser Länder sahen in ihm einen Auserwählten, nahmen sich seiner an, machten ihn mit ihrem Wissen und ihren Geheimnissen vertraut und lauschten seinen Worten. Das alles scheint uns durchaus wahrscheinlich.

Nur folgt daraus natürlich noch nicht, daß er deshalb auch mit Yuz Asaf identisch war; denn das wäre nur möglich, wenn er die Kreuzigung überlebt hätte. Bevor wir annehmen dürfen, Jesus habe nach Golgatha noch jahrzehntelang in Kaschmir gelebt und sei dort schließlich hochbetagt gestorben, müssen wir wirklich überzeugende Indizien für eine solche «Überlebens-Hypothese» fordern.

Noch bis vor wenigen Jahren war es eigentlich unmöglich, über diesen Punkt ernsthaft zu diskutieren. Zweifel an Christi Kreuzestod schienen den einen als Glaubensfrevel, den anderen als ein bewußter Versuch, die Evangelien so zu entmythologisieren, daß vom Christentum nicht mehr viel übrigbleibt. Zudem galt es als unumstößliche Tatsache, daß sich die Historizität des Jesus von Nazareth nun einmal nicht nachweisen ließ.

In dieser Situation ist eine radikale Veränderung eingetreten, und das Erstaunlichste ist, daß sie von der Weltöffentlichkeit kaum bemerkt worden ist. Die Medien der Welt haben, wie ein Blick in die Archive beweist, nur sehr flüchtig, ja fast nonchalant über das Ergebnis einer im Jahre 1978 vorgenommenen neuen Untersuchung des «Turiner Grabtuches» berichtet, die das denkbar sensationellste Ergebnis brachte: Das Tuch ist echt!

Die Geschichte des Linnens setzen wir als bekannt voraus. Die

Tatsache, daß sich seine Herkunft nur bis ins Frankreich des 14. Jahrhunderts zurückverfolgen ließ (es war von Kreuzrittern erbeutet und dorthin mitgenommen worden), nährte jahrhundertelange Zweifel an seiner Echtheit. Konnte es nicht das raffiniert gemalte Produkt eines mittelalterlichen Reliquienfälschers sein?

Nach der öffentlichen Ausstellung des Tuches in Turin gingen im Oktober 1978 zwei Kommissionen ans Werk. Das Vorhaben war so geheim, daß die Namen ihrer Mitglieder (die zweite aus 25 Mitgliedern gebildete Gruppe bestand vorwiegend aus Amerikanern) nicht genannt werden durften. Viele von ihnen hatten Spezialgeräte mitgebracht, die die Prüfung des Tuches mit den modernsten Techniken ermöglichten.

Über das Ergebnis ihrer Arbeit war niemand mehr überrascht als die Wissenschaftler selbst. «Wir dachten alle, daß wir eine Fälschung vorfinden würden», gab später der Radiologe Professor Thomas D'Muhallas zu, «und daß wir nach einer halben Stunde wieder nach Hause fahren könnten.» Statt dessen blieb man zwei Wochen. Am Schluß waren alle überzeugt, daß der Echtheitsbeweis erbracht war. «Die Beweislast liegt jetzt bei den Skeptikern» (Mulhallas).

Der Abdruck auf dem 4,26 mal 1,06 Meter messenden Linnen zeigt einen jüngeren Mann von etwa 1,80 Meter Körpergröße, der von 130 Geißelhieben getroffen worden war. Beide Handwurzeln (nicht die Handteller, wie auf den meisten Kunstdarstellungen) und die Füße zeigen Nagelwunden, der Kopf zahlreiche Verletzungen, wie sie entstehen, wenn dem Opfer eine «Krone», ja ein ganzes Gestrüpp von starken Dornen bis über die Stirn ins Fleisch gepreßt wurde. Die (Lanzen)-Stichwunde an der Seite ist klar erkennbar.

Diese in das ganze Haupt einschneidende Dornenkrone (nicht also nur ein Dornenkranz, an den ein Fälscher gedacht haben würde) ist praktisch ein Identitätsbeweis. Zwar geißelten die Römer alle zum Tode am Kreuz Verurteilten; eine Spottkrone mußte dagegen nachweislich kein anderer jemals von Römern oder Juden Hingerichteter tragen. Sie war dem «König der Juden» vorbehalten.

Die Ergebnisse dieser Untersuchung wurden erst wesentlich

später, und über einen längeren Zeitraum verstreut, in wissenschaftlichen Publikationen veröffentlicht. Damit wissen wir auch den Grund, warum sie der Aufmerksamkeit der internationalen Nachrichtenagenturen und damit der Weltöffentlichkeit entgingen.

Bei der Untersuchung des Grabtuches (und nicht, wie bei früheren Anlässen, nur einer Fotografie) arbeitete man u. a. mit elektronischen Scannern, die das einem fotografischen Negativ gleichende Abbild des Gekreuzigten «dreidimensional» hervortreten ließen. Blutspuren wurden durch chemische Tests und mittels einer Fluoreszenz-Spektralanalyse untersucht. Bei der Altersbestimmung konnte man auf die gebräuchliche C 14-Kohlenstoff-Probe verzichten, nachdem der Zürcher Gerichtsmediziner Dr. Max Frei in dem Damaszenergewebe Blütenpollen von Pflanzen entdeckt hatte, wie sie um die Zeitenwende nur in Palästina vorkamen.

Wir können hier auf Einzelheiten verzichten und uns auf einen wesentlichen, *den* wesentlichen Punkt konzentrieren: Hüllte das Tuch einen Toten oder einen − möglicherweise − noch Lebenden ein?

Die Fragestellung ist von brennendem Interesse für die Christenheit. Und sie läßt sich nicht auf Anhieb beantworten!

Entgegen früheren Zweifeln ergab das Fluoreszenzspektrum von 1978 nämlich, daß *doch* echte Blutspuren auf dem Tuch waren. Eine Leiche blutet jedoch nicht mehr. Selbst bei ganz schwachem Nachbluten der Wunden müßte noch ein geringer Kreislaufdruck bestanden haben. Nun wissen wir nicht, ob in der Eile der Grablegung im Garten des Josef von Arimathia Zeit vorhanden war, den Leichnam vorher zu waschen. Sollten jedoch Wunden nachgeblutet haben, müßten zumindest berechtigte Zweifel daran bestehen, ob tatsächlich jedes Leben in ihm erstorben war.

Es ist eine Frage, die mit größter Behutsamkeit angegangen und die später vielleicht erneuten Tests mit noch mehr verfeinerten Methoden vorbehalten werden sollte. Die Indizien sind zwiespältig. So heißt es zu den Blutspuren bei Ian Wilson (1978):

«Man könnte erwarten, daß altes Blut braun und verkrustet erscheint, aber das ist nicht der Fall. In gedämpftem Licht erscheinen die Wunden weitgehend in derselben Farbe und Konsistenz wie die Körperabdrucke. Nur unter starken Fernsehleuchten tritt eine ganz andere Färbung hervor ... es scheint ein klares, blasses Karminrot zu sein, sehr leicht violett gefärbt. Für das Auge ist sie unheimlich ‹rein› und damit noch um so geheimnisvoller. Selbst unter einer Vergrößerungslinse erscheinen die Abdrücke der Wunden im Handgelenk und in der Seite nicht so, als seien sie in Kontakt gewesen mit einer größeren Verletzung. Ihre Färbung, wenn sie überhaupt so genannt werden kann, ist so dünn und flach, daß sie eher als eine ‹Abbildung› von Blut erscheint, nicht aber als Blutfleck.»

Nächster Widerspruch: Die Analysen von 1978 ergaben zum ersten Male – und völlig überraschend –, daß man dem Gekreuzigten bei der Grablegung Münzen auf die Augen gelegt hatte. Solches pflegte man freilich nur bei einem Toten zu tun. War es ein Täuschungsmanöver des Josef von Arimathia und anderer, die gewußt haben mögen, daß sie keinen Toten geborgen hatten, aber den Leib vor dem Verschleppen und Verscharrtwerden auf Geheiß des Hohen Rates schützen wollten?

Einige Kirchenväter der Frühzeit scheinen das geglaubt zu haben. In seiner 35. Homilie über den Evangelisten Matthäus erläutert Origines (185–253), Joseph von Arimathia habe den Körper Jesu in ein Tuch gewickelt, um ihn *für die Wiederbelebung* zu konservieren.

Mehr Widersprüche: Die chemische Analyse von 1978 ergibt eindeutig, daß das Tuch keinerlei Anzeichen einer einsetzenden Verwesung zeigt. Gleichzeitig aber zeigt der Körperabdruck alle Merkmale des bekannten *rigor mortis* (Totenstarre). Auch ist es möglich (wenn auch nicht beweisbar), daß so viel Körperwärme vorhanden war – bei einer Leiche wäre das ausgeschlossen –, daß durch Verdunstung und Vermischung mit den Dämpfen der in der Grabkammer lagernden Spezereien der Abdruck auf dem Tuch entstand. Aber eindeutig ist das nicht. «Es bleibt ein Mysterium», bekennen die mit der Spektralanalyse betrauten Physiker J. H. Heller und A. D. Adler.

Abb. 18. Der Kopf des gekreuzigten Jesus Christus auf dem Turiner Grabtuch.
Lange Zeit in Verdacht, das Werk eines mittelalterlichen Reliquienfälschers zu
sein, gilt das 2000 Jahre alte Damaszener Linnen seit der überaus gründlichen
wissenschaftlichen Prüfung von 1978 als authentisch. Nicht nur trägt es un-
trügliche Merkmale der Kreuzesnägel, der Geißelhiebe und des Lanzenstiches,
sondern auch Spuren einer tief ins Fleisch gedrückten Dornenkrone, so wie sie
außer dem ‹König der Juden› nachweislich kein anderer jemals von Römern
oder Juden hingerichteter zu erleiden hatte. Das Alter des Tuches ist durch
Blütenpollen gesichert.

126

Als *Hypothese* ist die Annahme, Jesus sei nur «klinisch tot» und damit wiederbelebbar gewesen, durchaus zulässig. Wer sie vertritt, wird natürlich dann zwangsläufig zu gewissen Rückschlüssen gezwungen: etwa dazu, daß Jesus sich in einer kataleptischen Starre befand, wie sie ägyptischen Mysterienschülern beigebracht wurde, bevor sie im steinernen Sarkophag die Ablösung des Astralkörpers erlebten.

So glaubt *Kersten*, daß der Jesus am Kreuz gereichte «Essig» in Wirklichkeit der Saft der Somapflanze war – bekannt aus indischen Riten als «Trank der Unsterblichkeit» –, der ihn in einen todesähnlichen Zustand versetzte.

«Todesstarre» einserseits, Blutspuren andererseits – das sind Widersprüche, die immerhin beträchtliche Unsicherheit und Zweifel über den Tod am Kreuze zulässig machen. In dieser Situation, so meinen wir, muß es erlaubt sein, den Bereich der zu untersuchenden Phänomene zu erweitern und auch Dinge hinzuzuziehen, die der strikt wissenschaftlichen Prüfung – bisher – nicht zugänglich sind.

Das Abbild auf dem Turiner Grabtuch zeigt nämlich noch eine andere Eigenschaft, die sich bisher nicht «einordnen» ließ: Es erweckt den Eindruck, als sei es von einem «Strahlungsblitz» hervorgerufen, so – wie einige Prüfer es ausdrückten – «als habe sich eine enorme Energie von Mikrosekunden-Dauer in es eingebrannt».

Mitglieder des Teams erinnerten sich daran, daß auch der Atomblitz von Hiroshima Negativbilder von Opfern auf Mauern und Steine gezeichnet hatte. War es denkbar, daß eine ähnliche Lichtenergie von unvorstellbarer Intensität für Mikrosekunden auf das Tuch eingewirkt haben konnte?

Wir müssen ein anderes Paradigma, einen weiterreichenden Denkrahmen anwenden, um uns so etwas vorzustellen. So schwer das manchem fallen wird, ganz ohne Hilfsmittel sind wir dabei nicht. Wir brauchen natürlich eine zusätzliche Dimension des Betrachtens, die die Phänomenologie «übernatürlicher» Erscheinungen mit einbezieht. Die Geschichte der Heiligen mit ihren vielen Berichten über Lichterscheinungen, das Nicht-Verwesen von Verstorbenen und die sogenannte «Bilokation» (gleichzeitige Anwesenheit derselben Person mit einem physischen und einem «Geistkörper» an zwei verschiedenen Orten) geben uns Anschauungsmaterial dazu.

Der essentielle Lichtcharakter des Göttlichen tritt überall in der religiösen Literatur und Überlieferung auf. Das Göttliche wohnt im Licht; seine Fülle ist so stark, daß ein Sterblicher sie nicht zu ertragen vermag. Paulus wird auf dem Wege nach Damaskus vom Licht so geblendet, daß er für drei Tage sein Augenlicht verliert. Jesu Verklärung erfolgt im strahlenden Licht, und wenn der Auferstandene sich in den gnostischen Schriften seinen Jüngern zeigt, dann auf einer schwingenden Woge des Lichts.

Eben *weil* es göttlicher Natur ist, liegt dieses Licht außerhalb des physikalisch Meßbaren. Es ist «außerwissenschaftlich». Es deshalb auch gleich als «pseudowissenschaftlich» von der Hand zu weisen, klingt seltsam, besonders wenn es von Kritikern kommt, die mit dem Dogma der übernatürlichen Zeugung Jesu augenscheinlich keine Schwierigkeiten haben. Ist Jesu Geburt übernatürlich, darf dann nicht auch sein Tod übernatürlich sein?

Was geschehen ist, können wir nicht mehr wissen, aber wir können am Verhalten der Beteiligten erkennen, daß damals ein übernatürlicher Vorgang von unermeßlicher Kraft und Größe stattgefunden haben muß. Die Art dieses Geschehens und die Augenzeugenberichte aus der Zeit *nach* der Kreuzigung müssen so mitreißend gewesen sein, daß sich zahlreiche Urchristen seinetwillen widerstandslos zu Tode martern ließen; auch ein Petrus, der schwach genug gewesen war, seinen Herrn dreimal zu verleugnen.

Wir meinen, daß der «Strahlungsabdruck» auf dem Turiner Linnen darauf deutet, daß der unverwest gebliebene leibliche Körper vom reinen Licht des – zeitweise getrennten und nun «zurückkehrenden» – Geistkörpers erfaßt, durchstrahlt und «aufgehoben» wurde; ja, daß man mit Berechtigung auch vom vorherigen «Tode am Kreuz» sprechen darf, freilich wohl eher im Sinne Swedenborgs als «Opfertod» zum Durchbrechen der Schranken der Finsternis auf dem Wege zu Gott und nicht im paulinischen Sinne «für die Sünden der Menschheit».

Wenn der Tod am Kreuz ein solcher Opfertod war, muß er

vollbewußt erfolgt sein, wobei Jesu Worte «Vater, nimm meinen Geist auf» den Augenblick des Hinübergangs anzeigen. So spricht niemand, der sich im kataleptischen Koma befindet.

Die bewußte Hingabe des Lebens muß sich im Einklang mit der Lehre Jesu befunden haben. Diese war, immer wieder und eindeutig, daß das «Gesetz» (die Folgen für die irdischen Taten) bis aufs letzte Jota erfüllt werden müsse. Stellvertretendes Leiden «für die Sünden» derer, die für die Anwendung ihres freien Willens selbst verantwortlich sind, würde dem Sinngehalt der Lehre Jesu widersprechen. Er wäre für etwas gestorben, was er niemals gelehrt hat. Ungeachtet dessen, hat der Tod am Kreuze Christus auf innigste Weise mit den Menschen und diese mit Gott verbunden.

Die höchste Form der Sinngebung durch den bewußten Tod war zugleich eine Demonstration des letzten und mächtigsten Geheimnisses der Mysterien Christi, das er die Jünger wohl lehren, aber erst durch den Tod demonstrieren konnte: die allesdurchdringende, erlösende Kraft der Liebe. Eine Andeutung, daß diese sogar eine materieauflösende Zerstrahlungskraft werden kann, die die Auferstehung bewirkt haben mag, findet sich in den medialen Schriften des österreichischen Mystikers, Musikers und Schubert-Freundes Jakob Lorber (1800–1864), dessen Integrität unbestritten ist. Was Lorber über den Erzengel Raphael sagt, sei hier ohne Kommentar wiedergegeben:

«Sein Name war Henoch, er war ein Prophet und Gotteslehrer der ersten Nachkommen Adams. Da seine Seele in jener Urzeit der ersten Menschen in der höchsten, reinsten Liebe zu Gott entbrannte, so löste solche Liebe seinen Leib in eine ätherische Substanz auf, mit der die freie Seele bekleidet ward, und sie wurde für immer ein Erzengel der Himmel Gottes.»

War die Auferstehung ein «Wunder»? Nur dann, wenn wir in unserer Denkweise an Gewohnheiten haften bleiben, die alles Übernatürliche und Charismatische als «Okkult» oder «pseudowissenschaftlich» etikettieren, und in der Zwangsjacke des dreidimensionalen Denkens bleiben wollen.

Schon der heilige Augustinus sagte, «Wunder» seien solche

immer nur für unser Bewußtsein, solange wir die zugrundeliegenden Naturgesetze nicht verstünden; der liebe Gott habe es
nicht nötig, gegen seine eigenen Gesetze zu verstoßen.

Den in die Mysterien Eingeweihten jener Zeit wäre der Durch-
strahlungsprozeß viel leichter verständlich gewesen, als er den
«aufgeklärten» Menschen der Gegenwart ist. Sie waren ja mit
der Ablösung des Äther- und Astralkörpers bestens vertraut und
brauchten dieses Prinzip nur um eine Dimension zu erweitern.
Die ungeheure Strahlenkraft des in seinen unverwesten Körper
zurückkehrenden vergöttlichten Wesens wäre ihnen verständlich gewesen.

KAPITEL 17

Die Jakobsleiter

Über das Entstehen der Kabbala, der jüdischen Weisheitslehre, gibt es mehrere Legenden. Wohl die älteste ist jene, daß Gott seine Uroffenbarung mit dem weißen Licht der *Akasha*-Schrift in einem Buch niederschrieb, das er dem Adam übergab, und nach dem Sündenfall auf dessen inständiges Bitten nochmals gab, wenn auch in verkürzter Form. Von Adam ging dieses Buch der höchsten Weisheit an seinen Sohn Seth, von diesem an Henoch und Noah, danach zu den Erzvätern der Stämme Israels.

Eine andere Version der Legende berichtet, daß Moses auf dem Berge Sinai von Gott nicht nur Tafeln mit eingemeißelten Gesetzen erhielt, aus denen dann die Thora (das geschriebene jüdische Gesetz) wurde, sondern auch geheime Unterweisungen. Diese durfte er nicht niederschreiben, sondern nur mündlich an der Einweihung Würdige weitergeben.

Das hebräische Wort *quabbalah* bedeutet soviel wie «Empfängnis» (Gottes). Es schließt den göttlichen Ursprung sozusagen in sich ein. Historisch nachgewiesen ist die geheime Lehre allerdings erst im *Sepher Jezirah* («Buch der Schöpfung») des 6. und 7. Jahrhunderts und im *Sepher Sohar* («Buch des Glanzes»), das der spanisch-jüdische Gelehrte Moses de Leon im 13. Jahrhundert nach sehr alten Quellen niederschrieb.

Die noch heute vielfach verbreitete Meinung, die Kabbala sei eine Art Kompendium für Zahlen- und Buchstabenmagie, ist irrig und wird ihrer Bedeutung als Urweisheits-Überlieferung in keiner Weise gerecht. Gewiss wurden der geheimen Überlieferung im Laufe der Jahrhunderte auch volkstümlich-magische Systeme angegliedert und erhielten so einen kabbalistischen «Stempel»; mit dem Wesen der Geheimlehre haben sie jedoch wenig zu tun.

Die Kabbala ermöglicht es dem Eingeweihten, auf den Grund aller Dinge zu schauen und sie zu verstehen. «Die Worte des Gesetzes sind nur das Gewand», heißt es im Sohar.

> «Wehe dem, der das Gewand mit dem Gesetz verwechselt. Die aber mehr wissen, schauen nicht auf das Gewand, sondern auf den Körper darunter. Die wahrhaft Weisen, die Diener des höchsten Königs ... sehen nur auf die Seele, die das wirkliche Gewand ist.»

Der *Sohar* spricht von Zusammenkünften, an denen niemals mehr als sieben Männer teilnehmen durften. Sie alle mußten schwören, die ihnen vermittelten Geheimnisse zu wahren. Das erinnert stark an die strikten Geheimhaltungsgebote der antiken Mysterientempel.

Die Urweisheit der Kabbala findet in dem zehnstufigen und symmetrischen «Weltenbaum» der *Sephiroth* ihren bildhaften Ausdruck.

Unser Bild läßt den hierarchischen Aufbau der zehn Zentren erkennen, an deren Spitze die Triade der drei göttlichen Aspekte *Kether* (Krone), *Chochmah* (Weisheit) und *Binah* (Vernunft) stehen. Aus ihnen geht der göttliche Wille hervor.

Von dieser Spitze ausgehend gliedern sich mehrere Triaden nach unten an, wobei nacheinander dem reinen Geist, der Seele, dem Ego und – zuallerunterst – dem Grobkörperlichen eigene Zonen zukommen. Noch deutlicher ablesbar ist diese Einteilung auf dem erweiterten Sephiroth aus 28 Zentren, das in seiner Form wie ein Papierdrachen oder eine Strickleiter anmutet. Der Vergleich mit einer Leiter ist besonders zutreffend.

Die oberste Sephira *(sing.)* stellt den alleinigen Urgott dar, und zwar als Mittelpunkt des *un*geschaffenen Kosmos. In der höchsten Triade ist Gott Alles und Nichts zugleich. Da er jedoch seine Liebe auf etwas ausstrahlen will, muß er die Schöpfung zulassen. Das Zusammenwirken von Wille, Weisheit und Vernunft löst eine Art Spiegelung des Göttlichen aus, die sich von oben nach unten fortsetzt. So entsteht die Hierarchie des Sephiroth-Baumes. Jedes der zehn Zentren entspricht einem Prinzip

132

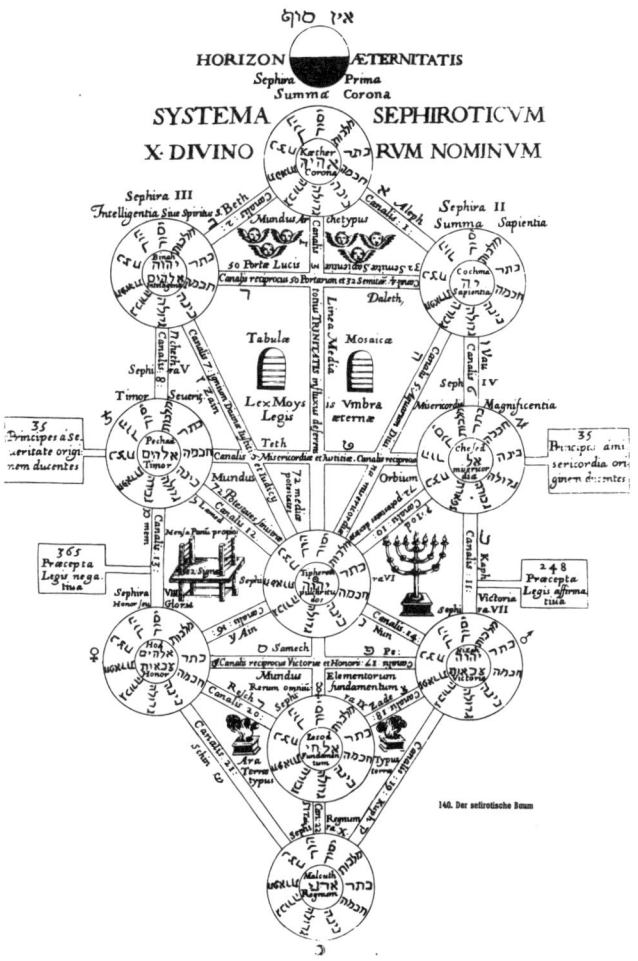

140. Der sefirotische Baum

Abb. 19. Der ‹Sephirotische Baum› (nach Athanasius Kircher) der Kabbala ver-sinnbildlicht die Uroffenbarung und Weltordnung nach hebräischer Überliefe-rung. An der Spitze des obersten Dreiecks, bestehend aus Kether (Krone), Hok-mah (Weisheit) und Binah (Klugheit) verkörpert sich das göttliche Prinzip. Das oberste Dreieck ist zugleich Wirkstätte der höchsten Engel. Die kreisför-mig dargestellten zehn ‹Sephira› entsprechen den zehn Selbstdarstellungen Gottes in hierarchischer Ordnung mit dem Gegenpol des Malkut als dem am festesten und tiefsten im Irdisch-Materiellen verankerten Prinzip.

133

und gehört zu einer der beiden «Längsstricke». In der Mitte liegen, von unten nach oben, das Zentralnervensystem, das Ego und die Seele. Die beiden Längsstricke an den Seiten können auch für «Furcht» und «Liebe» stehen.

Die Sprossen einer Strickleiter müssen waagerecht, die Hauptstricke dürfen nicht voneinander verzerrt sein, wenn man sie hochklettern will. Unsere «Jakobsleiter» ist deshalb nur dann ein geeignetes Mittel zum Hoch-Gelangen, wenn beide Seiten miteinander in Harmonie stehend ausgeglichen sind.

Die Querverbindungen zwischen den «Knoten» der Strickleiter bilden eine saubere geometrische Ordnung, zugleich aber auch die Möglichkeit zahlreicher Variationen. Wir können das ganze ungeheure Gebilde des Universums zwischen dem höchsten Unerschaffenen und seinem Gegenpol, dem tiefsten Abgrund des *Malkhut*, zwischen körperlosem Geistlicht und materieller Verhärtung, betrachten. Von oben strömen unaufhörlich geistige Funken (Reflexionen des Göttlichen) nach unten, manifestieren sich in der Materie, entwickeln ein Nervensystem, eine Psyche und schließlich ein höheres Selbst, das fähig ist, wieder ins Geistige zurückzukehren. Es ist ein Bild, auf das Goethes Worte passen, wenn er sagt, daß

> ... sich alles zum Ganzen webt
> Eins in dem andern wirkt und lebt
> Wie Himmelskräfte auf- und niedersteigen
> Und sich die goldnen Eimer reichen.

Der bekannte britische Kabbala-Lehrer Z'ev Ben Shimon Halevi läßt seine Schüler nacheinander das «Bewußtsein» von Steinen, Pflanzen, Tieren und Menschen meditativ erleben, um ihnen so den Aufstieg durch die Triaden verständlich zu machen. Indem er die Essenz der einzelnen Schöpfungsebenen kennenlernt, bekommt der Schüler einen Begriff vom Ganzen, dem urgeschaffenen *Adam Kadmon*, in dem Gott sich spiegelt.

Zur höchsten Sephira *Kether* gehört das göttliche Wort *Eheyeh* («Ich bin»), in dem sich der Höchste kundgibt. Zahlreiche Worte von Jesus Christus enthalten dieses «Ich bin» sicher nicht zufällig.

134

Die Kabbala wäre nicht jüdisch, hätte sie nicht neben dem rein philosophischen auch einen sehr praktischen Sinn. Man kann nämlich mit Hilfe des Sephiroth-Baumes alle nur möglichen körperlichen, geistigen und psychischen Problemstellungen «orten» und nach Lösungen suchen.

Wer neben kabbalistischen auch astrologische Kenntnisse hat, kann die Sephiroth mit den Hauptplaneten Sonne und Mond «besetzen» und ihre Resonanzwirkung auf Körper, Seele und Geist zu ergründen suchen.

In jeder Phase seines Lebens kann der Kabbala-Schüler immer wieder prüfen, bis zu welcher Höhe der Jakobsleiter er geklommen ist und ob er feste Stricke und Knoten unter den Füßen hat.

Stellt er dabei fest, daß noch Spuren des mineralischen oder animalischen Bewußtseins vorhanden sind, kann er sich, im «Ich bin» meditierend, darum bemühen, diese niederen Hüllen seines Fühlens und Denkens abzustreifen.

So wird der Kabbalist zu der Stufe geführt, auf der er sich aus dem Dickicht der niederen Triaden selber erlösen kann. Vielleicht hilft ihm göttliche Gnade dabei. Shimon Halevi sieht diese Gnade in der Form von Lichtblitzen, die aus der obersten Triade herunterstrahlen.

«In der Kabbala ist es eine der ersten Übungen, den eigenen psychophysischen Typ zu erkennen», erklärt dieser Lehrer, «und dann die anderen beiden Triaden zu kultivieren, um das Ego auszubalancieren. Dies geschieht durch Arbeit in Theorie und Praxis.»

Auch hier wieder eine frappierende Ähnlichkeit mit den Methoden der antiken Mysterienschulen! Durch scharfes monate- und jahrelanges Beobachten findet der Lehrer heraus, welches die Schwachstellen eines bestimmten Schülers sind. Dann gibt er ihm wieder und wieder Aufgaben oder setzt ihm Prüfungen seines Charakters, an denen er eben diese bisher zu schwach ausgebildeten Eigenschaften erproben und härten muß. Unmerklich für ihn selbst beginnt der Schüler sich zu ändern, zu wachsen. Er wird ganz, wo er bisher nur unvollkommen war.

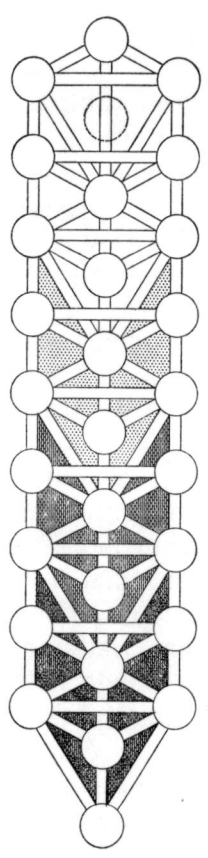

Abb. 20. In dieser erweiterten Darstellung des sephirotischen Lebensbaumes (einer Darstellung des Kabbala-Experten Z'ev ben Shimon Halevi folgend) kommt das Prinzip der Himmelsleiter oder ‹Jakobsleiter› sehr gut zum Ausdruck. Statt der zehn Zentren haben wir hier achtundzwanzig (plus ein Imaginatives), Strickleiter-förmig angeordnet, die sich in vier ‹Reiche› unterteilen lassen: Das Reingeistige an der Spitze, darunter das Mentale, das Psychische und schließlich das am dunkelsten erscheinende Grobmaterielle. Das feinere Geistige kann von oben nach unten Kräfte der Schöpfung und Gnade aussenden, das Grobstoffliche und Psychische ist auf Evolution angewiesen, um höher zu gelangen. Man kann diese erweiterte Jakobsleiter auch als Symbol des Abstieges des Göttlichen in die Materie und seine langsame Wieder-Aufwärtsentwicklung zurück zum Himmelsmenschen sehen.

«Die Transformierung des Ego ist der erste große Schritt in der kabbalistischen Arbeit. Denn ein Mensch mag das Thema noch so eifrig studieren, solange er sich nicht wirklich verändert, bleibt es eine akademische Übung.» ... «Sich ändern bedeutet Wachsen, und das erfordert den Tod der alten Persönlichkeit» (Halevi).

Nur wenige sind zu dieser Überwindung des Ego bereit, und das ist wohl der stärkste Grund, warum Kabbala-Weisheit traditionell nur für jene geöffnet wird, die wirklich reif dazu sind.

Die von Gott geschaffene Menschenseele versucht, die Jakobsleiter nach oben zu erklimmen. Vielleicht muß sie den Versuch mehrfach wiederholen, womöglich fällt sie streckenweise zurück, weil eine Charakterschwäche nicht überwunden werden kann. Auf noch nicht halbem Wege, zwischen Hod und Nezah, muß die Schranke des Ego überwunden werden.

Den Kenner antiker Weisheitslehren wird es nicht wundern, daß hier ein «Hüter der Schwelle» steht, von den Hebräern *Maggid* genannt, der den Aspiranten zunächst auf die Probe stellt und dann führt und leitet, bis er bereit ist, in die reingeistige Sphäre aufzusteigen. Noch ein Stück höher stehen links und rechts Engel, gute und «böse» (auch die Kabbala kennt die letzteren), die die Seele prüfen, ob sie fähig ist,

«den Zustand zu erkennen, in dem alles verbunden ist mit dem eigenen Leben und Schicksal, und das schließt alle Verbindungen zu anderen ein, von der Geburt, während des Lebens und nach dem Tode» (Halevi).

Hier oben, in dieser Region, sieht der Adept sein eigenes Schicksals-Karma und begreift, daß er nicht nur für sein augenblickliches Leben wirkt.

Eine solche Leiter könnte manchen abschrecken. Nicht aber den Kabbalisten, der gelernt hat, jede Sprosse voll und ganz zu bewältigen und fest auf ihr zu stehen, bevor er die nächste angeht. An seiner Strickleiter kann kein Faden reißen, kein Knoten aufgehen; sie ist für die Ewigkeit geknüpft.

Wer die Jakobsleiter besteigt, muß Mut, Demut und Zuversicht haben am Anfang und vor allem aber den *Willen* dazu.

KAPITEL 18

Die Engel-Hierarchie

Waren die Götter Astronauten? Wenn sie es waren, könnten wir einige rätselhafte Stellen des Alten Testaments und auch die griechische Mythologie besser interpretieren; als Vorbereitung, möchte man hinzufügen, auf den Kulturschock, der uns ins Haus steht, wenn sie uns das nächste Mal besuchen.

Waren sie aber *keine* Astronauten, dann wird unsere Glaubensbereitschaft eher noch mehr gefordert. Wir müßten dann nämlich annehmen, die Menschen der Antike seien allesamt Narren gewesen und hätten ihre Mythen erfunden, um dann auch fest an sie zu glauben. Sind, um beim Beispiel zu bleiben, die Anthroposophen etwa allesamt Narren, weil sie aufs Wort ihrem Gründer Rudolf Steiner glauben, der bekanntlich lehrte, daß gewisse atlantische und griechische Götter *wirklich lebten* (und der damit keine Astronauten meinte)?

Wenn wir die Mysterien der Antike verstehen wollen, müssen wir uns etwas vergegenwärtigen, was uns heute völlig fremd geworden ist, nämlich daß die Menschen jener Epoche an ihre Götter wirklich und wahrhaftig glaubten, so daß die Begegnung mit ihnen zu einem aufwühlenden Erlebnis, einer Sternstunde wurde, das ihr ganzes Leben verändern konnte.

Eine solche Sternstunde der Seele, die alles änderte, muß für die Apostel die Begegnung mit dem auferstandenen Christus gewesen sein: ein Erlebnis, das sie vom Grunde ihrer Seele veränderte und in ihnen nachglühte bis ans Ende ihres Lebens. Anders ist die Bereitschaft, einen oft grausamen Märtyrertod zu sterben, kaum zu verstehen. Nicht einmal das Entstehen der Evangelien dreißig bis sechzig Jahre nach der Kreuzigung hätte ohne diese überweltliche Bewußtseinsveränderung in solcher Inbrunst geschehen können.

Was für die Götter der Atlanter und der Griechen gilt, gilt selbstverständlich auch für die Engel der Juden und Christen. Der Glaube an sie war durch das gesamte erste Jahrtausend so stark, daß die unter dem Namen «Dionysius Areopagita» geschriebenen Bücher zum heiligsten Besitz der Christenheit gezählt wurden und besonders bei den Mönchsorden eine Verehrung genossen, die höchstens noch von den Evangelien selbst übertroffen wurde.

Erst seit der letzten Jahrhundertwende weiß man, daß diese Schriften nicht vom Apostel Paulus seinem ersten griechischen Jünger, dem Athener Richter Dionysius vom Areopag vermittelt wurden, wie bis dahin vielfach angenommen worden war. Als wahren Verfasser sieht man heute den Patriarchen von Antiochien, Severus, der übrigens auch der erste war, der sie seinerzeit als Werk des verehrten Areopagiten, eines Märtyrers, der Öffentlichkeit vorzeigte. Die gelehrte Welt jener Zeit hielt die Schriften für so bedeutend, daß leidenschaftliche Streitgespräche über ihre Echtheit geführt wurden.

Die Vorkämpfer der Orthodoxie, Männer wie Irenäus, Tertullian, Athanasius oder Cyrillus, haben sich dieser gewaltigen Schriften in ihrem Kampf gegen die Ketzer niemals bedient. Das kann eigentlich nur bedeuten, daß sie in den ersten Jahrhunderten nach der Zeitenwende noch nicht bestanden. Gravierend gegen die Autorenschaft des Paulus-Schülers spricht vor allem der textliche Nachweis, daß der Areopagit Gedanken des neuplatonischen Philosophen Proklus übernahm. Das war der Beweis, daß die Schriften nicht vor dem Jahre 482 entstanden sein konnten!

Wer immer der geheimnisvolle und ohne Zweifel umfassend gebildete und gelehrte Autor war, seine beiden Werke «Von der himmlischen Hierarchie» und «Von der Kirchlichen Hierarchie» wurden zu einem Grundstein des Katholizismus über viele Jahrhunderte. Es ist freilich nicht ohne Ironie, daß der aus Syrien stammende, in Alexandrien ausgebildete Severus die «Hierarchien» wahrscheinlich als Eremit in der Verbannung schrieb (er starb exkommuniziert im Jahre 539), ganz ähnlich dem Ephesus-Christen Johannes, der als Verbannter auf der Insel Patnos die «Offenbarung» empfing.

Natürlich konnte sich Severus auf uralte Überlieferungen über das Wesen der Engel stützen. Er muß zugleich aber auch eine intime, sehr gründliche Kenntnis der Gnosis besessen haben. Hatte er während seiner Seminarzeit an der alexandrinischen Katechetenschule dort heimlich in verbotenen Büchern gelesen? Ganz unverkennbar gnostisch ist seine Kunde von der Ursonne und dem Urgott, der *über* dem eifersüchtigen Jahwe steht und nicht eingreift in die Tagesdinge der Menschen. Die Allmacht dieses Urgotts ist kosmisch und nicht magisch.

Urteilte man vom Standpunkt eines gnostikfeindlichen Ketzerverfolgers, wie Justin oder Irenäus, müßte man den geheimnisvollen Autoren der «Hierarchien» als einen Wolf im Schafspelz sehen, der unter dem Vorwand apostolischer Herkunft gnostisches Gedankengut unter die Christenheit geschmuggelt hat. Urteilen wir milder, können wir – wieder einmal! – vermuten, daß jemand aus ehrlicher Überzeugung um einer guten Sache willen einen frommen Betrug beging. Denn der Name des «echten» Areopagiten, als eines Schülers des Paulus, hatte solches Gewicht, daß jedermann überzeugt war, hier eine authentische Darstellung der frühchristlichen Auffassung über Sakramente, Eucharistie, Priesterweihe, Taufe und anderes mehr vor sich zu haben.

Die «Hierarchien» sprechen von drei mal drei Engelsordnungen: Die oberste Triade besteht aus den Seraphim und den Cherubim, «den Vielaugigen und Vielgeflügelten», sowie den Thronen. Sie sind die allerhöchsten, erhabensten Engelswesen, schon nahe dem unergründlichen Urgott und ganz in dessen Willen lebend. Die frühen Gnostiker stellten sie sich als auf der Sonne wohnend vor. Später dachte man sich die oberste Triade als eine Art geistiger Gralsburg.

Dionysius sagt von ihnen:

> «Reinen Blicks genießen sie die seligsten Anschauungen, sie werden von den einfachsten und unmittelbarsten Strahlen funkelnd erleuchtet und mit göttlicher Speise gesättigt ... Sie (d.h. die höchste Triade) erkennt in bevorzugter Weise viele Geheimnisse des Göttlichen – ihr ist, soweit es überhaupt statthaft sein kann, Teilnahme am göttlichen Wissen und Erkennen gewährt.»

140

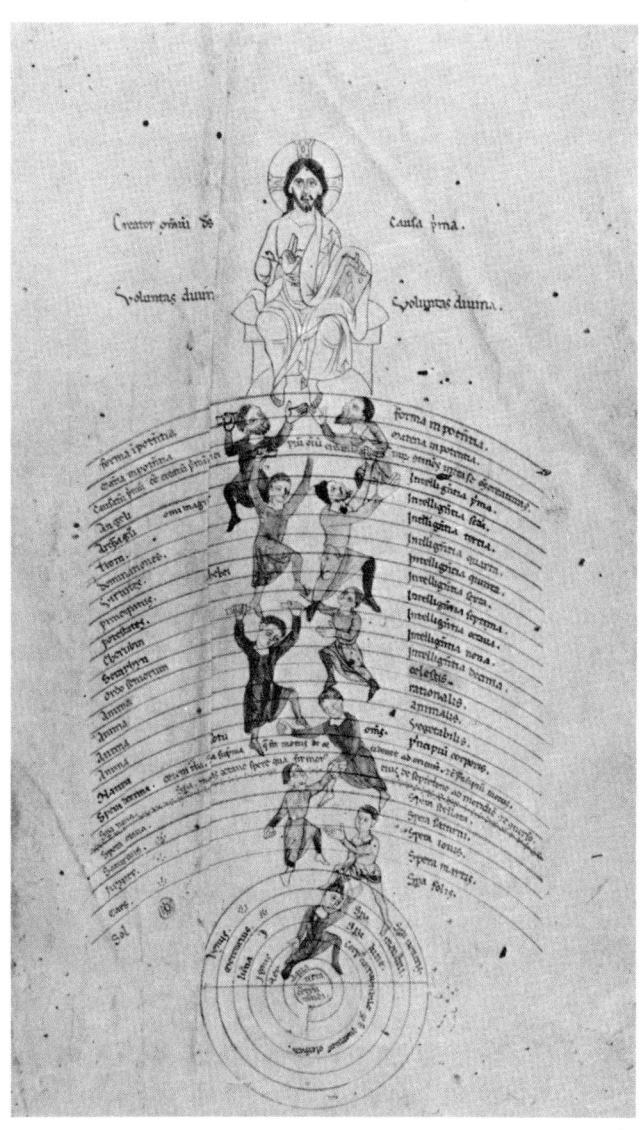

Abb. 21. Diese Darstellung aus einer hermetischen Handschrift des 12. Jahrh. zeigt den Aufstieg der Seele durch die zehn Stufen der Erkenntnis bis hinauf zum Christus Pantokrator, der über der geschaffenen Welt thront. Die Stufenleiter entspricht der ‹Jakobsleiter›. In ähnlicher Weise wurden auf alten Handschriften die Hierarchien der Engel dargestellt.

141

Jede Engelordnung hat ihre eigene Aufgabe. Die Seraphim an der Spitze des höchsten Dreiecks sind Engel der schöpferischen Liebe. Sie geben, schenken Liebe, ohne etwas dafür zu heischen. Schöpferisch wirken sie als Aussender einer das Universum erfüllenden, immerwährenden Energie. Sie fangen die von Gott ausgehenden Schöpfungswellen auf, bündeln sie und leiten sie weiter.

Der holländische Mediziner und Angelologe H. C. Moolenburgh vermutet, daß der vermeintlich «Heilig ... Heilig ... Heilig» singende Engelchor in Wirklichkeit ein Schöpfergesang ist, der wie eine Brandung im regelmäßigen Wellenschlag den Kosmus durchpulst. Man fühlt sich hier an indische Yogaschulen erinnert, deren Meister ihren Schülern das Ziel vorgeben, ständig im – für sie hörbaren – Strom dieser göttlichen Sphärenmusik zu leben.

Besser klingt es, wenn wir «Heilig ...» durch das hebräische Wort *Kadush* ersetzen, in welchem man eher das Rauschen einer Brandung zu vernehmen meint. Ganz sicher ist diese Überlieferung des Schöpfergesangs sehr viel überzeugender als die romantische Vorstellung von Engeln, die müßig auf Wolken sitzen und immer nur «Heilig ... Heilig ...» rufen.

Die Cherubim stehen ebenso dicht bei Gott, und gleich den Seraphim besitzen sie drei Paar Flügel, was nach Ouspensky bedeutet, daß sie in einer sechsdimensionalen Welt zuhause sind (drei Dimensionen höher als die unsere). Die fünfdimensionale Welt gehört der unter ihnen folgenden zweiten Triade, die vierdimensionale der Engel und Erzengel der dritten, wo Engel und Erzengel wohnen. Die Flügel versinnbildlichen, daß ihre Besitzer von einer Dimension in die nächstniedere gelangen können.

Die Cherubim haben die Aufgabe, die von den Seraphim ausgehenden Schöpfungswellen in Bewußtseinsformen zu wandeln.

«Liegt bei den Seraphim der Nachdruck auf der Liebe, so liegt er bei den Cherubim auf der Weisheit ... Die Seraphim überströmen die Schöpfung mit Gottes Wärme, die Cherubim mit hellem, intensivem Bewußtsein» (Moolenburgh).

142

Auch hier also wieder etwas völlig anderes als die romantisierende Vorstellung von pausbäckigen Cheruben, wie wir sie aus so vielen ornamentalen Darstellungen kennen.

Die dritte Ordnung der obersten Hierarchie besteht bei Dionysius aus den Thronen, bei Hesekiel aus den *Ofanim* (wörtlich: Rädern, weil sie in Visionen als räderförmig gesehen werden). Sie sind die ausführenden Organe der Seraphim und Cherubim. Ihre Aufgabe ist es, die bewußtseinstragenden schöpferischen Trägerwellen so zu verdichten, daß Materie entsteht. Unter dem Einfluß der Throne entstehen zugleich Raum und Zeit, die es vorher noch nicht gegeben hat, sowie Schwerkraft. In quantenphysikalischen Begriffen ausgedrückt könnten wir sagen, daß die Throne *Tachyonen* entstehen lassen.

Natürlich kann man alle diese Vorstellungen als religiösen Mythos ansehen. Immerhin beweist das grandiose Bild der im göttlichen Schöpfungsprozeß tätigen Hierarchie, daß sich die Mystiker und Propheten früherer Jahrtausende nicht mit irgendwelchen romantisierenden Frömmeleien zufriedengaben, sondern sehr konkrete Vorstellungen über den «Himmel» besaßen.

Die nächste und mittlere Triade besteht aus den Herrschaften, den Mächten und den Gewalten. Sie erhalten die urgöttlichen Impulse und Erleuchtungen durch Vermittlung der obersten Triade. Geister dieser Ordnung sind kraftvolle Engelwesen, die fähig sind, in den ungezählten Bereichen des Himmels Führer und Lenker zu sein.

Die untere Triade der himmlischen Hierarchie bilden einmal die «Fürstentümer», denen die Erzengel und Engel in der Richtung nach unten, zur Erde also, folgen. Sie stehen den Menschen und der gesamten irdischen Natur am nächsten, und weil sie es tun, können nur aus ihren Reihen jene Betreuer- und «Schutz»-engel kommen, an die die Menschen zu allen Zeiten geglaubt haben.

Der Körper eines Engelwesens ist dicht genug, um – wenn die Not es erfordert – materialisiert, also für Menschen sichtbar zu werden. Nicht nur zu biblischen Zeiten geschah das. Engel sind den von ihnen betreuten Menschen in Augenblicken höchster Not am nächsten und können dann gelegentlich «mit dem inneren Ohr» gehört – und auch gesehen – werden. Manche Erzengel verwalten das Schicksal ganzer Völker.

Die Fürsorge eines Engels für eine Menschenseele beginnt *vor* der Geburt und endet nach dem Tode. Besonders dazu ausgebildete Engel überwachen den Prozeß, den eine Seele, widerstrebend erst, durchmacht, um auf eine Rückkehr zur Erde gerüstet zu sein. Andere weben die Fäden, malen die Bilder aus, denen der Mensch nach einem geheimnisvollen Prozeß der Entsprechung im ihm bevorstehenden Leben folgen muß, in die er hineingeraten wird, um seinen Lebenssinn zu finden.

Flügel haben die Engel zum Zeichen des geistigen Auftriebs und des Entrücktseins von allem, was der Erde anhaftet, mutmaßt Dionysius, der noch nicht in vielfachen Dimensionen denkt. Und wie um ihre Schwerelosigkeit noch zu betonen, sind sie immer barfüßig.

All dies entspricht voll dem biblischen Engelsbild.

Dionysius hat es nicht erfunden, er hat es nur in eine prächtige sprachliche Form gegossen, um dann der neunfachen Engel-Stufenleiter eine Hierarchie der Kirche gegenüberzustellen, in der der Bischof als tragender Hierarch die Hauptfigur ist.

Es ist kein Wunder, daß die «Hierarchien» zu einem Eckstein der kirchlichen Orthodoxie geworden sind, auch wenn der Areopag selbst gar nicht orthodox war. Sein Urgott ist weder liebefordernd eifersüchtig, noch greift er in die kleinen menschlichen Affären ein. Das kommt der Gnosis schon sehr nahe.

Sein gewaltiges Bild von den Ordnungen der Engel und ihren Aufgaben erinnert an den von uralten Überzeugungen übernommenen gnostischen Glauben an «Schöpferengel», Halbgötter und Demiurgen, einen Glauben, der sich über die Mysterienschulen und geheime esoterische Bünde bis heute erhalten hat.

Jene «Götter», die sich einstmals mit der Menschenrasse vermischten und ihnen eine «Ur-Offenbarung» aller Weisheit zwischen Himmel und Erde vermittelten, waren – wenn wir dieser Geheimlehre folgen wollen – weder Astronauten von anderen Sternen noch «Aussiedler» untergegangener Zivilisationen, letzteres jedenfalls nicht direkt.

Sie waren – um wieviel unglaublicher klingt dies? – schlichtweg Engel. Mit anderen Worten, sie waren ursprünglich ohne

144

Abb. 22. Diese ⟨Jakobsleiter⟩ zeichnete der englische Mystiker William Blake (1757–1827). Blake hatte schon als Kind Visionen von Engeln; Gott zeigte sich ihm in der Natur.

einen dichten materiellen Körper geschaffen und gehörten zur Engelwelt des «Nichtwählenmüssens», die vom Urgott vorbestimmte Aufgaben erfüllen. Sie gingen nicht durch einen «Sündenfall» (Abfall von Gott), aber sie entwickelten sich in einer Weise, die ihrem Wirken auf der Erde angemessen war.

Die Evolution des *Homo Sapiens* erklärt sich danach aus zweierlei Strömungen: Von «unten» kommend aus der biologischen Fortentwicklung der den Affen verwandten Primaten, von «oben» kommend aus dem Herabsteigen der zur zweiten Triade gehörenden Schöpferengel, die eines Tages die Zeit gekommen sahen, sich als Menschen zu inkarnieren.

Wenn wir die Sage vom Untergang des Kontinents Atlantis betrachten, war das Ergebnis dieser Verschmelzung zu «menschlich», um erfolgreich zu sein. Die hier inkarnierten Engel mißbrauchten nach esoterischer Überlieferung ihre magischen Kräfte.

Engel können also durchaus fehlen. Sie können sogar «fallen» und werden dann zu Helfern des Luzifer.

Kapitel 19

Tischendorfs Fund am Sinai

Man schreibt den Mai des Jahres 1844. Der deutsche Religionswissenschaftler und Paläograph Constantin von Tischendorf (1815 bis 1874) ist nach Kairo gereist, weil er gehört hat, daß im Nahen Osten noch «ungehobene Schätze» von alten frühchristlichen Handschriften zu finden seien. In Kairo hört er von Vermutungen, daß man im Katharinenkloster am Berge Sinai solche Schriften aufbewahre.

Tischendorf macht sich ohne Umschweife auf den damals nicht unbeschwerlichen Weg mit dem Kamel als einzigem Transportmittel. Er weiß, daß das Sinaikloster, im Jahre 530 erbaut, niemals zerstört wurde, so daß durchaus eine Chance besteht, in seinen Mauern sehr alte Pergamente zu finden.

Die Mönche am Sinai nehmen den deutschen Gast freundlich auf, und gern gewährt man ihm den Wunsch, die Klosterbibliothek besichtigen zu dürfen.

Tischendorf läßt seinen prüfenden, fachkundigen Blick über die gefüllten Regale streifen. Viele Handschriften liegen dort, in liebevollem Fleiß geschaffen von Generationen von Mönchen, aber es ist nicht ein einziges wirklich altes Stück aus den ersten Jahrhunderten dabei. War also die ganze Reise umsonst? Schon geht ihm dieser Gedanke durch den Kopf, als er in der Mitte des Saales auf einen großen Papierkorb stößt, der mit den Resten schadhafter Handschriften gefüllt ist.

Sie sind zum Feuermachen bestimmt.

Einer Eingebung folgend, greift Tischendorf hinein, findet im Halbdunkel Bündel beschriebenen Pergaments, zerrt sie ans Fenster und traut seinen Augen nicht: Der Papierkorb enthält 129 Blätter einer Handschrift, «deren paläographische Erscheinung auf das höchste Alter schließen ließ».

Kyrillos, der freundliche Bibliothekar, erzählt Tischendorf beiläufig, daß schon zwei Körbe von solchen «Resten» benutzt wurden, um in kalten Morgenstunden den Kamin anzuzünden. Die Mönche hatten keine Ahnung, welchen kostbaren Schatz sie besaßen. Und Tischendorf sah mit klopfendem Herzen, daß er es mit einer beinahe kompletten Bibelhandschrift aus dem 4. Jahrhundert zu tun hatte, dazu mit einer besonders schönen: Der *Codex Sinaiticus* ist bis heute die einzige vierspaltige Handschrift des Neuen Testaments geblieben.

Alle Handschriften jener Zeit sind auf Papyrus geschrieben. Während die Ägypter und andere jedoch die Papyrusblätter rollten – und manchmal zu meterlangen Rollen zusammenklebten – benutzten die Christen die Form des Kodex. Dabei wurden Papyrusblätter gestapelt, in der Mitte gefaltet und so beschrieben, daß jeweils einzelne Lagen entstanden, die man dann zusammenfügen und meist in Lederhäute einbinden konnte. Diese *Codici* waren die Vorläufer des Buches.

Abb. 23. Constantin von Tischendorf (1805–1874), der Entdecker des ‹Codex Sinaiticus›.

148

Abb. 24. Das Katharinenkloster am Berge Sinai (Lithographie von A. Dauzats).

Zum Lohn für seine Entdeckung erhält Tischendorf vom Abt 43 Blätter geschenkt, die er mit nach Kairo zurücknimmt. Als er 9 Jahre später zurückkehrt, um die restlichen Blätter wenigstens zum Studium mitnehmen zu dürfen, stößt er auf Hindernisse; der Patriarch von Konstantinopel hatte sein Plazet verweigert. Die Kirchenbehörden waren inzwischen dahintergekommen, welchen Schatz sie am Berge Sinai besaßen. Erst 1859 und nach komplizierten Verhandlungen erhält der deutsche Gelehrte mit Hilfe eines Empfehlungsschreibens seines Gönners Zar Nikolaus I. Zugang zu den restlichen Blättern – das heißt, er darf sie zum Kopieren nach Kairo mitnehmen.

Tischendorf profitierte von dem Umstand, daß der Zarenthron in jener Zeit in der orthodoxen Kirche besonderes Ansehen genoß. Außerdem hatte die Zarin sich persönlich für den Grafen eingesetzt.

Inzwischen waren die Neider am Werk. Man verbreitete das Gerücht, Tischendorf habe den Papyrus im Katharinenkloster gestohlen und wolle ihn zu Geld machen. Ein britischer Gelehrter bot den Mönchen Geld, aber sie lehnten ab. Er würde den Kodex lieber dem Zaren zum Geschenk machen, vertraute der Abt Tischendorf an, als ihn für englisches Gold verkaufen.

Und eben dies sollte auch geschehen. Am 18. November 1869 unterzeichnete Erzbischof Callistratus die Schenkungsurkunde, während der Zar der Bibliothek des Klosters als Gegengabe 7000 Rubel und dem Tabor-Konvent 2000 Rubel zur Verfügung stellte.

Heute befindet sich der Codex Sinaiticus im Britischen Museum in London, das ihn 1934 von den Sowjets für die damals außerordentliche Summe von 100 000 Pfund Sterling erwarb. Der Kodex enthält die volle Bibel, ausgenommen einige Teile des Alten Testaments (einige damals verschollene Blätter sollen inzwischen in einem entlegenen Winkel des Klosters wiedergefunden worden sein). Ferner gehören zum Kodex zwei apokryphe Schriften, die beinahe in den kirchlichen Kanon aufgenommen worden waren: der Barnabas-Brief und die «Hirten des Hermas», bis dahin nur in Bruchstücken bekannt.

Die beiden letzteren fand Tischendorf auf ebenso abenteuerliche Weise wie den «Schatz aus dem Papierkorb»: Bei seinem dritten Besuch im Kloster, der nichts mehr ergeben hatte — Tischendorf hatte schon einen Laufjungen gesandt, die Kamele satteln zu lassen —, bat ihn der Gehilfe des Abtes zuletzt noch in seine Zelle, um ihm Erfrischungen anzubieten. Plötzlich bemerkte er: «Ich habe hier auch ein griechisches Altes Testament.» Bei diesen Worten griff er in eine Ecke seines Zimmers und — wir zitieren Tischendorf, «brachte ein Manuscript von großem Formate, eingeschlagen in ein rotes Tuch, herbei und legte es vor mich auf den Tisch. Ich öffnete das zugeknöpfte Tuch und sah zu meinem großen Erstaunen vor meinen Augen die prächtigen in vier Columnen geteilten Unzialschriftzüge ...» Der Umfang der Blätter bewies Tischendorf sofort, daß es sich nicht um jene Fragmente handeln konnte, die er bei seinem ersten Besuch dem Papierkorb entnommen hatte und dann zurücklassen mußte. «Ein paar flüchtige Blicke hinein ließen mich Anfang und Ende des Neuen Testaments mit dem Briefe des Barnabas bemerken, und mein Erstaunen stieg aufs Höchste.»

Tischendorf hatte gegen jede Erwartung (der Rest des 1844 entdeckten Materials wurde auf höhere Anordnung inzwischen außerhalb des Klosters verwahrt) einen völlig neuen Fund gemacht. Und was mehr war, dieser enthielt auch die Bücher des Neuen Testaments *vollständig* und nicht nur bruchstückweise, wie es bei den beiden berühmtesten Bibelhandschriften, dem Vatikanischen und dem Alexandrinischen Kodex, der Fall war.

Beim Schein einer trüben Lampe arbeitete Tischendorf die ganze Nacht, um soviel von seinem neuen Fund zu kopieren, als ihm möglich war.

Mit Hilfe seines Gönners, des Zaren, und der sächsischen Regierung hat Tischendorf in den darauffolgenden Jahren sowohl die Original-Faksimiles als auch die Übersetzungen seiner Funde veröffentlicht. Der «Codex Sinaiticus» wurde damals beinahe zum Tagesgespräch und beanspruchte ein öffentliches Interesse, wie es später wohl nur noch von der Entdeckung des Tut-anch-amun-Grabes oder der Auffindung der Schriftrollen von Qumran erreicht worden ist.

Außer viel Bewunderung und Anerkennung brachte dies auch

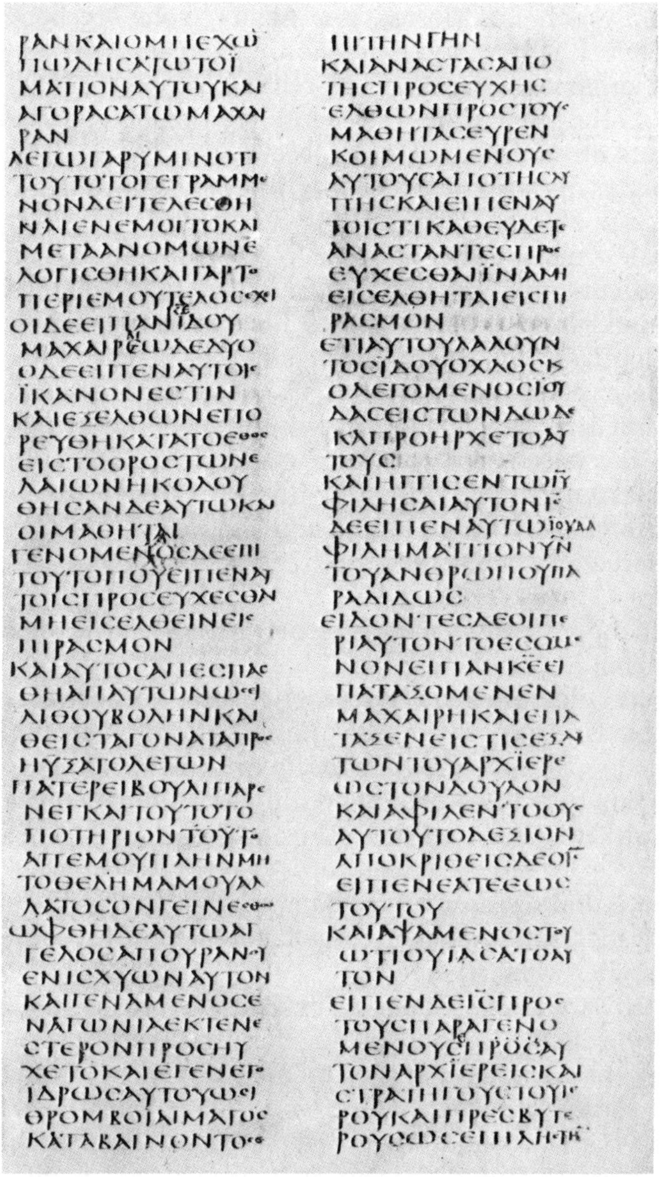

Abb. 25. *Eine Seite aus dem Codex Sinaiticus (Sinaibibel), im Besitz des British Museum, London.*

manchen Neider auf den Plan. Vor allem in England erhoben sich Stimmen, die von einer geschickten Fälschung sprachen und Tischendorf unterstellten, er habe mit Falsifikaten zu Ruhm und Reichtum gelangen wollen.

Noch 1934 wurden Gerüchte in die Welt gesetzt, die das Britische Museum in einem eigens dazu geschriebenen Büchlein widerlegte, damit die Spenden zum Aufbringen der fürstlichen Kaufsumme nicht etwa ausblieben. Ein Gefangener der Bolschewiken habe den Codex in seiner Zelle geschrieben, hieß es, und als dies widerlegt war, zerrte man die kaum weniger phantasievolle Version ans Licht, ein gewisser Simonides habe das ganze Werk niedergeschrieben, um seinem Onkel, dem Abt Benedict des Athosklosters Panteleemon, einen Gefallen zu tun: Der Onkel habe den Codex dann als Geschenk dem Zaren überreichen wollen.

Das wäre dann doppelter Betrug gewesen: Erst sollte Nikolaus I. hereingelegt werden, und dann sollten dessen sowjetische Nachfolger denselben Trick noch einmal benutzt haben, um nun die Briten hereinzulegen. Natürlich wurden beide Versionen schnell entkräftet. Der Codex ist echt! Auf den Kodex-Blättern läßt sich heute noch genau erkennen, wo ein «Korrektor» bei der Übertragung kleine Pünktchen machte zum Zeichen dafür, daß er etwas (ihm sprachlich überflüssig erscheinendes) ausgelassen hatte, während später ein anderer Korrektor versuchte, die Pünktchen mit einem scharfen Messer auszukratzen. Die Kratzstellen auf dem Pergament sind noch deutlich sichtbar.

Die frühchristlichen Kirchenväter waren offenbar viel gewissenhafter als lange nach ihnen die Mönche vom Sinai, die so sorglos mit ihren Schätzen umgingen. Eine Stelle des Codex Sinaiticus enthält einen Zusatz: Man habe den Text mit einer uralten Handschrift verglichen, die im Besitz des Märtyrers *Pamphilus* (A.D. 310) gewesen sei, und dieser habe sein uraltes Exemplar wiederum mit der *Hexapla*, dem vom Kirchenvater Origines (185–254) niedergeschriebenen Alten Testament verglichen. Die Mönche und Kirchengelehrten jener Zeit hätten kaum gewissenhafter sein können. Wenn man ihre Leistungen an den heutigen technischen Möglichkeiten mißt, haben sie wahre Wunder vollbracht.

KAPITEL 20

Im Tempel von Eleusis

Die kulturelle Einheit der hellenistischen Welt des Altertums sorgte dafür, daß die ägyptischen Mysterien von Alexandria nach Griechenland gelangten. Der Dichter Apulejus zeichnet ein Bild von den Isismysterien zu Cenchrea bei Korinth. Als nach langen Vorbereitungen endlich der Tag der Weihe kommt, betritt der Myste an der Hand des Hohepriesters das Heiligtum. *Was* er hier erlebt, darf er nicht schildern, wohl aber dessen Wirkung:

> «Ich ging bis zur Grenzscheide von Leben und Tod, betrat die ... Schwelle, und nachdem ich durch alle Elemente gefahren, kehre ich wieder zurück. Zur Zeit der tiefsten Mitternacht sah ich die Sonne in ihrem hellsten Licht ... Ich schaute die unteren und die oberen Götter von Angesicht zu Angesicht ... Nun hast Du alles gehört. Aber auch verstanden?»

Die wichtigsten Merkmale der ägyptischen Tempel-Einweihung waren also erhalten geblieben. Vielleicht fehlte die mit Schlangen und Gewürm gefüllte Grube, vielleicht der «Feuerofen», aber der Effekt war der gleiche geblieben, ebenso wie das strenge Schweigegelübde.

Das gilt auch für die bekanntesten griechischen Mysterien in den Tempeln von Eleusis, die der Göttin Demeter und ihrer Tochter Persephone geweiht waren. Über Eleusis haben ganze Generationen von Gelehrten Vermutungen angestellt, wobei sie etwas leichtfertig davon ausgingen, daß es sich bei der «Erdmutter» Demeter wohl um ein Fruchtbarkeitsritual gehandelt haben müsse.

Aber die Umstände sprechen dagegen. Demeter hatte nach der

Göttersage ihre Tochter Persephone verloren, die von Pluto geraubt und im Hades festgehalten wurde. Um sie zu finden, irrt die Göttin durch die Dunkelheit der Unterwelt.

Das war natürlich ein vorzügliches Vorbild: Um die Suche der Göttin nachzuvollziehen, mußte auch der Myste seinen Weg durch die hadesähnliche Finsternis des Tempels finden. Er tat das in hoher nervlicher Erregung. Dem Tag der «Großen Mysterien», die übrigens in jedem Jahr am 13. September begannen, waren sechs Monate der Vorbereitung vorangegangen. In der ersten Septemberwoche schließlich mußte sich der Myste in Athen bestimmten Übungen und Prüfungen unterwerfen. Am fünften Tag dann setzte sich ein feierlicher, blumenbekränzter Zug nach Eleusis in Bewegung. In Hainen längs des 22 Kilometer langen Weges führten junge Priesterinnen die symbolischen «unteren» Stufen der Weihehandlung auf.

Je mehr man sich Eleusis näherte, je größer wurde die sich anschließende Menge, die tanzend und jauchzend den Zug der Kandidaten begleitete. Erst am Ziel, vor dem imposanten Telesterion-Tempel von Eleusis, mußte die Menge zurückbleiben. Nach einem reinigenden Bad versammelten sich die Kandidaten im Vorhof des Gebäudes beim Schein der Fackeln. Jeder mußte von hier seinen Gang alleine antreten.

Wenn seine Zeit gekommen war, wurde der Myste mit dem Rehfell bekleidet und zum Eingang des Tempelinnern geleitet, in dessen unterirdischem Labyrinth er nun seinen Weg durch ein Halbdunkel zu suchen hatte, das ihn abwechselnd mit Hoffnung, Furcht und Schrecken erfüllte.

Vielleicht wurde der Myste in Eleusis bei einem Versagen nur der Schande preisgegeben und nicht mit Tod oder Tempelsklaverei bedroht. Ganz sicher aber beherrschten die griechischen Priester die «Bühnentricks» mindestens ebensogut wie ihre ägyptischen Kollegen. Hinzu kam, daß die Einzuweihenden glaubten, der Tempel sei zur Mitternachtsstunde von unerlösten Seelen aus dem Hades erfüllt. Aus der Finsternis flüsternde Stimmen und reflektierende Spiegel verstärken die Illusion. Der Myste weiß nicht mehr, ob er ein Lebender oder ein Toter ist.

Menschen in dieser hochgradig gespannten und suggestiblen Gemütsverfassung lassen sich leichter zu einem «Schwellenerlebnis» führen. Vermutlich half dabei ein betäubender Trunk, den man ihnen vorher, angeblich zur Stärkung, gereicht hatte. Raffinierte Lichteffekte wechselten mit langen, tiefen Schatten ab. Für Sekundenbruchteile blitzten aus der Finsternis verhüllte Gestalten, Dämonen und gräßliche Schimären auf. Der Trunk hatte den Mysten nicht betäubt, er hatte seine Sinne und sein Bewußtsein geschärft und um ein Vielfaches gesteigert.

In einer Art Krypta stand ein Magier, der scharfriechende Essenzen in einen brodelnden Kessel warf. In den aufsteigenden Dämpfen gaukelten Lichtspiele, Nebel und Schemen.

An irgendeiner Stelle des unterirdischen Weges wurde dem Mysten ein verschlossener Korb gereicht. Im Allerheiligsten stand ein Schrein, dem der Myste etwas zu entnehmen und in seinen Korb zu legen hatte, um es am Ende zurückzutun.

Abb. 26. Eleusis. Reste des alten Mysterientempels, der u. a. von französischen Archäologen ausgegraben wurde. Die eigentlichen Mysterienweihen fanden in Räumen und Gängen unter der Erde statt.

Der geheimnisvolle Ritus hat die erotische Phantasie vieler Autoren angeregt. Da Demeter die Fruchtbarkeitsgöttin war, nahm man teilweise an, der Schrein habe die Nachbildung einer Weizenähre oder gar die eines weiblichen Schoßes enthalten, dessen Berührung eine Art «Wiedergeburt» für den Mysten bedeutete.

Irgendwo längs des Weges sah der Myste auch ein Bildnis der als unfreiwillige Gattin des Pluto gefangenen Persephone. *Dieses* Symbol müßte er verstehen: Die Tochter der Demeter war das Bild der menschlichen Seele, die auf ihrer Wanderung durch das Reich der Materie durch den Hades, d.h. den körperlichen Tod hindurchgehen muß.

Es ist undenkbar, daß das bloße symbolische Ansichnehmen des Korbinhalts für die Mysten eine «Schwelle zwischen Leben und Tod» bedeutet haben kann. Der Höhepunkt der eleusinischen Mysterien war sehr wahrscheinlich überhaupt kein Ritual, sondern eine Vision, ein Eingriff in seine Psyche, die sein Denken veränderte, so daß er nie mehr derselbe war wie zuvor. Irgendeine Symbolhandlung hätte niemals in Männern wie Sophokles und Euripides eine so tiefe Bewegung auslösen können.

Am Ende des Weges stand die in strahlendes Licht getauchte Erscheinung der Persephone. Auch der Adept selbst befand sich nun in einem lichterfüllten Raum in Gegenwart des greisen Hierophanten und der Priester. Er hatte den Tod und seine Schrecken überwunden, stand im Angesicht der Götter. Er war verwandelt, war nicht mehr an die Erde gebunden. Und er wußte: Am Ende meines Lebens wird mir Gleiches geschehen. Dies *ist* die Wiedergeburt.

Was er erlebt hatte, war ebensowenig eine Halluzination, wie das Schwellenerlebnis eines Patienten im Zustand des klinischen Todes eine solche ist. Es war eine in die Transzendenz hineinreichende Überwirklichkeit.

KAPITEL 21

Hermes, der dreimal Größte

Welch eine Ironie: *Galileo Galilei* drohte der Scheiterhaufen, obwohl er durchaus nicht als erster entdeckt hatte, daß die Erde sich um die Sonne bewegt. Sein unruhiger Geist hatte den italienischen Gelehrten nur dazu getrieben, es unvorsichtigerweise als erster zu *verkünden*.

Viele Jahrhunderte zuvor hatten ägyptische Tempel-Initiaten dasselbe wie Galilei erkannt, hatten aber ihr Wissen als «hermetisches Geheimnis» verborgen. Dasselbe, und mit noch mehr Grund, taten die Hermetiker des Mittelalters, die Verfolgung durch die Kirche fürchtend.

Die Ägypter wußten noch mehr. Sie sahen den Doppelstern Sirius (der Name ist gleichbedeutend mit Isis) als Mittelpunkt des Firmaments: ein Riesenstern mit einem kleinen Trabanten von extremer Dichte; seine Masse hat, wie wir heute wissen, ein spezifisches Gewicht, das 53 000mal größer ist als das des Wassers. Das Sirius-Gespann war für sie das Zentrum des Sonnensystems, aus dem auch der Sonnengott *Re* seine Kraft schöpfte.

Das erste Hermesprinzip lautete: *Wie oben, so unten!* Die Bewohner der Erde sind eine Spiegelung dessen, was im Kosmos lebt, der Mikrokosmos eine Spiegelung des Makrokosmos. Zeigt dessen Mittelpunkt zwei Weltenkörper, den kleineren sich um den größeren bewegend, dann mußte es im kleinsten irdischen Partikel, das sie sich vorstellen konnten, im Atom, genauso aussehen.

So glich der Sirius-Doppelstern dem Atomkern, in dem ein Positron (d. h. ein Riesenstern von schwacher Dichte) von einem Neutron begleitet wird, dessen Masse sehr klein ist, das aber das ganze Gewicht des Atoms auf sich nimmt.

Die Hermetiker wußten, daß der materielle Kosmos aus einander umkreisenden Körpern von winziger Kleinheit bis zur Riesengröße bestand. Wer war dieser Hermes, auf den sie ihr Wissen bezogen?

Hermes Trismegistos, der «dreimal Größte», ist der Inbegriff der Weisheit überhaupt. Es bleibt im Dunkel der ägyptischen Geschichte verborgen, ob der dreimal Erhabene wirklich gelebt hat oder mehr als eine mythische Figur zu sehen ist, deren griechischer Göttername dem des ibisköpfigen Gottes Thoth der Ägypter entsprach. Einige vermuten, daß Hermes ein Weiser aus einer der frühen Dynastien des Nillandes gewesen sein muß. Er sollte die Stadt Hermopolis gegründet haben. Homer sah den Trismegistos als Vater der Magie.

Das wurde erst recht so, als der italienische Gelehrte Marsilio Ficino für den Fürsten Cosimo de Medici um die Mitte des 15. Jahrhunderts einen Satz griechischer Manuskripte übersetzte, die ein Reisender (schon damals war man auf solche Entdeckungen aus) aus dem Nahen Osten mitgebracht hatte.

Die Medici-Dokumente erwiesen sich als echte Werke des Altertums: es waren insgesamt 18 Schriften, also die Hälfte der etwa 36 Hermes-Papyri, die sich nach Clemens von Alexandrien einst in der berühmten Bibliothek von Alexandrien befunden hatten und von denen man glaubte, sie seien sämtlich ein Raub der Flammen geworden. Diese 18 Traktate waren in Abschriften anderenorts erhalten geblieben.

Sie alle sind nach Meinung des holländischen Gelehrten Professor Gilles Quispel (Utrecht) als Variationen über das Thema «Wer sich selbst kennt, kennt das All» (so ein Spruch einer neugefundenen armenischen Logiensammlung des Hermes Trismegistos) zu sehen. Die Hermetik hat also eine ausgesprochen tiefenpsychologisch-religiöse Komponente: der Mensch kommt erst dann zur Kenntnis des Alls (d.h. der Unsterblichkeit), wenn er sich selber kennengelernt hat.

Man kennt diese Schriften heute als das *corpus hermeticum*, bestehend aus theologischen, kultischen, astronomischen und medizinischen Texten, die für den stolzen Erwerber Cosimo de Medici den Ruf des Hermes Trismegistos als größtem aller Magier bestätigten.

Das Bekanntwerden der von Ficino übersetzten Handschriften löste in der Renaissance eine wahre «Hermes-Welle» aus. Alchimisten und manche Mediziner nahmen die Naturmagie des corpus hermeticum für sich in Anspruch. Die Legende schrieb dem Hermes die Fähigkeit zu, Gefäße und auch Schätze unzugänglich zu machen; von dort stammt der Ausdruck «hermetisch abgeschlossen».

Zu einem Teil hat der Genfer Gelehrte Isaac Casaubon (1559–1614) diesen Mythos «entzaubert». Er wies nämlich nach, daß die 18 Schriften des corpus nicht von einer Hand, sondern von mehreren Autoren geschrieben waren. Sie waren, wohlgemerkt, nicht etwa eine Fälschung! Ihre Entstehungszeit nahm Casaubon mit dem 2. Jahrhundert n. Chr. an, vermutlich aus dem Kreise einer hermetischen Gemeinde in Alexandrien. Daß diese einfach den Namen ihres Vorbildes benutzten, entspricht einer Gepflogenheit der damaligen Zeit. Wie wir schon sahen, kennt die Kirchengeschichte zahlreiche «Pseudo»-Schreiber, die sich den Namen der von ihnen bewunderten Apostel oder Kirchenväter aneigneten.

Übrigens wurde unter den bei Nag Hammadi gefundenen Schriften auch ein solcher «Pseudo-Hermes» entdeckt, womit am Alter dieser Literatur kein Zweifel mehr möglich ist. Es handelt sich um den sogenannten *Diskurs über die achte und neunte»* in der Form eines Gesprächs zwischen dem Weisheitslehrer (dem «Dreimal Großen» selbst) und einem Schüler, der in das innere, geheime Wesen der Dinge eingeführt wird, um schon auf Erden die Seelenreise zur 8. und 9. Sphäre um die Erde machen zu können – Sphären, die nach hermetischer Lehre den «niederen», von Sonne, Mond und Planeten beherrschten Einflüssen der ersten sieben Sphären nicht mehr untertan waren.

Die menschliche Seele mußte nach dem Tode des Körpers diese sieben Sphären erst einmal durchwandern, glaubte man. Erst mit der achten begann der Himmel. Der Weisheitsschüler konnte aber schon durch geistige Entwicklung während des Erdenlebens zu diesen Höhen hinaufreichen.

Der in dem Nag Hammadi-Schriftstück beschriebene Schüler sieht in Hermes einen Allgewaltigen.

«Vater Trismegistos, laß' meine Seele nicht die große göttliche Vision entbehren. Denn für Dich als Herrn des Universums ist alles möglich.»

Der Diskurs schließt mit einer feierlichen Ermahnung an den Schüler, das ihm vermittelte «hermetische Wissen» zu bewahren und nicht preiszugeben, bei Strafe des göttlichen Zorns.

Abb. 27. Hermes Trismegistus, der ‹Dreimal Größte›, gilt als die Verkörperung allen Wissens. In seiner ägyptischen Urgestalt erscheint er als Thot (Gott der Schrift und Gelehrsamkeit), in seiner griechischen Form als Hermes und in seiner lateinischen als Merkur. Die Weisheit des Hermes Trismegistos war nach antiker Überlieferung in zahlreichen Büchern niedergelegt; Menetho nennt ihrer 36 000. Jedoch sind 18 ‹hermetische Schriften› (einige vermutlich das Werk alexandrinischer Sekten) bis heute erhalten geblieben. Der ägyptische Tempelschüler soll bei der geheimen Einweihung einer ‹Erscheinung› des Hermes Trismegistus begegnet sein.

161

Jahrhundertelang galt die Hermes-Weisheit als verschollen. Ein kleiner Teil wurde im Mittelalter bekannt, und zwar aus Zitaten der Kirchenväter und aus der lateinischen Übersetzung eines Dokuments mit dem Namen «Asklepios». Die Gelehrten der damaligen Zeit mußten allerdings äußerst vorsichtig sein, nicht den Verdacht der Inquisition zu erregen – war doch der Ursprung des hermetischen Wissens trotz aller «Geistigkeit» eindeutig vor-christlich, d. h. in der Sprache der Kirche heidnisch.

Ganz eindeutig wird dies beispielsweise im «Asklepios», wenn der Pseudo-Hermes davon spricht, wie man die Statuen der ägyptischen Tempel mit kosmischer Kraft aufladen könne. Schon Augustinus hatte an dieser Stelle Anstoß genommen. Es war nicht immer ganz einfach, den Hermes als einen Vorläufer des Christentums zu verteidigen, doch gelang es dennoch meist, weil viele Ausdrucksweisen denen der frühen Christen stark ähnelten.

Den Gelehrten des Mittelalters gelang es sogar, einen Unterschied zwischen dem von Natur aus bösen und gottlosen «Zauberer» und dem «Magus» herauszustellen, der durch sein Studium der Affinitäten zwischen den Existenzbereichen – Engeln, Planeten, Steinen, Pflanzen, usw. – diese harmonisiert und so die Hilfe des Engelreiches gegen das Böse erwirkt.

Ziel der Traktate war stets die Unterweisung des Schülers in dessen Bestreben, Gnosis (geheimes Wissen), Erleuchtung und das Einssein mit dem Absoluten zu erreichen. Echte oder auch nur vermutete Dokumente des Altertums wurden mit großer Ehrfurcht behandelt – hatten doch Schätze der alexandrinischen Bibliothek zur Verfügung gestanden. Wie ein Geheimdokument reichte man die Quintessenz des hermetischen Wissens von Hand zu Hand.

Nach der Überlieferung soll dieser Text (hier gekürzt) ursprünglich auf einer smaragdenen Tafel eingeritzt und in einem ägyptischen Tempel verwahrt worden sein:

«Die Wahrheit, Gewißheit, das Wahrste, ohne Falsch
Das Untere ist gleich dem Oberen, und das Obere gleich dem Unteren, um das eine Wunder zu vollbringen

So wie alles hervorgegangen ist aus dem Einen, so ist alles getragen durch dieses einmalig Eine, durch Ausgleichung
Die Sonne ist sein Vater, der Mond seine Mutter und der Wind hat es mit sich getragen
Von der Erde steigt es auf zum Himmel und sinkt von dort wieder nieder zur Erde; es gewinnt dabei die Kraft dessen, was oben ist und was unten ist
So werdet ihr die Erleuchtung der ganzen Welt haben und alle Dunkelheit wird weichen durch sie
Dies ist die Macht der Stärke; das Ungreifbare fügt sich ihr
So wurde die Welt geschaffen
Die Zukunft wird herrliche Entwicklungen bringen, und dies ist der Weg
So bin ich Hermes Trismegistus genannt, der die drei Teile der Philosophie der Welt besitzt
Was ich über das Wirken der geistigen Sonne sagte, ist vollzogen und vollendet.

Es sind feierliche, ewige Worte, aber sie können bei oberflächlicher Betrachtung auch zu Mißverständnissen führen. Denn mit den «herrlichen Entwicklungen der Zukunft» meinten die Hermetiker zweifellos nicht die Supertechnologie unserer heutigen Zeit, mit deren Hilfe Computer, Raketen und Atombomben hergestellt werden. Sie meinten vielmehr eine neue Ära, in der die Weisheit der Welt und die der Überwelt zusammenfließen.

Wollten wir die Hermes-Weisheiten in moderner Sprache ausdrücken, müßten wir sie etwa so formulieren:

Erstes Prinzip: Wie oben, so unten. Das Kreisen der Elektronen und Protonen um den Atomkern entspricht den Himmelsbewegungen. Alles Irdische hat seine Entsprechung im Kosmos.

Zweites Prinzip: Jeder Mensch, jedes Wesen, besitzt einen zweiten Körper aus unsichtbarer, feinstofflicher Substanz. Er gleicht der Form des physischen Körpers; besser gesagt, der letztere ist eine Nachbildung des Ätherleibes!

Drittes Prinzip: «Die Menschen sind sterbliche Götter, und die Götter sind unsterbliche Menschen.» Kein Wunder, daß diese tiefste aller Weisheiten nur in den Mysterienschulen verkündet wurde und der profanen Welt verborgen blieb.

Man könnte noch ein viertes Hermesprinzip von mehr psychologischer Art anfügen: «Der geistige Mensch erkenne sich selbst, dann wird er erkennen, daß er unsterblich ist ... und wird das All kennen» (Quispel).

Die Astrologie findet ihre Rechtfertigung in den Hermes-Prinzipien. Dabei beziehen wir uns nicht auf die Vulgärastrologie, die damit beschäftigt ist, Ratschläge «für die nächste Woche» auszuarbeiten, sondern auf die ernsthafte Interpretation der Gestirne als Ausdruck kosmopsychischer Kraftfelder, die bei der Geburt eines Menschen und während seines Lebens wirksam sind.

Das «oben wie unten» bedeutet dann: Das Planetenbild ist Ausdruck einer «Programmierung» des Menschen mit kosmischen Einflüssen subtiler Art. Die «äußeren Sterne» stehen in einer gesetzlichen Beziehung zu den «inneren Sternen», den seelischen Kräften und Komponenten, den Archetypen, die in uns wirken.

Richtig angewandt, ist die Astrologie ein Werkzeug, unsere Kräfte und Anlagen richtig einzuschätzen und dann eigenverantwortlich zu nutzen, um unser Schicksal zu gestalten. Ohne das «Erkenne dich selbst» wäre sie nichts.

KAPITEL 22

Hermes' Spuren zur Gegenwart

Das Mittelalter mit seinen dunklen Leidenschaften, seinen nach Licht ringenden religiösen Sehnsüchten, liegt hinter uns. Die Renaissance öffnet dem Suchenden die Hoffnung auf neue Erkenntnisse, gewonnen in der Toleranz eines freieren Zeitalters.

Alles ist im Wandel begriffen. Mönchische Kollegien und Seminare werden von Universitäten, Alchimisten werden von Mathematikern und Physikern abgelöst. Der berühmte Arzt Theophrastus von Hohenheim (1493–1541), auch *Paracelsus* genannt, kann es sich erlauben, das Hermesprinzip des Ätherkörpers in sein naturmedizinisches Denken zu übernehmen, zu postulieren, daß alle Krankheiten im unsichtbaren Äther-Doppel entstehen – eine Kühnheit ohnegleichen.

Zu den Schülern des Paracelsus gehörte der Hamburger Gelehrte Heinrich Khunrath (1560–1605), dessen Hauptwerk *Amphitheatrum sapentiae aeterne* ein Schlüsselwerk des hermetischen Wissens seiner Zeit ist. Von Khunrath führen Verbindungslinien zu dem englischen Mathematiker und Naturwissenschaftler *John Dee* (1527–1608), mit dem er 1589 in Bremen zusammentraf und dessen Einfluß im *Amphitheatrum* sichtbar ist, und schließlich zu den geheimnisumwobenen Rosenkreuzern.

In zwölf Tagen, vom 13. bis 25. Januar 1564, schrieb Dee in Antwerpen seine berühmte «Monas-Hieroglyphe» – ein Versuch, das hermetische Wissen nach mathematischen, astronomischen und zahlenmystischen Grundsätzen in einer einzigen Figur, eben der *Monas Hieroglyphica,* einer Weltformel ähnlich, darzustellen.

Dee war als Naturwissenschaftler an den Universitäten Cambridge und Löwen anerkannt und bewundert. Er verfolgte ausgedehnte geheimwissenschaftliche und spiritistische Interessen, die ihn unter anderem dazu führten, sein «Wörterbuch der Engelsprache» zu verfassen. In der Monas-Hieroglyphe glaubte Dee das Geheimnis der schöpferischen Engelsmagie entdeckt zu haben.

Das Wort Monas wird uns später noch bei Giordano Bruno und Leibniz begegnen. Hier geht es um den Nachweis, daß der philosophische Einheitsbegriff schon 150 Jahre vor Leibniz sehr wohl bekannt war. John Dee versuchte, wie seine Interpretin Agnes Klein es ausdrückt,

> «den Weg der Schöpfung zu erfassen und in einem ewig gültigen Symbol festzuhalten, wie es die auf Kreis, Linie und Punkt redu-zierte Drei-Einheit tut.»

Abb. 28. Dr. John Dee aus London

Er wollte aufzeigen, daß jeder Mensch zu *seiner* Einheit kommen müsse.

Dee widmete sein Werk dem Habsburger Maximilian von Böhmen. Man nimmt an, daß der englische Gelehrte von Antwerpen nach Wien reiste, um dem von ihm bewunderten Herrscher ein Exemplar zu dessen Krönung als römischer Kaiser (1564–1576) zu überreichen.

Dees Wege durch Europa verlieren sich im Halbdunkel des Unerforschten und vielleicht absichtlich Geheimgehaltenen. Ohne Zweifel war er einer der geistigen Taufpaten des damals (wenn auch mehr hinter den Kulissen der Weltbühne) zu Bedeutung gelangenden Ordens der Rosenkreuzer. Valentin Andreaes *Chymische Hochzeit* (1459), das Manifest dieses Ordens, trägt übrigens bereits das Signum der Monas-Hieroglyphe.

Zum gesicherten Wissen über Dee gehört, daß Königin Elisabeth I von England eine seiner Gönnerinnen war, ebenso wie die Prinzessin gleichen Namens, die sich mit dem pfälzischen Kurfürsten Friedrich V vermählte. Stark war sein Einfluß in Böhmen, wo Dee zum engeren Kreis um Kaiser Rudolph II gehörte.

Während John Dee die Königshöfe und Gelehrtenstuben des Kontinents besucht, breitet in England sein Landsmann Sir Francis Bacon (1561–1626), wiederum unter der Gunst von Elisabeth I., seinen Einfluß aus und steigt zu den höchsten Staatsämtern des Großsiegelbewahrers und Lordkanzlers auf. Bacon wird von vielen als Bewahrer der auf die antiken Mysterien gegründeten Geheimnisse der Rosenkreuzer gesehen. Seine Schriften weisen ihn als einen ungewöhnlich brillanten Philosophen und Wissenschaftler aus. Es wird sicher umstritten bleiben, ob er in seinem Herzen mehr Hermetiker war oder mehr der ehrgeizige Politiker und Staatsmann, als der er der Mitwelt erschien.

«Prag wurde zu einem Mekka für alle an esoterischen und wissenschaftlichen Studien Interessierten aus ganz Europa», heißt es bei Frances A. Yates. «Hierher kamen John Dee und Edward Kelley, Giordano Bruno und Johannes Kepler.»

Hinter dieser geistigen Strömung und dem Aufkeimen der

Rosenkreuzer verbarg sich zweifellos mehr als rein akademisches Gelehrteninteresse: Die Zeitgenossen Martin Luthers hofften auf ihre Weise auf eine religiöse Reform, wenn nicht durch Abtrennung von Rom, dann durch eine tiefgreifende innere geistige Wandlung. Mit dem Tode Rudolphs II (1612) und dem Ende der kurzen Regentschaft Friedrichs und Elisabeths von der Pfalz gingen jedoch die Hoffnungen auf ein hermetisches «Goldenes Zeitalter» zu Ende. Den Esoterikern fehlte die breite Grundlage im Volke, auf die ein Luther hatte bauen können.

Vielleicht endete der Traum der religiösen Erneuerung schon im Jahre 1600 auf dem Scheiterhaufen Giordano Brunos (1548–1600), des wohl bedeutendsten Geistes jener Epoche. Für Bruno bestand der Kosmos aus einer unendlichen Vielzahl von Welten, jede aus kleinsten und allerkleinsten Teilchen, aus einer Unendlichkeit von Monaden zusammengesetzt, die jede ihrer eigenen Vollendung zustreben.

In Brunos kühner Vision strebte jede Einzelseele

«zur höchsten Höhe des Denkens und der geistigen Entwicklung, die mit ihrer eigenen Natur vereinbar ist ... wobei die gesamte Unendlichkeit bewußter und unabhängiger Seelen in ein riesiges Ganzes, eine Weltseele verschmolzen ist. Die Seele des Menschen ändert sich nicht, nimmt aber auf ihrem Entwicklungsgang durch die Welten viele verschiedene Formen an.»

Bruno war kühn genug, seine pantheistische Kosmo-Philosophie nicht in Allegorien und Metaphern zu verkleiden, wie vor ihm die Alchimisten und Hermetiker, und unbeugsam genug, nicht zu widerrufen wie Galileo Galilei. Die Inquisition ließ ihn verbrennen.

Seine Rehabilitierung hat fast vierhundert Jahre gedauert, aber sie ist eine nicht zu übersehende Tatsache. Die moderne Physik muß zu Gedankenkonstruktionen wie der *Multiple Universe Theory* greifen, um sonst Unerklärbares zu deuten. Schon ein Schulkind weiß heute, daß die subatomare, atomare und molekulare Welt in ständiger pulsierender, kreisender Bewegung ist, genau wie die Welt der Quasare, Pulsare, Sonnen und Planeten.

Das ist das Großartige an der Antike: wohl konnten die Menschen jener Zeit die Bewegung der Gestirne beobachten; woher aber wußten sie um die Entsprechung im mikroskopischen Bereich? Auch ein Giordano Bruno besaß ja nicht die Instrumente, von denen wir heute die Bewegung der Quanten ablesen können. Die bei Paracelsus, Dee und Bruno wahrnehmbare gedankliche Revolution beschränkt sich keineswegs auf die Physik. Bei der Zerstörung von Materie, so auch beim Tode von Mensch, Tier und Pflanze, entstehen Zerfallstoffe und freiwerdende Energie. Den Prozeß des Freiwerdens, solange er nicht zur Wärmeerzeugung dient, nennen wir Entropie. Es läßt sich darüber spekulieren, was aus den Elektronen wird, die auf diese Weise frei werden. Aber viel interessanter ist, was aus dem masselosen «Ätherkörper» des Elektrons oder Atoms wird, das – die Richtigkeit des Hermesprinzips unterstellt – nun ebenfalls frei wird und dabei ebensoviel «Informationsgewinn» mitnimmt wie sein Gegenpart, oder noch mehr!

Kein vernünftiger Mensch glaubt an eine «Auferstehung im Fleische» in dem Sinne, daß vermoderte Gebeine wieder zu einem Menschen zusammengefügt werden. Worum es geht, ist das bewußte Überleben des Todes. Zu allen Zeiten haben Menschen geglaubt, daß mit dem Tode eine Hülle abgelegt wird, so daß ein feinstofflicher Körper befreit aus ihr hervortreten kann. Da aber nach esoterischer Auffassung *alle* Materie «gebundener Geist» ist mit Ausnahme der Menschenseele, die den Gottesfunken in sich trägt, bedeutet der Verfall von Materie in Wirklichkeit das Freiwerden von Äther- oder Geistmaterie. Während allein die Menschenseele unsterblich ist, kann, ja muß sich der freigewordene Materie-Äther erneut und zu höheren Formen zusammenfügen. Das ist das geistige Prinzip hinter der Evolution.

Nicht umsonst war die Alchimie eine hermetische Wissenschaft. Carl Gustav Jung, der sich sehr für sie interessierte, sah in ihr eine Erlösungsphilosophie. Die im Stoff schlafende, aber der Erlösung harrende Weltseele wird freigesetzt. Der Alchimist schuf sich sein «Gold», seinen eigenen Auferstehungsleib, indem er der Materie zur Befreiung verhalf. Und das stimmt wieder ganz genau überein mit dem Hermes-Satz:

«Es ist notwendig, daß am Ende der Welt Himmel und Erde verbunden werden.»

Wir können heute nur ahnen, was die ägyptischen Hermetiker wirklich wußten. Das erste Hermesprinzip wäre nie mit dieser Bestimmtheit gelehrt worden, hätte man nicht gewußt, daß die Erde *nicht* den Mittelpunkt der Welt darstellt, daß sie die Sonne umkreist, aber – entgegen weitverbreiteter Annahme – für die Ägypter auch diese nicht das Zentrum des Universums bildet (was ein Zitat von *Philolaos* beweist), daß vielmehr das gesamte Sonnensystem eine Kreisbewegung um ein geheimnisvolles «Feuer der Mitte» tief im Innern der Milchstraße vollzieht.

Diese vermutete Zentralsonne ließ sich bisher wegen der Sternenhaufen und -nebel in dieser Himmelsregion nicht mit optischen Teleskopen identifizieren. Erst mit den Infrarot-Sensoren des 1983 gestarteten INFAS-Forschungssatelliten werden wir dieser Mutter unseres Weltallteils allmählich auf die Spur kommen. Sicher ist es kein Zufall, daß die Erschließung neuer Einsichten sowohl in den Makrokosmos des Weltalls als auch in den Mikrokosmos der Teilchenbeschleuniger mit einem erhöhten Interesse an der hermetischen Philosophie des 15. und 16. Jahrhunderts einhergeht. Außer öffentlichen Bibliotheken tragen auch einige begeisterte private Sammler mit Liebe und Sorgfalt alles zusammen, was sie über die Periode finden können.

Ein Amsterdamer Geschäftsmann hat einen Teil seines geräumigen Grachtenhauses für die wohl reichhaltigste private hermetisch-christliche Bibliothek der Welt einrichten lassen. Er ist davon überzeugt, daß die hier über viele Jahre aus aller Welt zusammengetragenen Schätze noch viel dazu beitragen werden, die in den letzten eineinhalb Dezennien unseres Jahrtausends zu erwartenden geistigen und wissenschaftlichen Entwicklungen zu deuten und zu verstehen. Nach Angaben der britischen naturwissenschaftlichen Zeitschrift *New Scientist* halten einige Astronomen den *Sirius* für eben jenen im Altertum vermuteten Mittelpunkt, um den sich auch unser Sonnensystem bewegt. Wenn sich das bestätigen läßt, wird es ein unausdenkbarer Triumph für die Hermetiker sein. Man kann nur hoffen, daß die Welt auch Kenntnis davon nimmt.

KAPITEL 23

Die Suche nach dem Gralsgeheimnis

Was ist der Gral – ein Kelch, eine Schale, ein Gefäß? Seit den Jahrhunderten der Christianisierung Europas, spätestens seit dem frühen Mittelalter, sind Hunderte von Berichten, Legenden, romantischen Dichtungen und gelehrten Büchern über das Gralsthema geschrieben worden; Richard Wagner komponierte eine Oper, Eric Rohmer drehte einen Film. Doch sie alle stimmen nur in einem überein: Der Gral ist das Heiligste, was der Erlöser der Erdenmenschen zurückgelassen hat. Seine Hüter und Bewahrer, die würdig und frei von Schuld sein müssen, besitzen in ihm ein sichtbares Pfand, eine Hostie des Gottessohnes, einen Quell des Lichtes, der Liebe und der Weisheit.

Es gibt zwei Gral-Varianten: die eine der Kelch, aus dem Jesus Christus beim Abendmahl trank, die andere das Gefäß, mit dem Joseph von Arimathia unter dem Kreuz das herabtropfende Blut des Erlösers auffing.

Es ist nicht entscheidend, welcher Deutung wir den Vorzug geben, solange wir verstehen, welche Faszination der mit göttlichem Weisheits-Licht gefüllte Gral auf Christen aller Jahrhunderte ausgeübt hat.

Wer den Gral besitzt, besitzt Gnade. Er kann sich deshalb nur in den Händen von Würdigen befinden: in den Augen der frühen Christen waren das Joseph von Arimathea selbst und die Apostel, aus der Sicht des Mittelalters mußten es edle Ritter sein – König Artus, Lancelot und ihre Tafelrunde nach englischer Lesung, Parzival und die edlen Ritter von Montsalvatsch nach deutscher und französischer, wie die Dichtungen von Wolfram von Eschenbach und des Chrétien de Troyes beweisen.

Chrétien spricht von einer edelsteinverzierten Schale, aber in anderen Überlieferungen ist der Gral ein strahlend leuchtender, kostbarer Stein. Wolfram nennt einen zweiten, viel umrätselten Namen für ihn:

«er heizet lapsit exilis»

wobei *lapsit* vermutlich aus *lapis* (lat. *Stein*) abgeleitet ist, während nach Auffassung Franz Rolf Schröders *exilis* sich auf das wechselnde Gesicht des heiligen Steines bezieht, der nur von einer wahrhaft *kiuschen Jungfrau* getragen werden kann und nicht von einer, die nur keusch tut.

Doch auch die männlichen Gralsritter sind zu Keuschheit und Ehelosigkeit verpflichtet.

So ist bei Amfortas ob seiner unerlaubten Liebe zu Orgeluse die Kraft des Grals wirkungslos, er siecht dahin, und das Gralreich ist von seinen Feinden bedroht.

Die alten Ägypter besaßen «Gralsgefäße» eigener Art. Bei Sakkara wurden kugelförmige Gefäße aus poliertem Bergkristall gefunden, deren Inneres mit meisterhafter Präzision ausgehöhlt worden war. Wie sie hergestellt und wozu sie benutzt wurden, ist bis heute ein Rätsel. Es handelt sich um Objekte aus *vordynastischer* Zeit.

Im Altfranzösischen, nach Helinand von Froidmont (anf. 13.Jh.) ist ein *graal* eine große flache Schüssel. Bei der Bewirtung Parzivals im Gralsschloß wird in feierlicher Prozession ein *graal* hereingetragen, heißt es bei Chrétien. Damals war es noch *ein* Gral, eine Schüssel für kostbare Speisen. Bei Wolfram ist *der* Gral keine Schüssel mehr, sondern eben ein Stein:

«der Stein ist ouch genannt der grâl»

beschreibt er den *lapsit exilis*.

Aber die Etymologie des Wortes hilft uns nicht viel, dem Gral auf die Spur zu kommen. Viel interessanter ist die Geographie! Denn diejenigen, die den Gral hüten durften, mußten heilige, auserkorene Männer sein, die Reinsten der Reinen, bei denen der geringste menschliche Anflug (siehe Amfortas) genügte, den Gnadenstrahl unwirksam werden zu lassen. Das ist so recht der Stoff, aus dem Legenden gesponnen werden ... Im England des

Abb. 29. Die Ruinen der ‹Glastonbury Abby› in Somersetshire, England

Mittelalters war man damit noch fleißiger als anderswo: vieles, wenn nicht alles an der Artussage gehört in den Bereich der romantischen Literatur.

Aber es steckt vielleicht ein echter Kern in ihr. Es kann kein Zufall sein, daß die britische Version der Gralserzählung eng mit der Ortschaft Glastonbury in der heutigen Grafschaft Somerset verknüpft ist.

Unweit von dort befinden sich die südwestenglischen Zinnbergwerke. Joseph von Arimathia, der ein wohlhabender Zinnkaufmann war, hatte womöglich schon in frühen Jahren auf einem seiner Schiffe England besucht, um das Metall einzukaufen. Nach der Kreuzigung soll er nach der Legende durch die Hohepriester in einen Turm eingesperrt worden sein, aus welchem ihn der Auferstandene mit dem strahlenden Gralskelch in den Händen befreite. Auf jeden Fall dürfte für den Kaufmann, in dessen Obhut der Gekreuzigte «verschwunden» war, der Boden in Jerusalem recht heiß geworden sein. Die Annahme, daß er an

173

Bord eines seiner Schiffe flüchtete, das ihn dann auf der «Zinn-route» nach Avalon brachte, ist deshalb gar nicht so abwegig. Avalon nannte man jene damals von Wasserflächen durchzo-gene Landschaft im englischen Südwesten, aus der sich mehrere Inseln erhoben. Eine von ihnen war das heutige Glastonbury.

Nach einer von Robert de Born aufgezeichneten Überlieferung brachte Joseph von Arimathea den Gral zuerst nach Gallien und erst von dort nach Avalon. Wieder eine andere Version läßt den Gral in die Pyrenäen gelangen.

Der römische Kardinal Baronius (1538–1607), Vertrauter des Papstes Clemens VIII und Präfekt der Vatikanischen Bibliothek, spricht von einem geheimnisvollen Manuskript in seinem Archiv, aus dem hervorgehe, daß Joseph von Arimathea in Begleitung des Lazarus und des Hl. Philipp auf der Flucht zuerst nach Gallien und von dort nach Britannien gelangt sei. Der Hinweis des Kardinals ist auf dem im Britischen Museum in London verwahrten *Lansdown Manuskript* zu finden. Auch bei *Augustinus* und dem heiligen Edmund finden wir Stellen, die auf einen Exodus der Jünger zu den britischen Inseln weisen.

Nun können solche Berichte sehr wohl auf das Wunschden-ken frommer britischer Christen und nachfolgende Legenden-bildung zurückzuführen sein. Wir dürfen jedenfalls annehmen, daß zumindest die Sage um König Arthur oder Artus (einen König dieses Namens hat es übrigens nie gegeben, wohl aber mag er ein streitbarer Stammesfürst gewesen sein) samt seiner dem Gral verpflichteten Tafelrunde etwa in die gleiche Katego-rie gehört wie die Barbarossa-Sage.

Doch halt: Bei den Kirchenkonzilien von Pisa, Konstanz, Siena und Basel (A.D.1409, 1417, 1424 und 1434) wurde den englischen Bischöfen mit der Begründung Vortritt gewährt, daß Joseph von Arimathea den Glauben in ihr Land gebracht habe, und zwar «unmittelbar nach der Passion Christi». Es ist schwer vorstellbar, daß die römische Kurie ihre Gepflogenheiten nur für diese vier Konzilien geändert haben sollte. Hatten die britischen Bischöfe Präzedenz vor den anderen, dann müssen sie das von Anfang an gehabt haben.

Hinzu kommt, daß man sich wohl kaum eine unverdächtigere Quelle vorstellen kann als den Kardinal Baronius. Einen Beicht-

174

vater des Papstes und Präfekten des vatikanischen Archivs, der aus seiner eigenen Schule plaudert ... das gibt dem Historiker schon etwas mehr als unbestätigte Berichte über Essener-Schriften in den geheimen Gewölben dieser verschwiegenen Institution.

Doch es gibt noch mehr Quellen: Ein Zinngefäß im Britischen Museum mit der Altersangabe A.D. 60 trägt die Inschrift «Britisches Blei, Eigentum des Kaisers Nero». Auch bei in Ostia gefundenen Abfluß-Bleiröhren läßt sich nachweisen, daß das Material aus den Mendip-Bergwerken stammte. Damit ist völlig sichergestellt, daß Zinn und Blei aus dem Westen Englands bereits um die Zeitenwende von den Mittelmeerländern importiert wurde. Schon ein dem König Salomon zugeschriebenes altes Jerusalemer Aquädukt soll Mendip-Blei enthalten haben.

Eusebius (A.D. 260–340), Bischof von Caesarea, schriebt in *De Demonstratione Evangelii*:

«Die Apostel überquerten den Ozean zu den Gestaden, die die britischen Inseln genannt werden.»

(Eusebius, der A.D. 325 am Konzil von Nicäa teilnahm, dürfte dort die britischen Bischöfe kennengelernt haben.)

Bischof Gildas (A.D. 425–512) berichtet in *«De Excidio»*, daß Jesus Christus selbst die britischen Inseln besucht habe. Später sei Joseph von Arimathea gekommen, in dessen Begleitung sich neben zwölf Gefährten auch die Jungfrau Maria befunden habe. Als überliefertes Datum hierfür wird das Jahr A.D. 63 genannt; es könnte sich also nicht um eine Flucht gleich nach einer womöglich überlebten Kreuzigung gehandelt haben; eher um ein freiwilliges Alters- und Missionsexil.

Als Zeitpunkt des Besuchs Christi nennt Gildas «das letzte Regierungsjahr von Kaiser Tiberius», also A.D. 37. Das kann freilich nicht stimmen, wenn die Kreuzigung, wie angenommen wird, A.D. 32 oder 33 stattgefunden hat.

Der Hl. Augustin schreibt um das Jahr 600 an Papst Gregor, im Westen Britanniens gebe es eine «königliche Insel», auf der die «ersten Neophyten» (Jünger?) Christi eine Kirche vorgefunden hätten, die nicht von Menschenhand gebaut worden sei. Von dieser primitiven *wattle church* aus Lehm und Weidengeflecht wissen wir auch noch aus anderen Überlieferungen.

Es ist sehr glaubhaft, daß die erste Kirche auf britischem Boden in Avalon stand, auch wenn sie nicht von göttlicher Hand dorthin gesetzt wurde.

Der englische Geistliche Rev. Lionel Smithelt Lewis berichtet von einer Überlieferung in gewissen Dörfern in Obergaliläa, wonach Jesus von Nazareth als «Schiffsbauer» mit einem Schiff aus Tyrus nach Westengland gefahren sei und wegen der Stürme dort einen Winter habe verbringen müssen.

Zeit genug für einen gelernten Zimmermann, eine *wattle church* zu bauen?

Es ist klar, daß die Legenden um solche Überlieferungen nicht wachsen, sondern geradezu wuchern müssen. Frühchristliche und mittelalterliche Chronisten waren in der Legendenbildung und -ausschmückung überdies wahre Meister. Vorsicht ist also geboten.

Immerhin steht es fest, daß Glastonbury mehr als ein Jahrtausend lang große geistige Anziehungskraft besaß. Aus Uranfängen – das Eintreffen der ersten Missionare im 2. Jahrhundert gilt als historisch gesichert – entwickelte sich eine Mönchssiedlung und entstand eine große Abteikirche und spätere Kathedrale, deren Ruinen noch heute einen Reise-Umweg nach Glastonbury sehr lohnend machen.

Wie Alexandria, besaß auch Glastonbury eine prächtige und sehr alte Bibliothek. Sie wurde beim Brand der Abtei im Jahre 1184 ein Raub der Flammen.

Natürlich kann es an einem Ort, an dem die Jungfrau Maria und ein Joseph von Arimathea begraben sind – um vom Gralsgefäß, das er mitgebracht hat, ganz zu schweigen –, nicht an übernatürlichen Ereignissen fehlen. So berichtet Rev. Smithelt Lewis von einer von der heiligen St. Bride zurückgelassenen Glocke, die noch bis in die vierziger Jahre des 20. Jahrhunderts einmal jährlich geläutet wurde und einen lieblichen Klang verbreitete. Sie sei «unter verdächtig geheimnisvollen Umständen verschwunden».

Paranormale Phänomene zeigten sich mehrfach im Laufe der Geschichte von Glastonbury. Mönche und Chronisten beschrieben Papier auf mediale Weise durch die sogenannte «automatische Schrift», und nach dem ersten Weltkriege erhielt der Architekt und Archäologe Bligh Bond mit Hilfe des Schrift-Automatisten *John Alleyne* die Lagepläne der verschollenen Loretto-Kapelle der alten Abtei, die danach ausgegraben werden konnte.

Medial begabte Menschen fühlen noch heute an manchen Stellen von Glastonbury etwas, was sie als außergewöhnlich

Abb. 30. Die Gralslegende: In ihrer britischen Form mit der Artus-Sage verknüpft. Unser Bild zeigt den Ritter ‹Sir Galahad› bei der Entgegennahme des Sangreal.

starke geistige Ausstrahlung bezeichnen. Es nimmt kaum Wunder, daß sich in der Umgebung der Ortschaft auch religiöse Gruppen niedergelassen haben, die Glastonbury als irdischen «Ankerpunkt» des Erzengels Michael sehen, von dem sie große Dinge erwarten.

Da wir gerade bei den Engeln sind: Es gibt noch eine ganz andere Gral-Interpretation. Nach ihr ist der Gral weder der Abendmahlskelch noch die Schale, in der Joseph die Bluttropfen Christi auffing, sondern ein vor Urzeiten von Engeln auf der Erde zurückgelassenes Gefäß. Fast könnte man an «Ancient Astronauts» denken, doch wäre die Vorstellung, daß Besucher aus dem Weltall ein wunderwirksames Gefäß zurückgelassen haben, für alle Anhänger der christlichen Gralsidee eine rechte Enttäuschung.

Eine von Friedrich Ranke zitierte sehr alte Legende besagt, daß «neutrale Engel» (die die Rebellion des Luzifer nicht mitgemacht haben) den Gral auf die Erde brachten und ihn dort bewachten, um schließlich in den Himmel zurückzukehren. Die Schlüsselphrase dafür lautet bei Wolfram:

«ein schar in ûf der erden lieez.»

Eine Schar von Engeln also ließ den Gral auf der Erde. Ranke bemerkt, daß dies zweierlei bedeuten kann: Die Engel brachten den Gral und ließen ihn schließlich auf der Erde zurück, oder sie «ließen» ihn (auf Erden), als sie selbst scheiden mußten – etwa im Sinne des Verses «Innsbruck, ich muß dich lassen», und unendlich oft im Mittelhochdeutschen.

Das heißt, die «neutral» gebliebenen Engel, die weder im Himmel bleiben konnten noch dem Luzifer folgten, mußten auf die Erde und dort «Gottes Gefäß» (gemeint ist vielleicht ihre unsterbliche Seele) bewachen. Der Gral entstand nicht erst zu Lebzeiten Christi, er war immer schon da seit der Erschaffung der Menschen.

Das würde der Gralsgeschichte, und der Gralssuche, eine ganz andere Bedeutung geben. Was sie an romantischer Tünche verlöre, hätte sie um ein Vielfaches an mystischer Tiefe gewonnen.

KAPITEL 24

Carl Gustav Jung: Psychologe, Gnostiker, Alchimist

«Mein Leben ist durchwirkt und zusammengefaßt durch ein Werk und ein Ziel, nämlich: in das Geheimnis der Persönlichkeit einzudringen. Alles ist aus diesem zentralen Punkt zu erklären», heißt es bei Carl Gustav Jung. Es ist kein Wunder, daß der große Schweizer Tiefenpsychologe erst von der Gnostik und später von der Alchimie fasziniert war und in die Geheimnisse beider einzudringen suchte.

In der «Wandlung der Substanzen» des Alchimisten sah Jung das Gegenstück zu dem Prozeß der inneren Wandlung (der Individuation), die er bei seinen Patienten anstrebte, um sie «ganz werden», d.h. gesunden zu lassen. Er beauftragte Antiquare, nach alten alchimistischen Büchern Ausschau zu halten, und studierte sie mit dem Eifer eines Entdeckungsreisenden.

Ähnlich war es mit den relativ wenigen gnostischen Schriften, die er vor dem Fund von Nag Hammadi studieren konnte. Ein Satz wie der des Thomas-Evangeliums «Wer das All erkennt und sich selbst verfehlt, verfehlt das Ganze» muß auf einen Mann wie Jung elektrisierend gewirkt haben. Hier war eine Gruppe von Philosophen vor mehr als 1700 Jahren, die dasselbe wußte und lehrte wie er selbst: Nur durch Selbst-Überwindung und Erkenntnis der eigenen Identität gelangt der Mensch zu wirklicher Freiheit. Und diese wiederum ist eine Voraussetzung zur Selbst*verwirklichung* im Gottbewußtsein.

Jung ging soweit, im Jahre 1916 den Namen des Gnostikers Basilides über ein von ihm selbst geschriebenes Traktat zu setzen, ein Pseudoepigraph sozusagen im Stil des 2. Jahrhunderts, das er als Privatdruck erscheinen ließ und an Freunde verschenkte. Er gab ihm den Titel: *Septem Sermones ad Mor-*

tuos (sieben Predigten an die Toten). Als literarische Form wählte er die des antiken Apokryphon.

Jung hatte einige Schwierigkeiten mit dieser Schrift und bezeichnete sie später einmal als «Jugendsünde». Der große jüdische Philosoph Martin Buber griff ihn scharf an. Jung sei ein Gnostiker, der seine Überzeugungen geheim gehalten habe, schalt Buber in *Gottfinsternis* (1953) – ein Gnostiker, der den Teufel auf den Thron Gottes setzen wolle.

Der niederländische Kirchenhistoriker Gilles Quispel, ein hervorragender Kenner der Gnostik, führt Hermann Hesses Schlüsselroman *Demian* (1917) auf die Lektüre der *Septem Sermones* zurück. «Zufällig hörte ich in der Schule», heißt es im *Demian,*

> «Abraxas sei eine Gottheit des Altertums, der in Verbindung mit griechischen Zauberformeln genannt wurde und die symbolische Aufgabe hatte, das Göttliche und das Teuflische zu vereinigen. Mir wurde es aber bewußt, daß ich selber diese Gottheit war.»

Hesse gibt sich damit als Jungianer zu erkennen. Die Vereinigung des Göttlichen und des Teuflischen – zwei Pole, die in unterschiedlicher Verkleidung immer wieder in der Gnostik auftreten – *ist,* etwas dramatisiert ausgedrückt, Jungsche Individuation oder Ganzwerdung.

Jungs Fehler oder «Jungensünde» bestand darin, daß er diese Polarität in einer mißverstehbaren, Anstoß gebenden scheinbaren Gleichstellung von Gott und Teufel zum Ausdruck brachte. Jung unterließ es darauf hinzuweisen, daß der Urgott in den Augen der Gnostiker «das Böse nicht kannte».

Quispel verteidigt Jung, dessen Bedeutung er darin sieht, «daß er die gute Botschaft vom bösen Menschen» verkündete.

> «Er verstand die Kunst, einen amerikanischen Playboy zum Weinen zu bringen, indem er ihm deutlich machte, wie schlecht er war. Die ganze englische Nation heulte, als Jung mit seinem eindrucksvollen Kopf im Fernsehen erschien und seinen Hörern erklärte, wie ungeheuer böse sie alle waren» (*Gnostic Studies,* 1975).

Den bigotten Vorwurf von Gegnern, er sei Atheist, ja predige gar einen Teufelsdienst, hat Jung stets nachdrücklich verneint. Er war sogar viel religiöser als seine Kritiker. In jenem berühmten englischen Fernseh-Gespräch, an dessen Ende man ihn fragte, ob er an Gott und ein Fortleben nach dem Tode glaube, antwortete er schlicht:

«Ich glaube nicht, ich weiß.»

Freilich, wer den Unterschied nicht kennt, den die Gnostiker, und vor und nach ihnen andere Weisheitsschulen, zwischen dem unergründlichen Urgott und dem Schöpferengel oder Demiurgen (Einzahl oder Mehrzahl) machen, kann leichter in diese Fehlbeurteilung des großen Psychologen verfallen.

Jung läßt in den *sermones* aber auch durchblicken, daß er als Wissenschaftler kein Mystiker ist. Sein Interesse gilt nicht primär der Beziehung des Menschen zu Gott, sondern zu seinem eigenen göttlichen Überselbst, das er als eine Art Leitstern sieht.

Da Jung sich als Mediziner und Psychologe verstand, darf man ihm nicht zum Vorwurf machen, daß er theologischen Deutungen auswich. Das geht aus seinem Satz hervor:

«Seiner Auffassung entsprechend ordnet sich der Christ der überlegenen göttlichen Person unter, in Erwartung ihrer Gnade; der östliche Mensch aber weiß, daß die Erlösung auf dem Werk beruht, das einer an sich selbst tut ... Die Imitation Christi wird auf die Dauer den Nachteil haben, daß wir einen Menschen als göttliches Vorbild verehren, der höchsten Sinn verkörperte, und vor lauter Nachahmung vergessen, unseren eigenen höchsten Sinn zu verwirklichen.»

Als Psychologe und Lebensphilosoph sprechend, hat Jung Recht, die Notwendigkeit der Selbstverwirklichung voranzustellen. Ein Theologe würde die Gnade in den Mittelpunkt stellen. Können *beide* Recht haben, kommt womöglich die Gnade erst, wenn wir den Weg der Selbsterkenntnis beschritten haben? Die Tabuisierung der Begriffe Karma und Reinkarnation im Christentum hat es verhindert, daß diese äußerst wesentliche

Frage die nötige Aufmerksamkeit erhalten hat. Jungs Überselbst weiß natürlich um die wahren Zusammenhänge. Schon in den *sermones* finden wir diesen Begriff:

> Dies ist sein führender Gott, in ihm geht der Mensch zur Ruhe, zu ihm geht die lange Reise der Seele nach dem Tode; in ihm erglänzt das Licht *(Sermo VII)*.

Das Überselbst ist ein allen Mysterienschulen bekannter Begriff. Es ist der eigentliche Lichtträger, das gralsähnliche Gefäß für den Geistfunken, zu dem der Mensch auf Erden meist nicht mehr als eine Resonanz aufrichten kann. Zu ihm erstrecken sich die «Hände» des Sonnengottes Aten.

Weil das Überselbst diesen Funken besaß, hatten schon Valentinus und Basilides erklärt, war die schließliche Rettung des Menschen unausbleiblich.

Unvermeidlich ergaben sich aus dem Streben zur «Selbsterlösung» durch Ausweitung des Denkens und Fühlens auf das eigene Überbewußtsein Konflikte mit einer auf die Hierarchie der Bischöfe und Priester gegründeten Religionsauffassung, in der primär nicht das Selbst, sondern die zur Vergebung der Sünden eingesetzten Gnadenmittel der Kirche den Weg zu Gott öffnen müssen.

Jung war so eingenommen von der Gnosis, daß er sich wärmstens für den Ankauf eines von einem Händler angebotenen Nag Hammadi-Bandes einsetzte, der später nach ihm «Jung Codex» benannt wurde (der Band wurde später an Ägypten zurückgegeben). Gilles Quispel, der den Ankauf für das Zürcher Jung-Institut bewerkstelligte, berichtet, wie der alte Herr die ihm 1953 zugeleiteten ersten Übersetzungen daraus buchstäblich verschlang.

Der «Jung-Kodex» enthielt, wie wir bereits hörten, den vollen Text des verschollenen Thomas-Evangeliums mit Aussprüchen Jesu Christi — etwas für die Wissenschaft so Einmaliges, daß auch damals noch viele Gelehrte nicht an seine Echtheit glauben wollten.

Ganz besonders aber interessierte Jung das (wahrscheinlich von dem Alexandriner Valentinus etwa 140 n. Chr. geschrie-

Abb. 31. Carl Gustav Jung (1940)

bene) «Evangelium der Wahrheit», denn er fand in ihm Beweise für die Vertrautheit des Autors mit dem Phänomen der Bewußtwerdung, «der Konfrontation des Menschen mit seiner dunklen Seite» (Jung). Mit der Begeisterung und Faszination des Entdeckers spürte Jung später in der Alchimie die gleichen verborgenen Prinzipien auf. In zwei Jahrzehnten intensiven Studiums zog er den verbindenden roten Faden von frühchristlichen, ja vorchristlichen Erkenntnissen über zwei Jahrtausende zur modernen Psychologie des Unbewußten, bis in die Gegenwart seines eigenen Studienzimmers in Küsnacht.

Befaßte Jung sich mit der Gnostik vorwiegend in den Jahren 1916–1926, in jenen schweren Jahren also, als er mit Siegmund Freud gebrochen hatte und seinen eigenen Weg suchte, so liegt die Zeit der «Entdeckung» der Alchimie als Schlüssel zur Bewußtwerdung aus dem dunklen Innern des Menschen eher in den Jahren 1926 bis 1940. In diesen eineinhalb Jahrzehnten baute er eine respektable alchimistische Bibliothek auf, für die er mit viel Liebe und Umsicht alte Inkunabeln und Drucke aus dem 16. Jahrhundert sammelte und die er nicht ohne Stolz Besuchern zu zeigen pflegte. Ohne Schwierigkeiten konnte er schließlich die oft geheimnisvolle und vielfach verschlüsselte Sprache der Alchimisten verstehen und deuten.

Bei alledem war es Jung vollkommen klar, daß die meisten alchimistischen Verfahren vom Standpunkt der heutigen Chemie aus sinnlos sind. Künstliches Gold haben die Alchimisten nie gefunden. Der Niedergang der Alchimie nach dem 17. Jahrhundert, als sie sich in schwülstige Allegorien und Spekulationen zu versteigen begann, ist offenkundig.

Nach einem Jahrtausend hoffnungslosen Laborierens in dunklen Experimentierstuben und Kellern lag die Sinnlosigkeit des Unterfangens, Gold herstellen oder den «Stein der Weisen» auszukristallisieren, auf der Hand. Wenn sich trotzdem so viele kluge Männer der Alchimie hingegeben hatten, folgerte Jung, dann mußten sie etwas Anderes, Tieferes, dem flüchtigen Betrachter Verborgenes darin gesehen haben. Das konnte aber nur dann so sein, wenn die alchimistischen Symbole eine Geheimsprache waren, die psychische und religiöse Wirklichkeiten ausdrückten.

Der «Stein der Weisen» *(lapis philosophorum)* war danach gar kein materielles Kristall – er war das Symbol der befreiten, zum vollen Bewußtsein des ihr innewohnenden Gottesfunkens gelangten Seele. Der Alchimist ging sogar noch weiter: indem er den groben Stoff schmolz, «erlöste» er auch den in der dichten Materie gebundenen Geist.

Jung erkannte, daß Alchimie in ihrem Wesen gnostisch war. Und er wußte inzwischen auch so viel über die Gnosis, um das Wort des Gnostikers und Hermetikers Zosimos zu kennen, der von dem göttlichen Gefäß des Hermes spricht.

«Dieses Gefäß wurde von Gott nach der Weltschöpfung als eine Art Taufbecken zur Erde gesandt, gefüllt mit himmlischer Tinktur.»

Wer eine Verbindung zwischen Alchimie und Gralssymbol herstellen will, hat damit jetzt gleich zwei Deutungsmöglichkeiten:

1. Der Gral als «Stein der Weisen», den erwachten göttlichen Funken in der Menschenseele darstellend, und

2. Der Gral als Taubecken, um darin die Menschenseele in «himmlicher Tinktur» zu baden.

Viel, was an Jungsche Gedankengänge erinnert, findet man bei Arthur Koestler (1905–1983), obwohl dieser kosmopolitische Schriftsteller der nächstjüngeren Generation angehört. War Jung in der antiken Literatur und Philosophie überaus bewandert, so war Koestler mit dem modernen wissenschaftlichen Denken auf das genaueste vertraut. Bezeichnenderweise interessierten sich beide sehr für die Parapsychologie.

Koestler dachte sich die menschliche Psyche als eine hierarchische Struktur, bestehend aus «Janus-gesichtigen Holonen», d.h. doppelgesichtigen, aber ganzheitsbezogenen Teilen, die für Einflüsse sowohl von niederen als von höheren Agenzen offen sind. Das eine Janusgesicht sagt: «Ich bin der Mittelpunkt der Welt», das andere: «Ich bin ein Teil, der das Ganze sucht». Ein Koestlersches Holon ist etwas in sich Ganzes, zugleich aber auch Teil eines größeren Ganzen.

Das ist kaum anders als die Yogalehre: Körper und Psyche des Menschen sind Tempel Gottes. Der Mensch findet Gott mit Hilfe

seines Meisters durch die Entwicklung des in ihm schlummern-
den grenzenlosen Potentials.

Carl Gustav Jung hat dasselbe gemeint wie Koestler, er hat es
nur anders ausgedrückt. Die Gegensatznatur des Menschen war
für ihn keine moderne Entdeckung, sie war altes, gnostisches
Glaubensgut.

Auf sein Lebenswerk zurückblickend, durfte Jung glauben, als
Arzt der menschlichen Seele den Stein der Weisen – *seinen*
Stein – gefunden zu haben. Gegen Ende seines Lebens sah er im
Traum einen großen Stein. Auf ihm war eingemeißelt:

«Zum Zeichen Deiner Ganzheit und Einheit.»

KAPITEL 25

Kosmos der Information

Die Essener, so lehrt uns Flavius Josephus, glaubten daran, daß alle Ereignisse vorbestimmt sind (Ant. XIII. 5,a). In Qumran am Toten Meer wurden Texte gefunden, die dies bestätigen. Die Autoren versichern, daß die gesamte Menschheitsgeschichte in von Gott vorbestimmten Zeitaltern ablaufe und daß die wesentlichen Ereignisse einer jeden Epoche von Engeln herbeigeführt oder überwacht würden. Gott, meinten die Essener, hatte diesen Engeln ihre Handlungen eingegeben, bevor er sie schuf.

Diese «Programmierung», wie wir sie heute nennen würden, gelang freilich nicht ganz. Die «Söhne Gottes» fanden bekanntlich die Töchter der Menschen zu verlockend, um ihnen zu widerstehen, und «nahmen sich diejenigen zu Weibern, die ihnen gefielen» (1. Mose 6,2). Die Bücher Mose erzählen, daß sie daraufhin allesamt in schimpfliche Ungnade fielen. Noah bildete die rühmliche Ausnahme.

Engel, so glaubt man seit dem Altertum, sind geschaffen, um Gottes Werk zu tun. Sie haben deshalb keinen freien Willen; ihr Wille ist sozusagen programmiert. Bricht ein Engel aber einmal aus dem Programm aus und macht sich selbstherrlich auf eigene Wege, dann sind die Folgen – weil auch die vom rechten Wege abgekommenen Engel noch immer so viel Macht besitzen – meist betrüblich. Die Gnostiker waren davon überzeugt, daß solche Abweichler die Übel dieser Welt verschuldet hatten.

Ganz anders die Menschen. Sie haben wenig Macht und werden von Anfang an in die Willensfreiheit gestellt. In ihr müssen sie sich bewähren, um wieder zu Gott zurückzufinden.

Die Qumran-Handschrift mit dem Titel «Die Epochen» zeugt vom Glauben der Essener, daß die Geschehnisse der einzelnen Zeitalter von Gott auf eherne Tafeln eingraviert wurden. Es waren die Gesetzestafeln für die ausführenden Engel. Jesus von Nazareth hat diese mehr auf die alttestamentarische Überlieferung gerichtete Essener-Doktrin, soweit wir wissen, nicht übernommen. Um so mehr hat er sich mit «dem Gesetz» befaßt, dem der mit freiem Willen ausgestattete Mensch unterliegt. Er warnte: Eher vergehen Himmel und Erde, als daß auch nur ein Quentchen dieses Gesetzes fortfalle. Leider sagen die Evangelien nichts Näheres darüber, wie denn nun dieses Gesetz funktioniere.

Anhänger der Reinkarnations- und Karmalehre glauben es zu wissen. Sie meinen, daß Jesus sich auf das «Karma» bezog. Unter «Karma» verstehen sie ein geistiges Netz von Ursachen und Wirkungen und sich daraus ergebenden Schicksals-Programmierungen, die unser Über-Ich, nach den Zwängen des «Gesetzes» handelnd, aus den Fehlern und Unterlassungen früherer Leben aufgebaut hat, so einen «Lehrplan» für das jetzige Leben schaffend.

Karma ist danach die Summe der «noch nicht gelernten Lektionen» auf dem langen Wege des Selbst zur Vollkommenheit; es ist durchaus nicht etwa Strafe im irdischen Sinn.

In dieser Sicht erscheint das «Gesetz» als eine moralische Programmierungs-Abfolge. Die Gedanken, Taten und Auslassungen unserer Leben bilden jenes feine Gewebe von Ursachen, Neigungen und Impulsen, nach denen wir, ohne es zu ahnen, handeln oder handeln müssen. Das daraus resultierende Schicksal muß nicht in allen Einzelheiten vorbestimmt sein, es verläuft aber dennoch so, daß es uns die beste Möglichkeit gibt, die eigenen Ecken und Kanten abzuschleifen. Es ist, wie Goethe sagte, das «Gesetz, nach dem wir angetreten».

In *diesem* Sinne bestimmt jeder sein eigenes Leben. Gott bestimmt es nicht, er legt nur das Gesetz fest. Vielleicht auch überläßt er die Details den Engeln am Webstuhl des Schicksals. Gäbe Gott dem einen ein unverdient leichtes und seinem Bruder ein schweres Schicksal, dann würde er Unterschiede machen und es gäbe keine göttliche Gerechtigkeit. Aber sind vor Gott nicht alle Menschen gleich? Ein wesentlicher Pfeiler des Gottesbeweises stürzt um, wenn Gott nicht mehr unbestechlich gerecht ist.

Dem Menschen ist das Wissen um die vorangegangenen Leben, um sein Karma genommen, so lehren die Mysterien, da er sonst das Gute und Rechte aus Berechnung täte. Nur in den Perioden zwischen den Inkarnationen kann die Seele die Reihe ihrer Leben überblicken. Sie wird sich dabei ihrer Unvollkommenheiten genau bewußt.

Das Gesetz, daß jeder Mensch sein Karma «aufarbeiten» müsse, kann vom Gnadengesetz gelöscht werden, wenn der Mensch aus eigenem Willen aufhört, ein Produkt seiner Umgebung zu sein, wenn er beschließt, «neu geboren zu werden».

Unserem modernen Verständnis werden solche transzendenten Prozesse etwas eher verständlich, wenn sie nach informationstechnischen Prinzipien ablaufen, unter denen wir uns etwas vorstellen können. Es müßte also so etwas wie einen geistigen Computerspeicher geben, in den die durch unser Denken, Tun und Lassen ausgelösten Informationen eingegeben werden.

Am Beispiel der Datenspeicher wird unserem modernen Denken verständlich, warum kein «Quentchen» – kein «bit» in der Computersprache – verlorengehen kann. Und so begreifen wir auch eher, warum das Denken, Tun und Lassen in Situationen der Todesnähe als «Lebensfilm» wieder vor unseren Augen abrollt, wie schon dargelegt wurde. Es ist dann so, als habe jemand den Daten-Ausgabeknopf des Speichers ein wenig verfrüht gedrückt.

Anders ausgedrückt, auch das nichtkausale, metaphysische Universum ist voller *Information,* auch dort gibt es, analog zum Energiegesetz, ein Gesetz der Erhaltung der Informationen. Prof. Henri van Praag (Utrecht), der diesen Ausdruck prägte, bezieht sich dabei ausdrücklich auf den altindischen Begriff der Akasha-Chronik und auf biblische Vorbilder wie die «fliegende Buchrolle» des Propheten Maleachi.

Die Entdeckung der Erbfaktoren in der RNA und DNA hat uns die ungeheure Fülle von mikrokosmischer Information in der belebten Materie offenbart. Das sollte auch Skeptiker ein wenig geneigter machen, nun auch nichtmaterielle Informationsmoleküle gelten zu lassen, und sei es nur als Hypothese.

Vielleicht gibt es sogar, uns noch unbekannt, ein Gesetz zur

Vermehrung der Information, das etwa eine spiegelbildlich umgekehrte Funktion zum Gesetz der Entropie haben würde.

Das Gesetz von der Erhaltung der Information, von van Praag ausdrücklich als «Arbeitshypothese» bezeichnet, bedarf natürlich eines Speichers und Informationsträgers, einer «Matrix».

Hier beginnt die Schwierigkeit. Wie sollen wir uns diese Akasha-Chronik praktisch vorstellen? Philosophen, Biologen und Anthropologen haben sich während der letzten zwei Jahrhunderte den Kopf darüber zerbrochen, ob und wie die in einem Menschengehirn gespeicherte Information über den Tod hinaus erhalten bleiben kann. Galt dieser Umstand doch als entscheidend wichtig für die Frage, ob der Mensch den Tod als bewußte Persönlichkeit überlebt. Einigermaßen glaubwürdig ließ sich das noch postulieren, wenn man die Existenz eines Ätherkörpers mit einem dementsprechend ätherischen Gehirn annimmt, das sich beim Tode vom materiellen Gehirn löst.

Man wußte schließlich, daß mediale Personen bewußtseinsmäßig «ihren Körper verlassen» und außerhalb schweben können, wobei ihr Ichbewußtsein stets mit «auf die Reise» ging; das ist zumindest ein starkes Indiz für ein solches ätherisches Gehirn. Die Erforschung der Nahtoderlebnisse hat uns der Antwort in den letzten zwei oder drei Jahrzehnten noch ein großes Stück näher gebracht.

Jetzt aber wird von uns ein viel größerer Gedankensprung gefordert, und wir müssen den Hermes-Spruch «Wie im Kleinen, so im Großen» tatsächlich anwenden und vom menschlichen Gedächtnis auf ein kosmisches Gedächtnis schließen. Auf soziologischem Gebiet tun wir das bereits, wie der Ausspruch von Marshall Mac Luhan zeigt:

«Die gesamte Welt ist ein kosmisches Dorf. Die Menschheit ist ein großer Körper, in welchem die Kommunikation als soziales Hormon wirkt.»

Das kosmische Gedächtnis, unsere Arbeitshypothese, ist unendlich und unerschöpflich. Alles, was im Lauf der Jahrhunderte und Jahrtausende geschieht, wird in ihm gespeichert. Das Denken und Fühlen und Handeln eines jeden Menschen wird festgehalten; vielleicht in geistigen Formen, die in Beziehung zum Überselbst eines Menschen stehen oder einen Teil seines geistigen Leibes bilden. Der Spekulation sind keine Grenzen gesetzt, und es spielt sicher keine große Rolle, *wie* die Information gespeichert wird. Das Wesentliche ist: Es geht nichts verloren.

Die Vorstellung von einer Akasha-Chronik wäre überaus kühn, könnte man nicht kulturhistorische und phänomenologische Indizien dafür anführen. Die ersteren gibt es seit Tausenden von Jahren, die letzteren liefert uns jeder, der glaubwürdig die Gabe besitzt, die Vergangenheit (und manchmal die Zukunft) seiner Mitmenschen zu erkennen. Von irgendwoher *muß* er sie abgelesen haben.

Zu denen, die diese Gabe besaßen, gehören zwei medial außergewöhnlich begabte Personen, die, nachdem sie sich durch Autosuggestion in einen Trancezustand versetzt hatten, in das kosmische Gedächtnis oder die Akasha-Chronik hineinblicken konnten. Die erste ist der als «schlafender Prophet» bekannte Amerikaner Edgar Cayce (1877–1945), die zweite ist von der modernen Parapsychologie beinahe vergessen worden; sie war ein einfaches deutsches Landmädchen namens Friedrike Hauffe (1801–1829). Der schwäbische Arzt und Dichter Justinus Kerner, in dessen Haus sie jahrelang lebte und der das Mädchen unter genauester Beobachtung hielt, hat ihre Fähigkeiten in seinem Buch «Die Seherin von Prevorst» geschildert.

Friederike Hauffe konnte fremden Besuchern deren Vergangenheit «auf den Kopf zusagen», sie vermochte auch blitzschnell die wahren Ursachen schwieriger Erkrankungen zu erkennen, für die die Ärzte keine Lösung gefunden hatten. Sie führte auf diese Weise viele Menschen zur Heilung – genau wie Edgar Cayce. Uns geht es hier aber um etwas anderes: Friederike «wußte» auf irgendeine unerklärliche Weise, daß jedes Ereignis ihres Alltags, ja jeder Gedanke, ohne ihr eigenes Zutun bewertet wurde, und zwar durch Zahlen. An jedem Abend liefen vor ihrem inneren Auge diese Bewertungen ab, und sie konnte die Zahlen notieren und addieren. Sie wußte genau, daß die Gesamtbilanz eines Tages davon abhing, ob die Summe unter- oder oberhalb einer bestimmten Grenze lag.

Die Minus- und Plusbilanzen wurden jeweils auf den nächsten Tag übertragen und dann am Monatsende aufgerechnet. Die so erzielten «Monatsbilanzen» ließen sich in einer einzigen Zahl ausdrücken. So entstand ein Kode-Wertsystem. Jeweils sieben Jahre bildeten einen Zyklus, dann wurde die «Rechnung» abgeschlossen. Friederike wußte irgendwie, daß dieses Zählsystem für jeden Menschen gilt. Eines Tages, so sagte sie, werde jeder Mensch im Jenseits anhand dieser Ziffern sein ganzes Leben überschauen können, ja es sei möglich, auch die «Siebenjahreszahlen» zuletzt noch in eine einzige Ziffer zu kodieren, und diese würde «verstanden» werden.

Doch das war noch nicht alles. Friederike trug die Zahlen in einer unbekannten, an östliche Sprachen erinnernden «Schrift» auf einen – von ihr so genannten – Sonnenkreis ein, das Zentralgestirn und die Planeten zeigend, der sich wiederum in einem «Lebenskreis» spiegelte. Der letztere entsprach der Seele. Justinus Kerner sah darin den Beweis für den Satz «Die Seele ist ein Spiegel des Weltalls», den er mit Plato in Verbindung bringt. Der griechische Denker und Philosoph hatte gesagt:

«Die Seele ist unsterblich; sie hat einen arithmetischen Anfang ... und durchdringt von der Mitte aus den ganzen Körper rundherum ... sie macht gleichsam zwei verschiedene Kreise.»

Den einen dieser Kreise nennt Plato die Bewegung der Seele (bei Hauffe der «Lebenszirkel»), den anderen die Bewegung des Alls («Sonnenzirkel»). «Auf diese Weise», schließt Plato,

«ist die Seele in Verbindung mit außen gesetzt ... weil sie in sich selbst die Elemente nach einer bestimmten Harmonie hat.»

Ohne daß hier näher über die Astrologie gesprochen werden soll: es fällt natürlich sofort auf, daß in diesem Bild der Schlüssel zu ihrem Verständnis liegen könnte. Der «Sonnenkreis» mit seinen je nach der Geburtsminute unterschiedlich verteilten Planeten (astrologisch: Das Geburtshoroskop) zeigt an, welche kosmischen Kräfte auf die Seele einwirken, sich auf ihrer Oberfläche «spiegeln».

Der Blick auf das Horoskop steht jedem offen, der die Kunst versteht; der Blick auf den Seelenspiegel des Individuums nur wenigen. Von Somnambulen wie Cayce und Hauffe hörten wir bereits; dazu kommen Heilige und Erleuchtete – alle jene, die nach östlicher Lehre das Stirnchakra geöffnet haben und damit in ständiger Kommunion mit dem Höchsten stehen.

Der Begriff *Akasha* war im Westen fast vergessen, als Madame Blavatsky ihn vor hundert Jahren in ihren Schriften wieder aufgriff. Moderne Wörterbücher kannten ihn nicht; aber in alten Sanskritschriften fand sich doch eine Definition: Akasha ist das, was hinter den Kulissen geschieht, während vorn jemand auf der Bühne spricht. Mit anderen Worten: In das Akasha geht nicht ein, was jemand äußerlich sagt oder tut, wohl aber, was er in seinem Herzen denkt.

So ist die Akasha-Chronik etwas Religiöses, rein Geistiges, genauso wie das große «Buch des Himmels» des einfachen christlichen Glaubens nur etwas Geistiges sein kann.

Doch nichts geschieht ohne Energie, und Eingeweihte sprechen bei der Akasha-Chronik demnach auch von einer geistigen Energie, einem «Tanz der Elektronen» – freilich Elektronen von geistiger Art, wie sie im Teilchenbeschleuniger nicht entdeckt werden können. Am besten denken wir an eine rein geistige Energie, die in über-zeitlicher und über-räumlicher Form speicherbar ist. Diese Energie schwingt so hoch, daß sich das Göttliche noch in ihr ausdrücken kann, zugleich aber sind ihre Ausdrucksformen auch noch von «unten», von der Erde aus gelegentlich wahrnehmbar.

Die Fähigkeit, im Akasha zu lesen, gilt von jeher als eine von Gott gewährte Gnade. Menschen, die sie besitzen, können, einem Zielimpuls folgend, wie ein Computer aus dem geistigen Speicher abtasten, was benötigt wird.

Die uralten indischen Veden (Weisheitslehren), so will es die Überlieferung, wurden ursprünglich aus der Akasha-Chronik abgelesen. Dasselbe gilt für die «mit Licht geschriebene» jüdische Ur-Kabbala; Hermes Trismegistus ritzte, so heißt es, Akasha-Weisheit in seine smaragdenen Tafeln. Rudolf Steiner hielt den Gral für ein «Gefäß des geheimen Wissens», das nur aus der Akasha kommen kann.

Da ist die Rede von einem bretonischen Mönch, der bei einer Meditation im legendären Wald von Broceliande aus der Hand des Meisters ein «Gralsbüchlein» (sprich: eine Seite aus der Akasha-Chronik) erhält. Darin liest er sein eigenes Schicksal und das der gesamten Menschheit. Er liest es so klar, als befände er sich in einem luziden Traum.

Diese Geschichte mag eine mittelalterliche Romantisierung sein. Vergessen wir aber nicht, daß es zahllose Zeugnisse von Menschen mit charismatischen Gaben gibt, die Ratsuchenden nicht selten ihr ganzes Leben aufzählen. Der weltberühmte heiligmäßige Kapuzinerpater Pio aus dem italienischen San Giovanni Rotondo tat dies bei seinen Beichtkindern, bis seine Oberen ihm die Abnahme der Beichte und das Lesen der Messe verboten.

Jeder Mensch besitzt eine Körperaura und eine Seelenaura. Die erstere läßt sich durch Hochfrequenz mittels der sogenannten Kirlianfotografie sichtbar machen, die letztere kann – als eine breite Ausstrahlung außerhalb der Körperaura – von dafür besonders begabten Menschen wahrgenommen werden. Je höher die geistige Entwicklung, desto stärker wird die Seelenaura. Heilige haben eine so starke Seelenaura, daß sie für den Betrachter wie von einem Schein umgeben erscheinen können. Der sprichwörtliche «Heiligenschein» geht auf eine reale Tatsache zurück.

Gott selbst oder seine höchsten Engel, so glaubte man, können die Akasha-Energie benutzen, um zu «schreiben» – siehe die biblische «Handschrift an der Wand». Sie benutzen dazu besondere Schriftformen, die angeblich im Sanskrit und im Hebräischen noch erkennbar sind. Akasha-Energie ist somit das Reservoir für die «Handschrift Gottes».

Wenn dem so wäre, so werden viele Menschen fragen, müßte es dann nicht eine Brücke zur modernen Wissenschaft geben, die ja doch auch lehrt, daß das Universum ein ewiger und unendlicher Energietanz ist? Wie dieser sich zu festen Formen kristallisiert, ist noch immer ein Geheimnis. Wir haben es noch nicht geschafft, Gott so genau auf die Finger zu schauen.

Es ist heute viel die Rede von einem neuen ganzheitlichen wissenschaftlich-philosophischen Denkrahmen, einem «Para-

194

digma», das über die aus den letzten beiden Jahrhunderten überkommenen materialistischen Auffassungen hinausgreift. Aber, so sehr jedermann sehen kann, daß die zwischen Religion und materiellem Alltag aufgerissene Kluft die Menschen verzweifelt, leer und unglücklich macht – unsere Universitäten schicken noch immer neue Ärzte, Psychologen, Psychiater und Naturwissenschaftler in die Welt, die nach den alten «mechanistischen» Lehrgrundsätzen ausgebildet sind.

Die vielzitierte Wende vollzieht sich zum guten Teil unter der Oberfläche – so sehr, daß die Amerikanerin Marilyn Ferguson ihr weltweit beachtetes Buch darüber *«Die sanfte Verschwörung»* nennen, d.h. von einer Verschwörung sprechen mußte. Wenn die Verschwörer von heute unser Denken von morgen bestimmen sollen, wird es notwendig sein, die geistig-materiellen Wechselwirkungen so deutlich zu machen, dass die Hochburgen von Lehre und Forschung davon Kenntnis nehmen *müssen.*

Bisher schien die Quantenphysik dazu die besten Voraussetzungen zu bieten – und sei es auch nur, weil Physiker meist viel eher bereit sind, sich für die Grenzgebiete der Wissenschaften zu interessieren. Ein gutes Beispiel dafür ist das Interesse der Physiker an der Erforschung der Psychokinese (Materieveränderung durch psychische Beeinflussung).

Tatsächlich ist die Physik den vermeintlich letzten Geheimnissen des Universums immer näher gekommen. 1982/83 konnten Wissenschaftler des Genfer CERN-Laboratoriums unter Leitung von Professor Rubbia im Mikrokosmos den «Big Bang» nachvollziehen, der, wie man meint, vor Urzeiten am Beginn des materiellen Universums stand. Der mit ungeheuren Kräften herbeigeführte Zusammenprall von Protonen und Antiprotonen erzeugte einen gewaltigen Energieblitz, bei dem Millionen von winzigen «Feuerbällchen» entstanden. Es waren die lange gesuchten «W-Partikel»!

Vielleicht bringt uns diese Entdeckung dem schon von Albert Einstein so lange – und vergeblich – verfolgten Ziel näher, eine Feldgleichung zu finden, die die in der Physik bekannten «vier Kräfte» (Elektromagnetismus, Schwerkraft, «starke» und «schwache» Nuklearkräfte) in einer universalen Weltformel vereint. Auch heute noch, zwei Generationen nach Einstein, ist es der Traum vieler Physiker, nachweisen zu können, daß die verschiedenen Kräfte in der Natur nur unterschiedliche Manifestationen *einer* zentralen Kraft sind.

Doch während in der Physik eine Revolution auf die andere folgte (Quantentheorie, spezielle und allgemeine Relativitätstheorie, Nuklearspaltung und die Abspaltung von immer neuen Teilchen aus dem Atom), ist die Biologie seit hundert Jahren statisch geblieben. Ihr auf Charles Darwin gegründetes Bild ist orthodox und mechanisch. Die rasante Entwicklung der Physik, die Öffnung neuer philosophischer Bezugsrahmen, ist an ihr vorübergegangen.

Diese beschauliche Ruhe des von darwinschem Efeu umrankten akademischen Elfenbeinturms ist von einem jungen englischen Wissenschaftler jäh unterbrochen worden. Dr. Rupert Sheldrake, der als Biochemiker an der Universität Cambridge eine hervorragende Ausbildung erhielt, überraschte die akademische Welt mit seiner Hypothese eines «morphogenetischen (d.h. formerzeugenden) Feldes», das jeden Organismus bei seiner Entwicklung beeinflußt.

Als junger Biologe gehörte Sheldrake in Cambridge einer Gruppe an, die sich «Epiphanie-Philosophen» nannten. In ihren Diskussionen versuchten die jungen Wissenschaftler, zwischen dem materialistisch orientierten naturwissenschaftlichen Denken und den mystisch-religiösen Vorstellungen der religiösen Welt eine Brücke zu schlagen. Mit unter dem Einfluß von Goethes «Metamorphose», vor allem aber des deutschen Biologen und Philosophen Hans Driesch (1867–1941), der einen antimaterialistischen *Vitalismus* lehrte, begannen sich seine Überzeugungen zu wandeln. Doch brauchte es noch Jahre, und einen längeren Aufenthalt in Indien, bis er sein Werk «*A New Science of Life*» publizierte.

Daß es ein formgenetisches Agens geben mußte, ergab sich für Sheldrake aus der Beobachtung, daß ein Organismus – ob Pflanze, Tier oder Mensch – sich aus einer einzigen Zelle entwickelt. Diese erhält zwar ein charakteristisches DNA; aber wer «sagt» bestimmten Zellen des wachsenden Organismus, daß sie sich zu roten statt weißen Blütenblättern oder zu menschlichen statt Raubtierzähnen zu entwickeln haben? In hundert Jahren seit Darwin hatte praktisch niemand an diesem «heißen Eisen» gerührt. Sheldrake wagte es. Die Veröffentlichung seines Buches «A New Science of Life», das *nichtmaterielle* formgenetische Felder postuliert, wirkte wie eine Bombe im wissenschaftlichen Establishment. Es kam zu heftigen Angriffen gegen Sheldrake, und die establishmentnahe Zeitschrift *Nature* ging so weit, sein Buch als «Kandidaten zum Verbrennen» zu qualifizieren. Sheldrake hatte die Todsünde begangen, den seit Darwin ungestörten Dorfteich des Mechanismus aufzuwirbeln. Würde das nicht dem Okkultismus und Aberglauben Tür und Tor öffnen?

Experimente hatten ergeben, daß eine neue Rattengeneration beispielsweise schneller lernt, sich durch einen Irrgarten zu zwängen (an dessen Ausgang als Lohn ein Leckerbissen wartet), als ihre eigenen Eltern: Kristalle von ganz neuen Lösungen bilden sich schneller, sobald diese Lösungen in den Labors der Welt öfter verwendet werden. Wieso? Bisher konnte man höch-

Abb. 32. Dr. Rupert Sheldrake

stens vermuten, daß winzige Kristalle sich womöglich in den Barthaaren reisender Wissenschaftler festgesetzt und die Lösung am neuen Arbeitsort «angesteckt» hatten.

Sheldrakes Hypothese ist ebenso überraschend wie brillant: Die formende Wirkung wird durch Resonanz übertragen! Der sich entwickelnde Kristall oder Embryo tritt in ein nicht-materielles Resonanz-Schwingungsverhältnis mit der unsichtbaren *memory bank,* die den Namen «Ratte» oder «Rose» oder «Menschenhirn» trägt. Daraus folgt, daß auch angelernte Fähigkeiten übertragen werden. Die nächste Generation müßte somit immer schlauer sein als ihre Väter oder Mütter.

Sheldrakes Hypothese ist Dynamit für die materialistische Wissenschaft. Denn wenn es immaterielle morphogenetische Felder gibt, die dazu noch die Raum- und Zeitgrenzen überwinden, dann ist es bis zum Konzept einer kosmischen Datenbank nicht mehr weit. Wir wären mittendrin in der Hermetik und Esoterik, und alle möglichen, von der Wissenschaft verfemten Dinge würden ihr Haupt erheben!

Sheldrake dachte nicht an östliche Religionen, als er *«A New Science of Life»* schrieb. Erst später (er hatte inzwischen längere Zeit als Pflanzenphysiologe in Indien gearbeitet) kam er darauf, daß seine Hypothese den Begriff des Karma und der Akasha-Chronik mindestens ansatzweise enthält.

«Alles, was im Universum geschieht, hat danach eine Art kosmisches Karma», sagte er in einem Interview im Jahre 1983. «Meine Hypothese vereinigt beide Traditionen, wenngleich sie nicht in dieser Absicht formuliert wurde.»

In beidem, der «formbildenden Verursachung» und beim Entstehen von Karma haben wir es nach Sheldrakes Worten mit einem «sich ständig aufbauenden und akkumulierenden Prozeß» zu tun, der über die Zeit hinwegreicht. Sheldrake widerspricht denn auch nicht der Auffassung, daß jede Tat eines jeden Menschen ein winziger Baustein zum umfassenden «kosmischen Karma» ist, das wiederum das Schicksal der gesamten Menschheit beeinflußt.

Auf einem Kongreß im Sommer 1983, an dem auch der Dalai Lama teilnahm, fragte man das Oberhaupt der tibetischen Buddhisten, was die Menschen tun sollten, um der drohenden

apokalyptischen Vernichtung durch einen Atomkrieg entgegen-
zuwirken und das «Machtdenken» aus der Welt zu schaffen.
Seine Antwort lautete: Jeder muß bei sich selbst anfangen! Von
dieser Einsicht bis zum Begriff des kosmischen Karma ist es
nicht mehr allzuweit.

Sheldrake ist kein «neuer Darwin»; er ist viel eher ein «Anti-
Darwin»; jemand, der die von Darwins Lehre bestärkte Kluft
zwischen Wissenschaft und religiösem Geist wieder überbrük-
ken könnte.

Die Zeitschrift «New Scientist», aufgeschlossener als
«Nature», setzte einen Preis für den besten Vorschlag aus,
Sheldrakes Thesen experimentell zu testen.

Gewinner des Preises wurde der Physiker Richard Gentle. Er
sandte einen türkischen Kinderspruch ein, dazu eine zweite
Version, die sich ebenfalls reimte, bei der aber die Worte durch-
einandergewürfelt waren. Wenn Sheldrake recht hat, müßte es
für nicht des Türkischen mächtige Personen leichter sein, den
richtigen Kinderspruch zu lernen – eben weil ihn über die Jahre
und Jahrhunderte schon Millionen von Türken gelernt haben.

Sheldrakes Resonanz ist selektiv und sinnvoll. Unter Millionen Möglichkeiten schwingt sich das informationstragende Feld
genau auf das Ding, das Organ ein, für das es bestimmt ist oder
zu dem es Affinität besitzt. Sheldrake sieht die *formative causa-
tion* als Teil eines universalen Prozesses, der aufs engste mit
kreativen Kräften verbunden ist.

«Das Universum kann nur dann Ursache und Sinn haben»,
schließt er sein Buch,

«wenn es selbst von einem bewußten Agens geschaffen wurde, die
es transzendierte. Wenn dieses transzendente bewußte Wesen die
Quelle des Universums wäre und alles in ihm, dann würden alle
geschaffenen Dinge in gewisser Hinsicht an seiner Natur teilnehmen.»

Innerhalb der Natur, behauptete Sheldrake mit viel Mut, besteht
wahrscheinlich eine «Hierarchie kreativer Intelligenzen».

Wenn solche Gedanken allgemein Anerkennung fänden, hätte
Hermes Trismegistus doch noch triumphiert.

KAPITEL 26

Moderne Mysterienschulen

Im Rittersaal des Schlosses Berlepsch am deutschen Werratal strahlen drei miteinander gekoppelte Projektoren Bilder an die Wand, wie sie ein kluger griechischer Mysterienpriester kaum besser hätte ersinnen können. Es sind archetypische Symbole. Was früher einmal mit Lichteffekten, Lampions und Spiegeln mit viel Mühe und Raffinesse in Szene gesetzt werden mußte, gehorcht nun den Schaltknöpfen moderner audiovisueller Geräte.

Und wie einst der Tempelschüler, fühlt sich der Betrachter in seinem tiefsten Inneren angesprochen. Vor seinen Augen auf der Leinwand leuchten farbige Bilder von symbolhaften Naturobjekten auf – eines Baumes etwa, einer Blume oder eines Berges. Eine besondere Überblendungstechnik läßt diese Bilder in fließender Farbe und Form wie eine unio mystica-Vision ineinander übergehen. Dazu erklingt entspannende Musik.

Das archetypische Figurenspiel ist Teil der von Professor Dr. Elisabeth Philipov entwickelten *Eos*-Methode (eos = griechisch für Morgenröte), die auf die ganzheitliche Verwirklichung des Menschen zielt. Die gebürtige Bulgarin und spätere Dozentin der Suggestopädie gelangte für ihre Pionierarbeit auf dem Gebiet der ganzheitlichen Lehrverfahren bereits in den USA zu internationalem Ansehen. Bei *Eos* hat sie zusätzlich Erkenntnisse der modernen Bewußtseins-Psychologie und eigene Erfahrungen in *Workshops* mit Studenten in Amerika und in Tübingen verwendet. Sie nennt es eine «therapeutische Meditation zur Selbsterfahrung».

Der Unterschied zur kontemplativen (betrachtenden) Meditation besteht darin, daß Eos-Bilder keine Fixierung der Sinne fordern, sondern dynamisch und durch die Harmonisierung von

Farbe, Form und Musik besonders wirkungsvoll sind. Eigentlich kann man von vier Stufen sprechen: Die Bilder führen zu einer Sensibilisierung des Betrachters. Danach folgt eine Entspannungsübung und darauf wieder eine gelenkte Meditation in der Gruppe. Am Schluß steht eine gemeinsame Diskussion. Das Ergebnis ist ein psychisches Wohlbefinden, das noch lange nachklingen kann. Der Teilnehmer entdeckt Tiefengründe in sich, deren er sich vielleicht seit seiner Kindheit nicht mehr bewußt gewesen ist. Er fühlt sich als ein mit dem Kosmos verbundenes geistiges Wesen, mit unvermuteten Fähigkeiten inneren Erlebens.

Die Erfahrungen während der Meditation, die aus der Seele hochsteigenden Bilder, werden im Gespräch der Gruppe miteinander geteilt und ausgetauscht, notfalls auch noch im therapeutischen Gespräch mit der Leiterin vertieft. So wird *Eos* zu einer Form der Psychosynthese, der Ganzwerdung der menschlichen Einheit aus Körper, Seele und Geist. Elisabeth Philipov, während der Meditation noch «Priesterin», wird dann zur modernen Gruppentherapeutin.

Mit anderen Worten: wir haben es mit einer modernen Mysterienschule zu tun. Auf Schloß Berlepsch geschieht im Grunde das gleiche wie in den Tempeln von Eleusis, jedoch vor dem geistigen Hintergrund der christlichen Mystik. Vor 2000 Jahren wurden den seelisch aufgewühlten Mysten in vorberechneten Augenblicken suggestive Bekräftigungen und Heilungsworte zugeflüstert. Auch das geschieht bei der vielseitig sprachkundigen Professorin, nur daß sie von «heilenden Worten» spricht.

Tanzimprovisationen ergänzen diese meditative Selbsterfahrung. Wie beim *Dromenon*-Tanz in den griechischen Tempeln liegt auch hier die Erkenntnis zugrunde, daß der Mensch sich durch rhythmischen Bewegungsausdruck von psychischen und physischen Blockierungen befreien kann.

Schon seit einigen Jahrzehnten haben ganzheitliche Methoden jene Formen der Schulpsychologie abgelöst, die den Menschen eher als eine Reiz- und Reaktionsmaschine betrachten oder nach freudianischem Muster – im Grunde ebenso materialistisch – als ein von destruktiven und triebhaften Kräften beherrschtes, mehr animalisches Wesen. Den ersten großen

Durchbruch erzielte der Italiener Roberto Assagioli, dessen Psychosynthese auf eine Integrierung der gesamten Persönlichkeit einschließlich ihrer spirituellen «transpersonalen» Dimension abzielte.

Für den modernen Ganzheits-Psychologen ist Siegmund Freud nur noch von historischer Bedeutung. Mit den Gnostikern hat er erkannt, daß der göttliche Funke im Menschen eine zentrale Rolle spielt, mit den Essenern (erinnern wir uns an die Stelle aus Josephus), daß der Mensch einen Ätherleib und ein Äthergehirn hat. Die amerikanische Psychologin Jean Houston, Ph D., hat es sich zum besonderen Ziel gemacht, diesen «kinästhetischen Körper», wie sie ihn nennt, zu entwickeln. Sie nennt ihre Methode *Dromenon.* In Nordamerika ist die Bewußtseins- oder «humanistische» Psychologie seit den 60er Jahren, die «Transpersonale Psychologie» seit dem Beginn der 70er Jahre akademisch anerkannt.

Betrübt stellen Fachkundige fest, daß Deutschland auf diesen Gebieten fast noch ein «Entwicklungsland» sei. Dr. Erhard Hanefeld, Herausgeber der «Zeitschrift für Transpersonale Psychologie», erinnert daran, daß dieses Fach heute in den USA in vielfältiger Weise repräsentiert ist und daß man in ihm auch den Magister- und Doktortitel erwerben kann. (Jahrg. 1, Nr. 1/82) Die deutsche akademische Psychologie habe dagegen «noch fast keine Notiz von dieser Entwicklung genommen».

Mit Tübinger Studenten hat Elisabeth Philipov die Eos-Methode vielfach erprobt. Der Prozeß der Ganzwerdung wird durch Bildfolgen mit positiven Inhalten unterstützt. Wer, vielleicht nach östlichen Vorbildern, ohne jede Hilfe und Stütze meditiert (etwas, vor dem übrigens auch östliche Gurus immer wieder warnen), kann es erleben, daß auch weniger Gutes an die Oberfläche kommt. Rein geistige Meditationsformen setzen eine zielbewußte geistige Reinigung voraus.

Diese Reinigung geschieht am besten durch Musik barocker Komponisten, etwa Pachelbel, Bach, Vivaldi oder Händel. Oder durch eine kombinierte Klang/Licht-Sensibilisierung, wie sie schon in einigen antiken Mysterientempeln praktiziert wurde.

Hugo Ball hat eine solche Tempelszene eindrucksvoll geschildert:

«Die eigentliche Mysterienfeier besteht in einer Abfolge unerklärlich erhebender Prozeduren. Ein unausschöpflicher Sinn wohnt den Riten und Zeremonien inne. Ihrem göttlichen Einfluß vermag sich niemand zu entziehen. Laternen und Lichter in leuchtender Symmetrie; ein primitives Gemisch von Tier- und von Kinderlauten, eine Musik, die in längst verschollenen Kadenzen schwingt: all dies erschüttert die Seele und erinnert sie an ihre Urheimat. Eine Sehnsucht zurück zu allen Anfängen erfaßt den Geist, taucht in längst vergessene Paradiese der Über- und Vorwelt. Seltsam maskierte Gestalten tragen astrale Abzeichen und Symbole, drehen sich im Kreise, zaubern in ihren Bewegungen das milde Abbild der Sternensphäre mitten in einen irdischen Raum. Der Chorführer heißt «Schöpfer», der Fackelträger «Sonne», der am Altar stehende Priester heißt «Mond». Es gibt sogar einen «Schreiber der Sonne», der die heiligen Kultbücher zu verwalten hat. Der Tempelraum selbst ist ein Abbild des Himmels.»

Moderne Mysterien oder Neue Gnosis gründen sich auf die Erkenntnis, daß die heutige Menschheit erwachsen genug ist, um keine Priester und Hierophanten mehr zu brauchen, die die ewigen Geheimnisse für sie bewahren und auslegen. Das bedeutet nicht, daß Kirchen und Priester keine Aufgaben mehr hätten; wohl aber bedeutet es, daß die Menschheit imstande und reif genug ist, ihre eigenen Werte – und die Wege zu ihrer Verwirlichung – zu kennen und zwischen Gut und Böse zu wählen. Aus diesem Grunde wäre es verfehlt, wollten neugnostische Gruppen oder Zentren der humanistischen Psychologie sich abkapseln durch irgendwelche geheime Prozeduren und Einweihungen. Geheimlogen mögen im siebzehnten, achtzehnten und auch noch im 19. Jahrhundert angebracht gewesen sein, heute sind sie es nicht mehr.

Freilich bleiben die höheren Künste der alten Mysterientempel jenen vorbehalten, die entschlossen sind, die Stufen der Einweihung am eigenen Bewußtsein kennenzulernen und zu erwerben.

Vor allem in der angelsächsischen Welt gibt es heute Gruppen und Institutionen, die die völlige Befreiung des Geistes in ähnlicher Weise anstreben, wie es die «Seelenreise» des ägyptischen

Tempelschülers einstmals war. Die bedeutendste unter ihnen ist das *Monroe Institute of Applied Sciences* in Faber am Fuße der Blue Ridge Berge im US Staat Virginia. Sein Gründer ist Robert A. Monroe, ein früherer Elektronikfachmann, der seit fast drei Jahrzehnten spontane Austritte seines «Feinstoffkörpers» – sogenannte *Out of the Body Experiences* (außerkörperliche Erfahrungen) – an sich erlebt. Der Elektronik-Bastler Monroe kam auf den Gedanken, die von ihm erfahrenen neuen Bewußtseins-Dimensionen durch Beeinflussung der Gehirn-Aktionsströme künstlich herzustellen. Aus Jahren eifriger Experimentierarbeit wurde schließlich das *Monroe Institute of Applied Sciences.* Es ist inzwischen zu einer festen Einrichtung geworden. Der Lernende – sprich: der moderne Tempelschüler – wird von erfahrenen Lehrkräften betreut.

Die Kenntnisse und Fähigkeiten, die zur Beherrschung der Astral-Reisetechnik führen, müssen erworben werden. Der Lernprozeß beginnt damit, daß der Tempelschüler mit Hilfe von Biofeedback-Geräten in die Lage versetzt wird, in der linken wie der rechten Gehirnhälfte synchrone Gehirnwellen zu entwikkeln. Diese erste Stufe nennt man im Monroe-Institut HEMI-SYNC *(hemispheric synchronization).*

Normalerweise dominiert beim westlichen Menschen die für das rationale Denken verantwortliche linke Gehirnhälfte über die mehr gefühlsbedingte rechte. Bestenfalls zeigt das Elektro-Enzephalogramm ein flickerndes Hin und Her über beide Hälften. Diesen völligen Mangel an Synchronisation wollte Monroe beheben.

Er benutzte dazu Forschungsergebnisse der *Menninger Foundation,* die gezeigt hatten, daß man mit Hilfe einer bestimmten Tonfrequenz (eingegeben durch Kopfhörer) einen Synchronzustand herstellen kann, der bis zu 15 Minuten anhält und von einem supernormalen Bewußtseinszustand mit erhöhten Sinnesfähigkeiten begleitet ist. Dieser Zustand läßt sich noch variieren, wenn man Sinuswellen zu unterschiedlichen Frequenzen in die beiden Kopfhörer eingibt und so einen «beat» erzeugt.

Der «beat» führte seinerseits zu charakteristischen Hirnwellen-Mustern (Monroe spricht von einem «Folgefrequenz-Response»), die verschiedenen Schlaf- und Wachbewußtseinsphasen des menschlichen Gehirns entsprachen. Alle EEG-Frequenzen, von Alpha bis Delta, können beliebig erzeugt werden.

Das Bewußtsein war mit technischen Mitteln steuerbar geworden – ohne Drogen, ohne Meditation. Monroe meldete ein Patent auf sein Verfahren an.

Mit Hilfe seiner Entdeckung konnte er nun das nächste Ziel in Angriff nehmen: Die Herstellung eines Zustandes, in dem man sein Wachbewußtsein mit in den Schlaf hineinnehmen konnte, in dem es also auch möglich war, mit vollen Bewußtsein zu träumen. Allerdings ist dies von der persönlichen Bereitschaft und Fähigkeit des Auszubildenden abhängig. Die höheren Bewußtseinszustände lassen sich vor allem nicht bei jedermann beliebig lange aufrechthalten.

Wir lassen den Bericht folgen, den der Amerikaner James Bryce nach Absolvierung eines Monroe-Kurses schrieb.*

«Ich liege ruhig in ... einem isolierten kleinen Raum, in dem man mit Kopfhörern und eventuell auch anderen Feedback-Instrumenten ausgerüstet ist. Um mich herum ist völlige Dunkelheit. Die Kopfhörer ... produzieren eine Stille jenseits der Ruhe. Meine Augen sind weit offen, starren aber nur in Dunkelheit. Die Luftmatratze, auf der ich liege, scheint mich weich zu tragen, aber ich bin mir meines Körpers nicht bewußt. Ich fühle nur die völlige Abgeschiedenheit von allem. Plötzlich ist da ein Zischen in meinen Ohren, als der Kopfhörer zum Leben erwacht.

‹Bitte antworten Sie durch einen Druck auf den Knopf des Signallichtes. Wir sind fast startbereit.› Dann ein kurzer Moment der Stille und: ‹Okay, wir sind jetzt bereit. Countdown: Sechs, fünf, vier, drei, zwei – wir haben abgehoben.›

Ein Klang, wie wenn die Brandung immer wieder gegen den Felsen anrennt oder Raketen feuerspeiend in den Weltraum schießen, füllt meinen ganzen Kopf aus und zieht in allen Richtungen durch mein Gehirn. Ich beginne meine Reise in den Innenraum mit einem spürbaren kleinen ‹Schwung›. Ich bin sehr heiter – fast ein wenig euphorisch – aber habe ganz deutlich das Gefühl, daß

* «Fate», August 1982. Zitiert mit frdl. Genehmigung des Verlages.

mein Geist sich vom Körper trennt, ein Gefühl, das die Seminarleiter ‹Körper schlafend, Geist wach›-Zustand nennen.

Die Bedeutsamkeit dieser Erfahrung läßt sich nur in starken Worten andeuten. Tatsächlich sind Worte eigentlich ein unangemessenes Instrument dafür. Man muß es erlebt haben.

Ich bin irgendwo auf halbem Wege meiner Reise, als eine Stimme aus dem Kopfhörer erklärt: ‹Auf dieser Ebene (im Seminar ‹Fokus 15› genannt) sind Sie jetzt jenseits der Zeit. Genießen Sie das Gefühl der Zeitlosigkeit.› Ich scheine zu schweben ... Ich fühle meinen Körper überhaupt nicht. Die Töne und Schwingungen, die mich bis zu diesem Augenblick (diesem Ort) begleitet haben, erfüllen mich immer noch; sie sind ein Teil von mir. Ich fühle mich, wie wenn ich Bestandteil einer großen Flutwelle wäre.»

Die Erfahrung dauert an, führt James Bryce in einen noch höheren Bewußtseinszustand, den er fühlt, als sei er «frei im Innenraum schwebend». Unwillig fast, weil es so schön hier ist, läßt er sich schließlich von der Stimme Bob Monroes auf die Erde zurückholen.

Auf der Grundlage dieses Systems machten in den letzten zehn Jahren am Faber-Institut rund 2000 Teilnehmer elektronische Astralreisen, wie es heißt ohne irgendwelche nachteiligen Wirkungen. Natürlich wird es trotzdem Kritiker geben, die diese Art von Bewußtseinserweiterung als magisch-schamanisch ablehnen. Die Beat-Frequenz ähnelt in der Tat stark dem rhythmischen Trommeln, mit dem indianische Schamanen ihre Stammesbrüder in andere Bewußtseinszustände zu rücken vermögen.

Die Wiederentdeckung des Schamanismus vorwiegend indianischer Prägung im Westen ist eine der bemerkenswertesten Entwicklungen seit der «Bewußtseins-Explosion» der sechziger Jahre mit ihren teilweise bedenklichen Nebenerscheinungen von LSD- oder Drogengebrauch und Guru-Kulten. Schamanismus ist magisch, sein Einstieg in Mythos und Symbolismus ist ein Hinabspüren zu den Gründen einer urgeschichtlichen Welt, deren Archetypen noch immer in uns leben.

Unser Traumleben ist gewissermaßen die nächsthöhere Stufe. Das Bestreben, den Menschen das Bewußtsein ihrer Träume wiederzugeben, um ihnen so den Blick in die eigene Psyche zu geben und sie hellhörig für die «Lebensberatungsfunktion» der Träume zu machen, knüpft teilweise an die Praxis antiker Mysterienschulen an, teilweise ist es ein Anlehnen an die Weisheit von Naturvölkern, die sich das Wissen um die Rolle des Traumes bis heute bewahrt haben.

Schamanismus und Traumforschung liegen gewissermaßen im Umfeld der Mysterien. Der volle Schritt zum «Mysterienschüler» ist für den westlichen Menschen unserer Zeit gewöhnlich sehr viel schwerer. Mußte er vor dreitausend Jahren seinen gefahrvollen Weg durch Gruben mit Schlangengewürm bahnen, so muß er heute in der Lage sein, sämtliche ihm anerzogenen Wert- und Bezugssysteme abzulegen, um sein Ego zu überwinden. Es gibt mehrere Mysterienschulen dieser Art; sie nennen sich mit verschiedenen Namen und sind oft nicht auf den ersten Blick als «Mysterien» erkennbar. Ihr Ursprung kann höchst verschiedenartig sein, und doch sind sie sich in den wesentlichen Punkten völlig einig.

Wir nennen als Beispiele den intellektuell anspruchsvollen *«Course in Miracles»*, niedergeschrieben nach einem medial durch innere Stimme empfangenen «Diktat» an zwei promovierte Psychiater der New Yorker Columbia Universität, andererseits die inhaltlich frappierend ähnlichen Niederschriften des Inders Shri Nisargadatta Maharaj, der in den Slums von Bombay und ohne jede westliche Bildung aufwuchs.

Bevor er sein Ego überwindet und ablegt, lernt der Schüler des «Course in Miracles» die Dynamik dieses Ego gründlich kennen. Der biblische Adam ist der Prototyp des Ego, das ein «falsches Selbst» ist. Der Mensch schafft sich das Ego gewissermaßen zum Schutz gegen sein Schuldgefühl – Schuld, weil er das Paradies des Eins-Seins mit seinem Schöpfer verlassen hat!

Das Schuldgefühl, auch wenn es unbewußt bleibt, erzeugt Angst, und diese wiederum gibt Anlaß zu allen negativen Emotionen, deren der Mensch fähig ist, obwohl er im Grunde ein Gotteskind bleibt. Wir projizieren unsere Schuldgefühle nach außen. Ein Teufelskreis entsteht, in dem unser «Ego» in der Maske des vermeintlichen Retters auftritt.

Schuld nimmt hier also die Stelle des theologischen Erbsünde-Begriffs ein. Der Unterschied ist beträchtlich: Schuld und alle ihre Projektionen haben nur so lange Einfluß auf uns, als wir an sie *glauben*. Die Überwindung dieser schuldgeborenen Projektionen ist für den im westlichen Alltag lebenden Menschen eine ganz außerordentlich «schwierige» Aufgabe, kaum leichter als die Mutproben der Tempelschüler von einst. Nicht zuletzt muß er lernen, seine Mitmenschen als sündelos zu sehen. So sind die «Miracles» eine absolute Form der christlichen Psychotherapie.

Nicht sehr weit entfernt hiervon ist das *«Kum Nye»*-System des Tibetaners Tarthang Tulku, das sich auf die Lehre des tibetanischen Nyingma-Ordens gründet. Tarthang gelang es, auf seiner Flucht nach Indien die aus 120 Teilen bestehende Bibliothek seines Ordens mitzunehmen, darunter Bände aus frühbuddhistischer Zeit, die über eintausend Jahre alt waren. Heute hält Tarthang Tulku Vorlesungen an der Berkeley-Universität (USA).

Die zentrale Forderung des Kum Nye ist die gleiche wie bei den Gnostikern und anderen christlichen Mysterienschulen: Erkenne Dich selbst, und Du wirst Gott erkennen!

KAPITEL 27

Die neue Wissenschaft vom Göttlichen

Physiker, Biologen und andere Wissenschaftler an amerikanischen Universitäten erfanden vor einiger Zeit ein neues Kartenspiel. Sie nannten es «*Eleusis*»; seine Eigenart bestand darin, daß es keine festen Regeln besaß. Der Spielleiter stellte die Regeln jedesmal neu auf und schrieb sie auf einen Zettel.

Aus der Art und Weise, in der die ausgespielten Karten vom Spielleiter abgelegt wurden, konnten die Teilnehmer die Regeln erraten. Wer seine Karten zuerst los war, hatte gewonnen.

Eleusis ist ein Spiel für Neu-Gnostiker, für Wissenschaftler also, die die Konsequenzen daraus gezogen haben, daß die Welt, in der wir leben, aus dem materialistischen Wissenschaftsglauben der letzten zwei Jahrhunderte nicht mehr erklärbar ist, daß wir zu einer neuen Kosmologie geführt werden, in der Geist und Bewußtsein die Vorherrschaft über die Materie haben.

Das Fehlen fester Regeln beim Eleusis-Spiel ist natürlich Absicht. Es entspricht der Quantenphysik, die uns mit der revolutionären Tatsache konfrontiert, daß Atome und Partikel nicht mehr separate Größen sind, die nach klassischen Kausalgesetzen aufeinander einwirken, daß ihre Bewegungen sich nicht vorhersagen lassen, daß sie eigentlich gar keine «Dinge» sind, sondern bestenfalls Zwischenglieder in einer universalen Struktur, die auf der grundlegenden Einheit und Harmonie des Kosmos beruht. In diesem Kosmos bestimmen nicht mehr die Teile das Ganze, sondern das Ganze bestimmt die Teile.

In diesem Quanten-Universum sah Werner Heisenberg die Welt «als ein kompliziertes Gewebe von Vorgängen, in denen Verbindungen verschiedener Art sich abwechseln oder sich überschneiden oder kombinieren, und so das Gewebe des Ganzen bestimmen». Anders ausgedrückt: Jeder, auch der kleinste

Prozeß an einem Orte dieses Universums kann an einem anderen Ort etwas verändern.

Der französische Mathematiker und Physiker *Jean E. Charon* bekennt sich zu der Ansicht, daß *jedes* Elektron *das gesamte Wissen unserer Welt in sich trägt.*

«Jedes der Teilchen, die unseren Körper bilden, besitzt für sich allein schon die Gesamtheit der Information, deren Inhalt alle Charakteristika unseres Geistes bestimmen.»

Und an anderer Stelle:

«... unser Geist ist ungeteilt in jedem der Milliarden Elektronen unseres Körpers enthalten.»

Diese Feststellung kommt sehr nahe an das von Giordano Bruno wie von Sehern und Mystikern nach ihm verkündete Axiom, daß die gesamte Schöpfung – Stein, Pflanze, Tier und Mensch – aus winzigen Geistfunken besteht, die sich zu immer höheren Lebenseinheiten zusammenfinden, auch im Körper des Menschen also.

Die Geistbezogenheit der Materie wollen die Gnostiker unter den Physikern auch daran erkennen, daß quantenmechanische Abläufe uns subatomare Partikel demonstrieren, die anscheinend ständig «Entscheidungen» treffen. Der Physiker G. Zukaw führt das noch weiter:

«Darüber hinaus beruhen Entscheidungen, die sie treffen, auf Entscheidungen, die woanders getroffen werden ... und ‹woanders› kann in einer anderen Galaxis sein.»

Photonen sind Energiequanten, die Informationen aufnehmen und nach ihnen handeln. Das setzt Bewußtsein voraus. Anders ausgedrückt: *Licht ist Bewußtsein.* Das kommt dem alten Hermes-Prinzip, das die Einheit des Mikro- und Makrokosmos verkündet, schon sehr nahe. Aber die Wissenschaft hat sich der gnostischen Vorstellung, daß alles miteinander in Verbindung steht, inzwischen noch weiter genähert.

Das sogenannte Einstein-Podolski-Rosen-Paradox, eine Theorie, die später von Dr. J. S. Bell vom Genfer CERN-Laboratorium mathematisch zusammengefaßt wurde, besagt, daß Dinge, die einmal miteinander in Kontakt gewesen sind, auch dann noch weiter aufeinander einwirken, wenn sie längst voneinander getrennt sind.

Es ist ein Konzept, das an magische Sympathie-Heilweisen von Medizinmännern erinnert. Sein inneres Paradox besteht darin, daß die Physik davon ausgeht, daß einmal getrennte subatomare Partikel sich mit Lichtgeschwindigkeit voneinander fortbewegen. Wäre das der Fall, könnten sie logischerweise nicht mehr aufeinander einwirken.

Professor David Bohm vom Londoner Birkbeck College, den viele für einen der größten wissenschaftlichen Denker unserer Zeit halten, hat das ERP-Paradox und Bell-Theorem im Labor bewiesen. Er fand, daß die gegenseitige Beeinflussung tatsächlich nach der Trennung anhält.

Als bahnbrechend gilt besonders das auf Anregung von Bohm ausgeführte sogenannte *Aspect Experiment,* das am «Institut d'Optique Théorique et Appliqué» bei Paris ausgeführt wurde.

Unter der Leitung von Dr. Alain Aspect gelang dabei der Nachweis, daß direkte Wechselwirkungen nicht nur zwischen zwei voneinander sehr weit entfernten subatomaren Partikeln erfolgen, sondern daß das «Signal» zwischen beiden schneller als das Licht reisen muß.

Um die theoretischen Schwierigkeiten zu überwinden, schuf Bohm das Denkmodell eines *implicate order* in einem *enfolded universe,* einer verborgenen Ordnung der Dinge also, die sich in einem hyperdimensionalen Universum abspielt.

In diesem Universum steht alles auf nicht-manifeste, d. h. der Beobachtung entzogene Weise miteinander in Verbindung. Jedes Materiemolekül manifestiert sich ständig zwischen zwei Universen, und dies *außerhalb* von Zeit und Raum. Materie, Zeit und Raum sind in Bohms *enfolded universe* sozusagen untrennbar miteinander verwachsen. Atome und Moleküle brauchen keine Zeit, um von einer Dimension in die nächste zu reisen. In einem Interview mit der «Sunday Times» (20.2.1983) sagte Professor Bohm über dieses Modell:

«Es kann bedeuten, daß alles im Universum in einer Art totalem Rapport miteinander steht, so daß alles Geschehen zu allem anderen in Beziehung steht; es kann auch bedeuten, daß es Informationsformen gibt, die schneller als das Licht reisen können; oder es kann bedeuten, daß unsere Vorstellungen von Raum und Zeit in einer Weise geändert werden müssen, die wir noch nicht begreifen.»

Damit wäre Einstein (nach dessen Relativitätstheorie nichts schneller als das Licht reisen kann) überholt! Zugleich aber sollte Sheldrakes Resonanz-Hypothese in der Biologie für viele konservative Wissenschaftler leichter zugänglich werden.

Abb. 33. Prof. David Bohm, Birkbeck College, London, zählt zu den führenden Denkern der theoretischen Physik der Gegenwart.

Mit Aspect, Bohm und Sheldrake stößt die Wissenschaft an ihren äußersten Grenzen heute in Bereiche vor, die im Grunde unverfälscht gnostisch sind: alles steht auf geheimnisvolle und innige Weise miteinander in Verbindung. Und so ist es kein Wunder, daß man in wissenschaftlichen Kreisen in den USA heute bereits von einer Neognostik spricht. Heisenbergs Diktum führt geradewegs hierhin.

Keiner hätte sich übrigens mehr darüber gefreut, in einem wichtigen Teil «überholt» zu werden, als Albert Einstein selbst.

In seiner mit liebenswerter professoraler Zerstreutheit gepaarten fast kindlichen Naivität war Eitelkeit ihm fremd. Er wollte nicht «recht behalten». Im übrigen war er viel weniger an Formeln interessiert als an jener geistigen Kraft, die «die Welt im Innersten zusammenhält». Die *Big Bang*-Theorie von der Entstehung der Erde durch einen Urknall hätte er mit Skepsis betrachtet, weil sie keine Anhaltspunkte über das hinter dem Entstehen der materiellen Welt stehende geistige Wollen gibt.

«Ich will wissen, wie Gott diese Welt geschaffen hat», sagte er einmal. «Ich will seine Gedanken wissen. Alles andere ist Nebensache.»

*

Das Tempo des wissenschaftlichen Informationsgewinns hat modernen Kosmologen beträchtlich mehr Daten verschafft, als Einstein sie je erträumen konnte. Die Quantenphysik hat immer neue, immer tiefere Einblicke in die Struktur der Materie erschlossen. Fasziniert steht der moderne Physiker oder Biologe vor einem sich ständig vertiefenden und ständig kunstvoller werdenden Panorama von eng ineinandergeschlossenen Symmetrien von tiefgründig mathematischer Art. «Die letzten Bausteine der Materie, die langsam offenbar werden», schreibt Paul Davies,

> «bilden eine Welt von erstaunlicher Ordnung und Harmonie. Die Gesetze der Physik fügen sich ineinander mit so exquisiter Konsequenz und solchem Zusammenhang, daß der Eindruck eines vorbestimmten Planes überwältigend ist.»

Das wiederum hätte Albert Einstein sehr gefallen.

Dieses faszinierende Mosaik von ineinandergreifenden Systemen – Elementarteilchen, Atomen, Sternen, Galaxen – enthält nun eine Reihe von Konstanten, die gar nicht anders sein könnten und dürften, als sie es sind. Schon eine leichte Änderung der Schwerkraftkonstanten würde zu Katastrophen ungeahnten Ausmaßes führen, um vom biologischen Chaos ohne die DNA-Bausteine der Zelle ganz zu schweigen.

Damit ist auch die Frage des sogenannten Gottesbeweises eine andere geworden. Sie sollte nicht mehr lauten: Hat Gott den Kosmos geschaffen (was uns in endlose Theorien über den *Big Bang* verwickelt), sondern: Welche Kraft anders als ein göttlicher Schöpfer konnte ein derart vollkommenes Universum von unendlicher Tiefgründigkeit, Symmetrie und Ordnung schaffen? Bloßer Zufall als «Erklärung» wird absolut unglaubwürdig.

Wissenschaftler, die sich dieser Erkenntnis nicht verschließen und den Zusammenbruch der alten Descartschen Uhrwerk-Kosmos-Regeln in der Physik berücksichtigen, müssen beinahe zwangsläufig zu ganzheitlichen Betrachtungsweisen kommen. Und so ist es heute kaum noch eine Ketzerei zu nennen, wenn jemand das Universum als bewußtseinstragend sieht.

Nun aber dürfen wir mit Paul Davies noch einen Schritt weiter gehen und fragen: Ist nicht dieses Universum, in das wir immer tiefer Einblick erhalten, eine sich selbst regulierende Maschine, die nach einem Gesetz funktioniert, das ein unerreichter Meister einst entworfen hat? Es ist also nicht genug, wenn wir uns den *Big Bang* als eine Schöpfertat vorstellen, wir müssen auch begreifen, daß alles Geschaffene innewohnenden entelechialen Gesetzen gehorcht, die für seine stetige Höherentwicklung – oder sein Ausscheiden als lebensuntüchtig – sorgen.

Auf den Menschen bezogen bedeutet das, daß das, was an ihm unvergänglich ist, *geistigen* Evolutionsgesetzen unterliegt, von denen «kein Quentchen fortfallen» kann. Wenn Jesus Christus seinen Jüngern geheime Unterweisungen gegeben hat, dürfte dieses Gesetz und seine hermetische Entsprechung «Wer sich selbst kennt, kennt das All» in ihnen eine zentrale Rolle gespielt haben.

Die Wissenschaft von der Rolle des Bewußtseins in allen natürlichen und geistigen Abläufen findet in der von dem deutschen Anthropologen Dr. Walter A. Frank geprägten Bezeichnung «Numinologie» (von griechisch *numen* = göttliches Wirken) guten Ausdruck. Numinologie beschäftigt heute die Neugnostiker in Princeton ebenso wie hohe amerikanische Verwaltungsbeamte, ja sogar politische Denker. In Großbritannien bestehen informelle Studiengruppen von Medizinern, Physikern und hohen Beamten, die unter dem Namen *«Scientific and Medical Network»* fungieren oder der schon erwähnten *Epiphany Group* angehören.

«Gedankengänge, die den Neugnostikern nicht fern liegen», berichtet der französische Physiker Professor Raymond Ruyer, «tauchen in der UdSSR immer häufiger auf und werden, da sie bei den Behörden verpönt sind, oft in Science Fiction-Werke eingebaut.»

Nur in Deutschland ist Numinologie nicht gefragt, stellt Walter A. Frank bedauernd fest. «Die Revolution ist in vollem Gange, und es ist schon abzusehen, wohin sie sich bewegt ... In der neuen Kosmologie sind sämtliche Ereignisse im ganzen Weltall wechselseitig miteinander verknüpft ... Die Bundesrepublik, gesegnet mit vielen Potenzen, aber auch besonders störrischem Beharrungsvermögen, wird den Zug der Zeit erkennen und sich ihm anschließen müssen – oder hoffnungslos den Zug verpassen.»

Übrigens würden die Neugnostiker in Cambridge oder Berkeley sich entschieden dagegen verwahren, etwa religionsfeindlich im Sinne rationalistischer Aufklärung genannt zu werden. Das Gegenteil ist wahr: die neue Gnostik ist durch und durch theozentrisch. Äußerlich betrachtet, ist ihr Kosmos derselbe wie der des Materialismus. Der wesentliche, entscheidende Unterschied liegt darin, daß er geistbeseelt ist. Nur die äußeren Erscheinungen sind zufällig deckungsgleich. Man würde ja auch einen Roboter nicht einem geliebten, beseelten Wesen gleichsetzen.

KAPITEL 28

Der Ring schließt sich

Vor drei Jahrhunderten entwarf das deutsche Universalgenie Gottfried Wilhelm Leibniz (1646–1716) sein grandioses metaphysisches Konzept der *Monaden* (von «mons» = griechisch für «Einheit»). Er verstand darunter bewußte und energietragende Seelenteile, die jedes für sich ein abgeschlossenes Ganzes, einen Mikrokosmos darstellen. Und jedes dieser geistig-seelischen Energiezentren ist wiederum ein «lebendiger Spiegel des Universums» *(Brockhaus)*.

Die Monaden im Menschen haben unterschiedliche Entwicklungsstufen, von den untersten mit sehr schwachem Bewußtsein bis zur höchsten Geistmonade, die sozusagen Trägerin des göttlichen Funkens ist. Sie sind dementsprechend hierarchisch geordnet, was aber nicht besagt, daß nieder entwickelte Monaden sich nicht zeitweilig gegen die Königin-Monade an der Spitze erheben und sich selbstherrlich gebärden können. Dann erkrankt der Mensch.

Leibniz war ganz augenscheinlich ein Eingeweihter und als solcher mit gnostisch-hermetischer Weisheit vertraut. Moderne Forscher wie Hans Driesch und William MacDougall haben später ganz ähnliche Gedanken vertreten. Nichts anderes tat eigentlich C. G. Jung, wenn er von «dynamischen» Seelenkräften sprach. Den meisten modernen Wissenschaftlern aber war – und ist – Leibniz zu metaphysisch. Erst heute beginnt man sich ihm wieder zu nähern.

Auch von Goethe vermutet man, daß er insgeheim ein Eingeweihter der Rosenkreuzer war. Bei seinem letzten Gespräch mit Eckermann – das Thema waren die Schriften des schwedischen Naturwissenschaftlers und Sehers Emanuel Swedenborg – bekannte der Dichter sich ohne Umschweife zu dem grandiosen geistigen Weltbild des Schweden und vollzog damit den gedanklichen Sprung vom geistigen Mikrokosmos zum Makrokosmos:

«Diese plumpe Welt aus einfachen Elementen zusammenzusetzen und sie jahraus, jahrein in den Strahlen der Sonne rollen zu lassen, hätte Gott sicher wenig Spaß gemacht, wenn er nicht einen Plan gehabt hätte, sich auf dieser materiellen Unterlage eine Pflanzschule für eine Welt des Geistes zu gründen.»

Goethe sah die Menschen als Samenkörner dieser Geisteswelt. Das ist in der Tat reine Mysterienweisheit. Alles ist geistbeseelt, jedoch in einer beinahe unendlichen Vielfalt von Bewußtseinszuständen. Die Welt besteht, um diese Geistmaterie reifen zu lassen und Gottes Plan zu verwirklichen, daß alles schließlich zum göttlichen Licht zurückfinde.

Die Ursünde bestand daraus, in Macht- und Selbstsucht diesem Licht zu entsagen, den Demiurgen zu folgen – und zu fallen. So steht die Mysterienweisheit gegen moderne *Big Bang*-Auffassungen von der Entstehung der Welt.

Es will uns scheinen, als befänden wir uns heute, in der Abenddämmerung des. 20. Jahrhunderts, in einer ähnlichen Lage wie die Alexandriner kurz vor der Zeitenwende, vor dem Ende des klassischen Altertums. Wie die gnostischen Schulen jener Zeit glauben sich auch die «Gnostiker von Princeton», die Jünger des *New Age* im Besitz von erregenden «neuen» – freilich im Grunde uralten – Wahrheiten. Und ebenso wie die Gnosis sich im Treiben exzentrischer alexandrinischer Sekten schwächte und zerrieb, sind wir heute in Gefahr, hinter Mode-Gurus und Subkulturen herzulaufen.

Aber die Geschichte wiederholt sich doch nicht ganz. Anders als vor zweitausend Jahren lebt in den Menschen heute das viel stärkere Bewußtsein, daß sie für ihre eigene Entwicklung verantwortlich sind. Die Menschheit ist sehr viel erwachsener geworden als damals.

So schließt sich der Ring. Wir brauchen keine geheimen Tempelweihen mehr. Was man früher Adepten zuflüsterte, liegt heute in unserem Unbewußten abrufbereit, kommt ins Bewußtsein, sobald sich ein Anlaß dazu bietet. Wer immer dazu bereit ist, kann die Mysterien vernehmen.

Die wichtigsten kennen wir inzwischen:

Das Menschenleben ist nicht zwischen Geburt und Tod eingeschlossen. Tod ist Illusion.

Nur der physische Körper ist vergänglich. Der Mensch *hat* nicht eine Seele, er *ist* eine (Geist)seele, und diese ist unvergänglich.

Im Kleide des Astralkörpers kann der Mensch frei vom Leib das Astralreich bereisen und den Wesen entgegentreten, die es bevölkern.

Wie unten, so oben. Alles im Kosmos steht miteinander in Verbindung. Mikrokosmos und Makrokosmos entsprechen einander gleichsam spiegelbildlich.

«Gott im Mikrokosmos» – versinnbildlicht durch die meditativen Worte «Ich Bin» – ist der dem Christus wesensgleiche Funke in uns.

Alles ist Bewußtsein. Auch Licht ist bewußt und geisterfüllt. Minerale, Pflanzen und Tiere sind auf niederer Schwingungsebene gebundener Geist. Der Mensch hat die Aufgabe, sie erlösen zu helfen.

Der Mensch muß sich durch immerwährendes Streben selbst erlösen, doch hilft dem ehrlich Bemühten die Gnade Gottes. An die Schwelle der Gnade gelangt, wer sein eigenes Werden und seine Urgründe begreifen lernt oder wer «wie ein Kindlein» ist.

Nur wer sich selbst kennt, kennt das All.

Wie kommt man zu dieser Selbsterkenntnis? Eine psychoanalytische Individuation Jungscher Schule erfordert Zeit und Geld. Auch die Lernmöglichkeiten etwa der humanistischen Psychologie, ausgerichtet auf die Stärkung und Ausweitung der bewußten Persönlichkeit, stehen nur einer Minderheit zur Verfügung.

An die Massen gerichtete Appelle und Werbefeldzüge selbst-

218

ernannter Heiliger und Gurus sind suspekt, solange nicht über jeden Zweifel bewiesen ist, daß sie nicht in Wirklichkeit der Ausdehnung eigener Macht und eigenen Glanzes dienen.

Es bleibt der Rat des Dalai Lama: Jeder fange bei sich selber an. In der Tat ist es so, daß jeder von uns – ausnahmslos – das eigene Leben zur Mysterienschule machen kann. Natürlich muß er lernen, darauf zu achten, welche Lektionen für ihn am Wege verborgen sind und muß sie «annehmen». Da liegt die Schwierigkeit.

Wir müssen unseren Kindern eine geist- und transzendenzoffene Erziehung geben, damit sie lernen, ihr Leben wirklich bewußt zu leben. Wir müssen sie lehren, auf die Regungen ihres Unbewußten zu achten, ihre Kreativität zu entwickeln. Wir sollten sie ermutigen, auf ihre Träume zu achten, statt zu lachen, wenn sie uns von ihnen erzählen. Wir müssen unsere Stätten der Lehre soweit verwandeln, daß der Spezialist nicht mehr höher gestellt wird als seine Mitmenschen.

Die Neugeburt der Mysterien ist nichts, das bombastisch mit Pauken und Trompeten in die Welt einzieht. Sie geht unauffällig vor sich. *Das* hat sich nicht geändert! Sie soll den Menschen wieder «ganz» machen, so wie er einstmals war.

Die ökologische Verseuchung unseres Planeten und seine drohende Zerstörung durch einen thermonuklearen Krieg haben die Menschen «wach» gemacht. Sie sehen mehr, viel mehr als noch ihre Eltern und Großeltern.

Jetzt müssen sie noch erkennen, daß es in diesen wenigen Jahren vor dem Beginn des 3. Jahrtausends darum geht, ob die Materie die Vorherrschaft über den Geist behalten soll oder ob der Geist sich freimachen kann. Es bleibt nicht mehr viel Zeit. Wer den Geist leugnet, wird im Chaos enden.

Bibliographie

Aland, Barbara und Kurt: Der Text des Neuen Testaments, Stuttgart 1982

Blavatsky, Helena Petrowna: Die Geheimlehre, Leipzig 1898–1906

Bumke, Joachim: Wolfram von Eschenbach, Stuttgart 1981

Capra, Frithjof: Wendezeit. Bausteine für ein neues Weltbild, Bern 1983

Davies, Paul: God and the New Physics, London 1982

Dowling, Levi: Das Wassermann Evangelium von Jesus dem Christus, München 1980

Dionysius Areopagita: Die Hierarchien der Engel und der Kirche, München 1955

Ferguson, Marilyn: Die sanfte Verschwörung, Basel 1982

Frank, Walter A.: ‹Die Wissenschaft vom Göttlichen› in Esotera 7/1983, Freiburg/Br. 1983

Forster, E.M.: Alexandria, New York 1961

Gaster, Theodor: The Dead Sea Scriptures, New York 1965

Heller, D.H. und A.D. **Adler:** ‹A Chemical Investigation of the Shroud of Turin› in Canadian Society Forensic Science, Vol. 14 No. 3

Jung, Carl Gustav: Erinnerungen, Träume, Gedanken. Hrsg. von Aniela Jaffé, Olten/Freiburg 1982

Kersten, Holger: Jesus lebte in Indien, München 1983

Meacham, William: ‹The Authentication of the Turin Shroud› in Current Anthropology, Vol. 24 Nr. 3

Monroe, Robert A.: Der Mann mit den zwei Leben. Reisen außerhalb des Körpers, Interlaken 1983

Monroe Institute of Applied Sciences: Diverse Literatur

Notovich, N.: Die Lücke im Leben Jesu, Stuttgart 1984

Robbins, Don: ‹The Dragon Project› in New Scientist, October 21, 1982

Ouseley, G.: The Gospel of the Holy Twelve, Paris/Jerusalem, Madras 1901

Ouseley, G.: Das Evangelium des vollkommenen Lebens, Bern 1953

Pagels, Elaine: Versuchung der Erkenntnis. Die gnostischen Evangelien, Frankfurt/Main 1981

Pulver, Max: Beitrag in Eranos Jahrbuch 1935, New York

Quispel, Gilles: Gnosis als Weltreligion, Zürich o.J.

Robinson, J.R. (ed.): The Nag Hammadi Library, Leiden 1977

Robinson, J.R.: The Laughing Saviour, New York 1981

Roszak, Th.: Das unvollendete Tier, München 1982

Ruyer, Raymond: Jenseits der Erkenntnis. Die Gnostiker von Princeton, Wien/Hamburg 1977

Schuré, Edouard: Die Großen Eingeweihten, Bern/München/Wien 1965

Schwaller de Lubicz, René: Sacred Science, New York 1982

Schweitzer, Albert: Geschichte der Leben Jesu Forschung, Tübingen 1951

Sheldrake, Rupert: Das schöpferische Universum. Die Theorie des morphogenetischen Feldes, München 1983

Smithelt-Lewis, Lionel: St. Joseph of Arimathea in Glastonbury, London 1955

Smith, Morton: The Secret Gospel, London 1974

Smith, Morton: Clement of Alexandria an a Secret Gospel of Mark, Cambridge MA, 1973

Steiner, Rudolf: Das Lukas Evangelium, Dortmund 1955

Steiner, Rudolf: Das Matthäus Evangelium, Dortmund 1959

Szekely, Edmund: The Teachings of the Essenes from Enoch to the Dead Sea Scrolls, London 1977

Tischendorf, C. von: Die Sinaibibel, Leipzig 1871

Unnik, W.C. van: Openbaringen uit Egyptisch Zand, Den Haag 1960

Waley-Singer, Dorothea: Giordano Bruno, His Life and Thought New York 1950

Ward, Benedicta (SLC): The Lives of the Desert Fathers, London/Oxford 1980

West, John Anthony: Serpent in the Sky, London 1979

Wilson, Ian: The Turin Shroud, London 1978

Yates, Frances A.: Giordano Bruno and the Hermetic Tradition, London 1964

Z'ev ben Shimon Halevi: A Kabbalistic Universe, London 1977

Bildnachweis und Dank

Das in diesem Buch abgedruckte Bildmaterial wurde uns freundlicherweise von den folgenden Verlagen, Galerien und sonstigen Institutionen zur Verfügung gestellt. Wir bedanken uns für die Abdruckerlaubnis von:

Abb. 1, 2 und 3: Copyright by Central Office of Information, London

Abb. 6: Foto von Herrn Claus Claussen, Freiburg/Br

Abb. 8 und 9: Copyright by Inner Traditions International Ltd, New York

Abb. 10, 11 und 12: Copyright by Commision Nationale Belge de l'Unesco, Bruxelles

Abb. 13: Copyright by C. van Unnik, Den Haag

Abb. 14, 15, 26, 30 und 31: Copyright by Mary Evans Picture Library, London

Abb. 16: Copyright by Deutsche Presse Agentur GmbH, Frankfurt/Main

Abb. 21: Copyright by Nationalbibliothek, Paris

Abb. 22, 23, 24 und 25: Copyright by British Museum, London

Abb. 32: Copyright by Susan Fassberg, Freiburg/Br

Abb. 33: Copyright by Esotera, Freiburg/Br

Personen- und Stichwortverzeichnis

Abraxas 180
Adam Kadmon 134
Adler, A.D. 125
Adyar 109
Affinitäten 162
Afghanistan 114
Agrapha 73
Ägyptologie 31
Akasha 193
Akasha-Chronik 189 ff.
Akasha-Schrift 131
Akhenaten (Echnaton) 38 ff.
Akhet-Aten 38
Aland, K. und B. 71
Alchimie 185
Alchimisten 8/165
Alexandreia 57/74
Alleyne, John 177
al-Qasr 46
Al-Samman, Muhammad 'Ali 46
altägyptische Zivilisation 22
Amenophis III. 37/41
Amenophis IV. 38
Amfortas 172
Amun-Ra 41
Anastasius 60
Ancient Astronauts 178
Andrada 113
Andreae, Valentin 167
Andreas 91

Ankh 42
Ankh-es-en-pa-Aten 44 ff.
Anthropos 84
Anthroposophen 118/138
Apokalypse des Paulus 49
Apokalypse des Petrus 49
Apokryphon 180
Apokryphon des Johannes 77
Apollonius 58
Apulejus 154
Äquinoktien 11
Archetypen 164/206
Archetypus-Symbole 29
Aristarchus 58
Arius 60
Arkana 64
Armageddon 89
Artus 171
Artussage 173
Asaya 88
Ashram 91
Asklepios 162
Aspect, Alain 211
Aspect Experiment 211
Assagioli, Roberto 202
Astralreise 21
Astrologie 10/164
Astronomie 10
Asura 89
Aten 41
Athanasius 139
Ätherkörper/-leib 163/169

Athoskloster Panteleemon 153
Atlantis 27/146
Atomkern 158
Auferstehung 121
Auferstehungsleib 117
Augusta Raurica 11
Augustinus (Hl.) 56/129/162/174
Avalon 174
Ayahuasca 64

Bach, J. S. 202
Bacon, Sir Francis 167
Baedecker 24
Bahij, Ali 50
Ball, Hugo 202
Barnabas-Brief 150
Baronius 174
Baron von Münchhausen 111
Basilides 84/95/179/182
Basilius 105
Behdet 44
Bell, J. S. 211
Bell-Theorem 211
Bergpredigt 88
Berkeley-Universität 208
Besant, Annie 100
Big Bang 214
Big Bang-Theorie 213
Binah 132
Birkbeck College 211
Blavatsky, Helena Petrowna 109/115/193
Blue Ridge Berge 204
Bodmer-Papyri 71
Bohm, David 211
Bond, Bligh 177

Bonifazius 55
booster effect 11
Boron, Robert de 174
Bride (St.) 176
Brief des Petrus an Philippus 49/78
Britisches Museum 150
Broceliande 194
Bruno, Giordano 166 ff./210
Bryce, James 205
Buber, Martin 180
Buch von Dyzan 110
Budge, E. Wallis 28

Caesar 58
Caesareum 60
Callimachus 58
Callistratus 150
Carmel 91
cartonnage 47
Casaubon, Isaac 160
Cayce, Edgar 91/191
Cenchrea 154
CERN-Laboratorium 211
Chakren 13
charismatische Gaben 78
Charon, Jean E. 210
Chenoboskion 53
Cherubim 140
Chochmah 132
Chorazin 76
Clemens VIII. 174
Clemens von Alexandrien 60/102/159
Cleopatra 60
Codex 51
Codex Sinaiticus 148 ff.
Codex Vaticanus 71

Copres 55
corpus hermeticum 159
correctores 70
Course in Miracles 207
Crispe, Violet 113
Cyrillus 139

Dalai Lama 198/219
Damasus 70
Darwin, Charles 109/196
Davies, Paul 213 ff.
Dee, John 165 ff.
Delphi 117
Demeter 154
demiourgos 79
Demiurgen 30/81/144/181/
 217
Dionysius Areopagita 139
Diskurs über die achte und
 neunte 160
D'Muhalla, Thomas 123
DNA-Bausteine 214
Doresse, Jean 50
Dornenkrone 123
D'Orville 113
Dowling, Levi H. 116
Dragon Projekt 11
Dreifältige Protenuoia 82
Driesch, Hans 196/216
Dromenon 104 ff./201 ff.
Dschinn 46

Edmund (Hl.) 174
Ehe-yeh 134
Einstein, A. 212
Einstein-Podolski-Rosen-
 Paradox 211
Eleusis 154/209

Elisabeth I. von England 167
Emery, W. 22
Encyclopaedia Britannica 113
Endorphine 18
enfolded universe 211
Engel 143
Engelsmagie 166
Engelsordnungen 140
entelechiale Gesetze 214
Entropie 169/190
Eos-Methode 200
Epiphanie-Philosophen 196
Epiphany Group 215
Eratosthenes 58
Erdstrahlung 11
Erosionsschäden 24
Erzengel 143
Erzengel Michael 178
Erzengel Raphael 129
Eschenbach, Wolfram von
 171/178
Esoterik 198
esoterische Weisheit 7
Essener 75/114
Essener-Orden 85
Essener-«Friedens-
 evangelium» 92
Eugnostosbrief 84
Euklid 58
Euripides 157
Eusebius 95/175
Evangelium an die Ägypter
 49
Evangelium der Heiligen
 Zwölf 112 ff.
Evangelium der Maria 79
Evangelium der Wahrheit
 49/184

Evangelium des Vollkomme-
nen Lebens   112/122
exoterisches Wissen   7

Faber-Institut   206
Faraday-Käfig   11
Feldgleichung   195
Ferguson, Marilyn   195
Ficino, Marsilio   159
Flavius Josephus   88 ff./187
Fluoreszenz-Spektralanalyse
124 ff.
Folgefrenquenz-Response 204
Frank, Walter A.   215
Frei, Max   124
Freud, Siegmund   184/202
Friedrich V.   167
Froidmont, Helinand von 172
Fruchtbarkeitsritual   154
Frühlingspunkt   9
Fürstentümer   143

Galilei, Galileo   158
Gaster, Theodor H.   86
Geheimes Buch von Jacobus
49
Geistfunken   210
Gentle, Richard   199
Geomantik   11
Gerizim   112
Gewalten   143
Ghulam Ahmad, Mirza   122
Gildas   175
Gizeh   23
Glastonbury   173/176
Glaucus   95
Gnosis   75
Gnostiker   73

Gnostiker von Princeton   217
Gnostizismus   74/76
Goethe, J. W. von   188/216
göttliche Mutter   81
Gral   171
Gralsburg   140
Gralssymbol   185
Gregor (Papst)   175
Großlama   113
Grueber   113

Hades   155
Halevi, Z'ev Ben Shimon
134
Halluzinationen   18
Händel, G. F.   202
Hanefeld, Erhard   202
Harvard University Press
103
Hassnain, F. M.   114/122
Hauffe, Friedrike   191
Hebron   112
Heisenberg, Werner   209
Heliopolis   29/117
Helios   65
Heller, J. H.   125
Henoch   15/129/131
Hermes-Mysterien   108
Hermes-Papyri   159
Hermes-Prinzip   158/165/
210
Hermes Trismegistos   159/
193/199
Hermetik   198
Hermetiker   58/158
Hermopolis   44 ff./159
Herodot   29
Herrschaften   143

Hesekiel 143
Hesse, Hermann 180
Hexapla 153
Hierarchien 140
Hieroglyphen 23
Hieronimus 92
Hierophanten 103
Himis Goupa 113
Himmelfahrt des Isaias 77
Hippolyte Desideri 113
Hippolytus 74
Hirnstrommessungen 18
Hiroshima 127
Hirten des Hermas 150
Historia Monachorum in
    Ägypto 53
Hofkorrespondenz 40
Hohenheim, Theophrastus
    von 165
Holonen 185
Homilie 125
Homo erectus 9
Homo sapiens 9/146
Horus 62
Houston, Jean 202
humanistische Psychologie
    202
Hüterin der Schwelle 30
Hypathia 60
hyperdimensionales Uni-
    versum 211
Hyperventilation 65

Ialdabaoth 81
implicate order 211
Individuation 218
INFAS 170
Informationsgewinn 169

Informationsmoleküle 189
Inquisition 162
Institut d'Optique Théorique
    et Appliqué 211
Irenäus 73 ff./78/82/139 ff.
Isis 57/60 ff./158
Issa 113/121

Jakobsleiter 134/137
Jakobus 69
Jebel al-Tarif 46
Jehova 81
Jesuiten 113
Jesus von Nazareth 122
Johannes 68
Johannes-Akte 104
Johannes der Täufer 88
Johannes-Evangelium 88
Johannes von Lycopolis 54
Josef von Arimathia 124 ff./
    171 ff.
Josephus 202
Joshua 117
Judas Thomas Didymos
    (= Judas d. Zwilling) 49/
    75/119
Jung, C. G. 81/169/179/216
Jung-Codex 50 ff./182
Jung-Institut 50
Justin 140
Justinian 98

Kabbala 131
Kadush 142
Kaiseraugst 11
Kanonisierung 74
Karma 90/198
Karmalehre 90/97/188

Karpokraten 103
Kaschmir 114
Katalepsie 17
Katechetenschule 60
Katharer 79
Kelley, John 167
Kepler, Johannes 167
Kerner, Justinus 191 ff.
Kersten 127
Kether 132 ff.
Khafre 23 ff.
Khamsin 26
Khufu 23 ff.
Khunrath, Heinrich 165
Khwand, Mir 122
Kirlianfotografie 194
Klein, Agnes 166
Koester, Helmut 49
Koestler, Arthur 185
Kohlenstoff-Probe 124
Konstantin (Kaiser) 26/60
Konzil von Konstantinopel 98
Konzil von Nicäa 70/104
kosmopsychische Kraftfelder 164
Kreuzritter 123
Krishna 15
Kum Nye 208
Kupferrollen 112

Labyrinth 106
Labyrinth-Tanz 105
Ladakh 113 ff.
Lancelot 171
Lansdown Manuskript 174
Lazarus 174
Lebensfilm 21/189

Leh 113
Lehrer der Rechtschaffenheit 88
Leibniz, Gottfried Wilhelm 166/216
Leon, Moses de 131
Lewis, Lionel Smithelt 176
Lichtwasser 78
Logiensammlung 73
Lorber, Jakob 129
Luxor-Tempel 33 ff.
Luzifer 146

Mächte 143
MacDougall, William 216
MacLuhan, Marshall 190
Maggid 137
Maharaj, Shri Nisargadatta 207
Makrokosmos 158
Maleachi 189
Malkhut 134
Maôris 88/106
Marcellina 83
Marcion 82 ff.
Maria Magdalena 79/116
Markus 60/72
Mar Sava 102
Maspero 24
Maximilian von Böhmen 167
Medici, Cosimo de 159
Memnon-Kolossalfiguren 26
memory bank 198
Mendip-Bergwerke 175
Menninger Foundation 204
Mercati, Msgr. 92

Mesas 26
Meskalin 64
Mesopotamien 27
Methusalem 15
Mettler, M. 11
Mikrokosmos 158
Mithras-Kult 65
mittlere Triade 143
Moel ty Uchaf 11
Monaden 216
Monas-Hieroglyphe 165
Monroe Institute of Applied
   Sciences 204
Monroe, Robert A. 204
Monte Cassino 92
Montsalvatsch 171
Moolenburgh, H.C. 142
morphogenetisches
   Feld 196
Moses 131
Multiple Universe Theory
   168
Museion 57/75
Mykerinos 23
Mysterien des Hermes 104
Mysterienpriester 37
Mysterienschulen 30
Mysterientempel 17

Nag Hammadi 46/74 ff./119/
   160/179
Nahtoderlebnis 21
Nahtodzustände 18
Napoleon 24
nathanische Linie 118
Nehru, Jawaharlal 121
Neognostik 213
Neolithikum 8/12

Neophyt 61
Nero 175
Neutron 158
New Age 217
New Scientist 170/199
Nielsen, Detlef 70
Nikodemus 95
Nikolaus I. (Zar) 150
Nil-Überschwemmung 27
Noah 15/131
Nofretete 44
Notowitsch, Nikolaus
   113/122
Numinologie 215
Nyingma-Orden 208

Obergaliläa 176
Ofanim 143
Opfertod 121
Orakel von Delphi 54
Orgeluse 172
Origines 60/70/76/125/153
Orissa 117
Orthodoxie 76
Osiris 61
Österreichische National-
   bibliothek 93
Ostia 175
Ouseley, G.J. 115
Ouspensky 142
Out of the Body 19
Out of the Body-Erlebnis 19
Oxrhynchus 53

Pachelbel, J. 202
Pachomius 53
Paddington 11
Pagels, Elaine 51/74/79/81

Palimpseste 72
Pamphilus 153
Papias 72
Paracelsus 165/169
Paradigma 127
Parrott, D. M. 79
Parzival 171
Patermuthius 54
Pater Pio 194
Patriarch von Alexandrien 26
Patrick (St.) 55
Paulus 101/139
Pelagius 56
Persephone 154/157
Petrus 83
Pharos 58/60
Philip (Hl.) 174
Philipov, Elisabeth 200
Philippus-Evangelium 49/82
Philolaos 170
Philo von Alexandrien 88/116
Photonen 210
piltdown-Schädel 112
Pistis Sophia 80ff./95ff.
Planetenkräfte 10
Plato 192
Plinius 88
Pluto 155
Pneumatiker 82
Positron 158
Praag, Henri van 189
Proklus 139
Pseudo-Hermes 160ff.
Psychodynamik 13
Psychosynthese 201ff.

Ptolemäus, Claudius 58
Pulver, Max 104
Pyrenäen 174

Quabbalah 131
Quantenphysik 195
Quispel, Gilles 50ff./75/82ff./159/164/180/182
Qumran 51/112
Qumran-Handschrift 187

race memory 29
Radioaktivität 11
Rama 15
Ranke, Friedrich 178
Ravanna (Prinz) 117
Re 41/158
Reichsbotschaft 89
Reinkarnation 72
Relativitätstheorie 212
rigor mortis 125
Robins, Don 10
Robinson, James 52
Rohmer, Eric 171
Rolland, Romain 92
Rollright Stones 11
Römerbrief 71
Rosenkreuzer 8/165/216
Roszak, Theodore 109
Rozabal 121
Rubbia, Prof. 195
Rudolph II. (Kaiser) 167
Rufinus 53ff.
Rundtanz 106
Ruyer, Raymond 215

Sai Baba 55
Sakkara 172

Sakramente 105
Salomon (König) 175
salomonische Linie 118
Sankt Pachomius-Kloster 47
Sarkophage 17
Saturnus 57
Schamanen 13
Schamanismus 206
Schloß Berlepsch 200
Scholem, Gershom 110
Schöpferengel 144
Schriftrollen-Team 86
Schriftrollen von Qumran
 85/151
Schröder, Franz Rolf 172
Schwaller de Lubicz,
 René 23 ff./31. ff./42
Schweitzer, Albert 115
Schwerkraftkonstante 214
Scientific and Medical
 Network 215
Seelenaura 194
Seherin von Prevorst 191
Seidenstraße 114
Selbstverwirklichung 179
Sepher Jezirah 131
Sepher Sohar 131
Sephiroth 132
Sephiroth-Baum 132
Septem Sermones ad Mortuos
 179
Seraphim 140
Serapis 57
Serapis-Tempel 60
Seth 61/131
Severus 139
Sheldrake, Rupert 196/212
Siddhis 111

Simon Magus 81
Simon von Cyrene 84
Simonides 153
Sinah 114
Sinaikloster 147
Sintflut 27
Sirius 158
Smenkahre 38/45
Smith, Morton 102
Somapflanze 127
Somerset 173
Sonnenanbetung 41
Sonnengott 41
Sophia 81
Sophokles 157
Srinagar 144/121
Staehelin H. H. 11
Stanford Universität 24
Stecchini, Livio 44
Stein der Weisen 184 ff.
Steiner Rudolf 117/138
Steinkreise 11
stellvertretendes Leiden 129
Stonehenge 10
Strahlungsabdruck 128
Strahlungsblitz 127
Süddeutsche Zeitung 121
Sunday Times 211
Swedenborg, Emanuel
 101/216
Symbolismus 206
Sympathie-Heilweisen 211
synoptische Evangelien 49
Szekely, Edmund 91/111/
 115

Tabor-Konvent 150
Tachyonen 143

Tag der Großen Mysterien 155
Tarotspiel 64
Ta Sherit 45
Taufbecken 185
telepathische Kommunikation 14
Tell-el-Armarna 38
Tempel von Philae 62
Tertullian 74/83/139
Tevelyan, George 93
Textkritik 8
Thaumaturgie 54
Theodore 102
Theodosius 54
Therapeutae 88
Theudas 76
Thomas-Akten 122
Thomas-Evangelium 49/51/75/80/119/182
Thora 89/131
Thoth 159
Thoth-Hermes 15
Thronen 143
Thutmosis IV. 24 ff.
Tiberius (Kaiser) 175
Tierkreis 9
Timotheus 83
Tischendorf, Constantin von 147
Transpersonale Psychologie 202
Traumforschung 207
Trepanationen 13
Troyes, Chrétien de 171
Tulku, Thartang 208
Turiner-Grabtuch 122/127
Tut-ankh-Amun 38/44
Tyrus 176

Überselbst 20 ff./181 ff.
Ultraschallwellen 11
unio mystica 200
untere Triade 143
Urchristengemeinde 57
Ur-Evangelium 76
Ur-Kabbala 193

Valentinus 76/182
Vater-Mutter-Gott 79
Vater-Mutter-Natur Gottes 116
Veden 89
Vibhuti 55
Vivaldi, A. 202
Vulgärastrologie 164
Vulgata 86

Wagner, Richard 171
Wassermann-Evangelium 116/122
Weltseele 169
West, John Anthony 23
Wiedergeburt 98
Wiedergeburts-Rad 99
Wiederverkörperung 72
Wilson, Ian 124
W-Partikel 195

Yates, Frances A. 167
Yogalehre 185
Yuz Asaf 121

Zarathustra 89/118
Zölibat 113
Zoroaster 75
Zukaw, G. 210

James Morgan Pryse

REINKARNATION IM NEUEN TESTAMENT

156 Seiten, mit 13 s/w Abbildungen, broschiert

Die hier zum ersten Mal veröffentlichten Forschungsergebnisse von James Morgan Pryse lassen ohne Zweifel erkennen, daß die Reinkarnationslehre unmißverständlich auch im Neuen Testament enthalten ist.

Aufgrund der vielen beweiskräftigen Beispiele und deren sorgfältige Erläuterungen anhand alter Urtexte sowie der modernen deutschen Einheitsübersetzung offenbart sich die christliche Botschaft in einem völlig neuen Licht: Nicht der sterbliche Körper reinkarniert, sondern die noch nicht voll erwachte Seele, die aber durch die «Nachfolge Christi» vom Rad der Wiedergeburt befreit werden kann.

Eine gut dokumentierte Gesamtschau mit Entsprechungen zu östlichen Reinkarnationslehren, vergleichendem Lexikon religiöser Begriffe und vielen Anmerkungen. Diese werden den Leser zu einem vertieften Verständnis und zu einer neuen spirituellen Praxis der christlichen Heilslehre hinführen.

James Morgan Pryse

DIE APOKALYPSE ENTSCHLEIERT

Esoterische Interpretation der Offenbarung des Johannes

334 Seiten, mit vielen Abbildungen und Tabellen, broschiert

Die Offenbarung des Johannes ist ein von Imaginationen, Zahlenkombinationen und Symbolen erfülltes Werk, das den Leser vor erhebliche Probleme stellt, den richtigen Schlüssel für eine spirituelle Interpretation zu finden.

Pryse bietet hier eine überzeugende Hilfe an. Er zeigt, daß es hier nicht darum geht, Zukünftiges zu enthüllen, sondern darum, den nachvollziehbaren Prozeß der spirituellen Wiedergeburt aufzuzeigen. Dabei wird klar, warum dieses Buch dem Buchstabenmenschen seine großen Geheimnisse nie verraten hat.

Der Verfasser macht uns zuerst mit den Grundvorstellungen antiker Philosophie und Esoterik bekannt. Er enthüllt die Entsprechungen zwischen Buchstabe und Zahl, sowie zwischen anthropologischer und kosmischer Schau. Vor diesem Hintergrund wird der Einweihungsweg des Johannes in seinen einzelnen Stadien deutlich.

Robert A. Monroe

DER MANN MIT DEN ZWEI LEBEN

Reisen ausserhalb des Körpers

Nachdruck der Ausgabe Düsseldorf 1972. Mit einem wissenschaftlichen Nachwort von Charles E. Tart. 292 Seiten, gebunden/Schutzumschlag

Dieses Werk, nach dem eine so grosse Nachfrage bestand und das nun endlich wieder dem deutschen Leser zugänglich gemacht werden kann, zeigt die Erlebnisse eines Mannes auf, der plötzlich die Entdeckung macht, dass er bei *vollem* und *klaren* Bewusstsein aus seinem Körper austreten und in einem feinstofflichen zweiten Körper „Reisen" unternehmen kann. Der Autor Robert A. Monroe beginnt als Naturwissenschaftler ganz klar und nüchtern seine Exkursionen in bisher unbekannte Paralallwelten zu analysieren und möglichst objektiv zu beschreiben. Bis zur aufsehenerregenden Veröffentlichung des vorliegenden Tatsachenmaterials konnte er im Zeitraum von zwölf Jahren in über fünfhundert eigenen Fällen sehr reiche Erfahrungen sammeln.

Aus den ausserkörperlichen Erlebnissen ergaben sich anfangs nicht nur Schwierigkeiten weltanschaulicher und wissenschaftlicher Art, sondern es entstanden auch Ängste vor dem Unbekannten, Unsicherheit und nagender Zweifel an der Wirklichkeit des Erlebten. Wie Robert A. Monroe es geschafft hat, alle diese Probleme zu bewältigen, erzählt dieses Buch.

Durch seine präzise und nüchterne Ausdrucksweise sowie seiner klaren Beschreibung der Erlebnisse wird die fast unglaublich klingende Tatsache des Austritts des vollbewussten Ich aus dem Körper und seine spätere Rückkehr in ihn auch den Skeptiker von der Tatsächlichkeit des Phänomens überzeugen. Robert A. Monroe unterscheidet dabei Reisen in unsere gewöhnliche physische Umwelt und solche in eine eindrucksvoll erfahrbare unermessliche, nichtmaterielle „Jenseits"-Welt, deren Gesetze nur in einer entfernten Verbindung zu unserer Welt stehen. Mit seinen Bewohnern der verschiedensten Bewusstseinszustände und Intelligenzstufen ist Kommunikation möglich. Denken und Vorstellen ist für sie die lebenswichtige schöpferische Kraft und Schicksale sind direkte Folge geistiger Einstellung. Was Robert A. Monroe dabei weiter über Himmel, die Hölle, über Gott und vor allem über das *wirkungsvolle* Beten zu sagen weiss, rüttelt durch seine auf reiner Erfahrung beruhender Darstellungsweise wohl an den Grundfesten heute üblicher Religionsvorstellungen. Ein langes Kapitel ist auch der Sexualität im zweiten Körper gewidmet und vor allem hier überzeugt die Ehrlichkeit des Autors, denn wer hat bis jetzt darüber geschrieben?

Echte Exkursionen sind gewöhnlich die tiefsten Erlebnisse eines Menschen, die gründliche Aufschlüsse über die wahre Natur des Menschen wie auch über das Überleben des Todes und die Beschaffenheit des Jenseits ermöglichen. Häufig sind sie auch mit beglückenden Gefühlen ungewohnter Befreiung, Leichtigkeit und Bewusstseinsklarheit verbunden und deshalb oft als ein Vorgeschmack des Jenseits empfunden worden. Sie können den Glauben an einen tieferen Sinn des Lebens nähren und Mut, Trost und Gelassenheit spenden.

Das wichtigste an diesem Buch ist aber sicherlich die Praxis: Ungewöhnlich ausführliche Anweisungen über mehrere Kapitel ermöglichen die Durchführung eigener Experimente, wobei die reiche Erfahrung des Autors und seine Vorsichtsregeln genügend Schutz vor dem Unbekannten zu bieten vermögen.

Ausblicke und Aussichten auf eine künftige Weltentwicklung bei Annahme der in diesem Werk zugrunde liegenden Thesen beschliessen ein Buch, das für jeden, vor allem aber für den praxis-orientierten Esoteriker besonders wertvoll ist.

Ernst R. Waelti

DER DRITTE KREIS DES WISSENS

Außerkörperliche Erfahrungen – eine Mystik der Naturwissenschaft

288 Seiten, mit 15 Abbildungen und 2 Tafeln, gebunden

Dieses Buch ist ein Markstein auf dem weiten Feld der Esoterik! Zum ersten Mal wagt es ein in seinem Fachbereich anerkannter Naturwissenschaftler, sich uneingeschränkt zur Tatsächlichkeit außerkörperlichen Erlebens zu bekennen. Durch seine ungeheuer packende, emotionell und bildhaft geladene Sprache gelingt es ihm, den in seinen Bann gezogenen Leser an einem der letzten großen Geistesabenteuer unseres Jahrhunderts teilnehmen zu lassen – die modernsten Erkenntnisse der Naturwissenschaften mit der Mystik zu vereinen.

Dr. Ernst R. Waelti studierte an der Berner Universität Chemie, Physik und Biochemie und ist heute in der Forschung auf einem Sachgebiet tätig, das man als Biochemie der Zelle umschreiben könnte. Mit dem Interesse des kritischen, nüchternen Wissenschaftlers beschreibt der Autor seine eigenen außerkörperlichen Erfahrungen – ein Weg, der sich ihm spontan eröffnete, ohne daß er ihn gesucht hatte. Mitreißend, aber auch für den Laien leichtverständlich, untersucht er den astralen Körper selbst und beginnt mit ihm zu experimentieren. Er zeigt dabei genauestens, daß Astral- und Seelenreisen absolut keine Traumprodukte oder Akte der reinen Imagination sind, sondern feinstoffliche und doch körperliche Vorgänge, die zum Teil von dramatischen physiologischen Auswirkungen begleitet sind. Dabei ist sich der naturwissenschaftlich gebildetete Autor nicht zu schade, jahrtausendealte esoterische Erfahrungstatsachen wie das «dritte Auge», die psychischen Energiezentren oder Chakras, sowie die Weisheit des Tibetanischen Totenbuches usw. in seine Schau der Dinge miteinzubeziehen.

Doch dies ist nur eine Seite – mehr oder weniger technische – dieses Buches. Auf der anderen Seite wird der Leser mit den großen philosophischen Fragen der Existenz, der Wirklichkeit und des wahren Selbst des Menschen konfrontiert, indem gezeigt wird, daß die außerkörperliche Möglichkeit der Raumüberschreitung ungeahnte innere und äußere Wirklichkeitsebenen – für jeden – zugänglich machen. In seinen «drei Kreisen des Wissens» legt der Autor unmißverständlich dar, welche Schwerpunkte sich aus seinem eigenen Erleben ergeben:
– Unser sterblicher Leib ist nur *eine* Realität. Unser Sein erstreckt sich über Zeugung und Tod hinaus. Unser Ich-Bewußtsein ist fähig, sich zeitweise von seiner physischen Hülle zu lösen – zu neuen Welten hin.
– Als aktivem Mitspieler in diesen fernen und doch so nahen Erlebnisräumen gebieten wir über ein bisher unbekanntes kreatives Potential; als Eigenschaft eines übergeordneten Bewußtseins, in dem wir alle *eine* Einheit bilden.
– Die außerkörperliche Erfahrung führt zu echten mystischen Erlebnissen: in der Ekstase einer umfassenden Freude, der Einswerdung mit unserem Selbst.

Elisabeth Hämmerling

ORPHEUS' WIEDERKEHR

Der Weg des heilenden Klanges

Ca. 380 Seiten, mit 8 farbigen Tafeln und 32 schwarz-weißen Abbildungen, gebunden

In diesem Buch berichtet Elisabeth Hämmerling von ihrer Begegnung mit Orpheus, diesem Sänger und Heiler der griechischen Frühzeit, der mit seiner Musik Menschen und Tiere, Bäume und Steine, ja die Wächter und Herrscher des Totenreiches zu bewegen vermochte – und der dadurch zu einem archetypischen Bild für eine bewegende, erschütternde und verändernde Kraft in der menschlichen Seele wurde. Von der Begegnung mit dieser Gestalt, dieser Kraft erzählt dieses Buch und es erzählt so, daß der Leser selber angerührt wird von der Musik und der geistigen Ausstrahlung des Orpheus und über die jahrtausendealte Wirkungsgeschichte seines Mythos mit ihm eins werden kann.

Die Autorin legt in ihrem Buch auch die persönlichste Quelle ihrer Betroffenheit von Orpheus frei: In einer Serie eigener initiatischer Träume entfaltet Orpheus seine Wirkung in der Psyche der Träumerin und regt zu einer immer lebendigeren Kreativität an, löst Erstarrungen und heilt alte Wunden. Von der Orpheus-Gestalt in ihrer eigenen Seele ergriffen, gewinnt sie eine geschärfte Wahrnehmung für die Wirkungen dieser Gestalt und ihrer geistigen Ausstrahlung in der Gegenwart: sie findet Orpheus wieder wirksam bei Wort- und Tonschöpfern, die mit ihren Liedern gegen Gewalt und Tod an einem weltumfassenden Gesinnungswandel mitwirken. Der persönlichen Begegnung mit indianischen Schamanen, von der im Buch fesselnd berichtet wird, verdankt die Darstellung des Orpheus als eines frühgriechischen Schamanen ihre Anschaulichkeit und Überzeugungskraft.

Das Buch versucht über die persönliche Ergriffenheit hinaus auch ein vollständiges Orpheus-Bild zu vermitteln, neue und praktisch anwendbare Zugänge zur historischen sowie zur ewigen Orpheus-Gestalt aufzuzeigen. Behutsam, aber kaum widerstehlich werden wir eingeladen und mitgenommen zu einer spirituellen Reise auf den Spuren Orpheus' – bis hin zu eigenen Übungen, die wir unterwegs erproben können – und treffen vielleicht unversehens auf Spuren des Orpheus-Mythos und des Orpheus-Geistes in unserem eigenen Leben.

«So erlebe ich dieses Buch, getragen vom Strom eines Mythos, dessen Aktualität es neu erweist in diesen Jahrzehnten, in denen das Suchen nach der ‹Seele› notwendiger denn je erscheint für das Überleben des einzelnen wie der ganzen Menschengemeinschaft, in denen wir Lieder, Bilder und Bücher für das Leben brauchen, die von den Mächten des Todes, gerade weil sie sie respektieren, nicht resignieren.»   Ingrid Riedel

Werner Zurfluh

QUELLEN DER NACHT

Neue Dimensionen der Selbsterfahrung

432 Seiten, Ganzleinenband

Das Erscheinen dieses Buches hat bei der Leserschaft ein großes Echo ausgelöst. In unzähligen und mehrfach begeisterten Briefen wurde dem Verfasser zu seinem überaus kühnen und epochemachenden Werk gratuliert. Die in allen Teilen revolutionäre Neubewertung der Eigenerfahrung, die Ehrlichkeit und Offenheit bei des Autors freimütigen Auseinandersetzung mit der eingenen Sexualität sowie die kreative Lebendigkeit seiner Sprache wurden als sehr beeindruckend empfunden.

Werner Zurfluh studierte Biologie, Physik, Chemie, Ethnologie und Religionsgeschichte und am C.G. Jung-Institut in Zürich Tiefenpsychologie. Seit 1968 betreibt er eigene Forschungen im nächtlichen Bereich. Seine Aufzeichnungen über Träume, luziden Träume und außerkörperliche Erfahrungen umfassen über 7000 Seiten, die angefertigten Spezialkarteien über 40000 Karten.

Werner Zurfluh beschreibt seinen Weg zur Kontinuität des Ich-Bewußtseins. Ein kontinuierliches Ich-Bewußtsein erscheint ihm als wichtige Voraussetzung für das luzide oder klar bewußte Träumen und für die außerkörperliche Existenz. Sein vollkommen erhaltenes Wachbewußtsein erlaubt es ihm – auch bei schlafendem physischen Körper – rigorose Bewußtseins- und Zustandskontrollen durchzuführen. Die Möglichkeit des aktiven Eingreifens in den normalen Traumablauf kann der Tiefenpsychologie neue Denkanstöße geben. Eine an fantastischen Abenteuern und Begegnungen reiche Erfahrungswelt tut sich auf, wenn der Autor anhand von präzis geschilderten Beispielen das bewußte Austreten aus dem physischen Körper beschreibt. Die genau beobachteten Begleitphänomene in Zusammenhang mit dem Austritt und bei den Reisen außerhalb des Körpers sind hier reich dokumentiert.

Zurfluh's packende Erlebnisse und Begegnungen in unbekannten Parallelwelten lassen uns etwas von der Urgewalt des Jenseitigen erahnen. Die Erfahrungsmöglichkeiten in diesen Realitätsebenen sind denen unserer Alltagswelt völlig gleichwertig, da Werner Zurfluh die zum Teil abenteuerlich zu bewältigenden Situationen und die zumeist wundersamen Begegnungen mit den Bewohnern dieser jenseitigen Räume *nicht* als sog. «Traumfiguren» oder als Abspaltungen des Ich's bewertet, wie dies heute noch in klassicher psychologischer Sicht geschieht. Es sind wirkliche Lebewesen, mit denen sich auch auf die unglaublichsten Arten und Weisen kommunizieren läßt.

Dieses Buch stellt überdies ein Kompendium an philosophischer, sozial-relevanter und mystischer Lebensweisheit dar und rührt an die Grundfragen des Lebens und Sterbens. Als eindrückliches und unvergeßliches Zeugnis der Selbsterfahrung führt es über das materialistische Weltbild weit hinaus. Durch seine wahrhaft aufklärerische Art des Schreibens – voll *nicht*-weltflüchtiger Poesie – eröffnet der Autor die neue Zeitenwende in der Bewertung der Erfahrung.

Auslieferung für Deutschland: Verlag Hermann Bauer KG, Freiburg i. Br.